国際関係論入門

21世紀の日本と世界

Kimura Hidesuke
木村英亮 著

山川出版社

はしがき

　今，21世紀のうちに人類の歴史は終わるのではないかという危機意識が広まっているが，このような危機が現実性をもったことはかつてなかった。全面核戦争による破滅の可能性もあり，環境，食糧，資源などの問題も重大である。

　これらの問題を生み出した科学・技術の著しい発展は，一面では解決の方策を与えることができるはずであるが，そのためには人類の英知を結集した世界的な平和的協力の体制の形成が必要である。

　平和のもっとも確かで強固な基盤が，全面的完全軍縮であることは明白であるが，困難なのはそこにいたる道筋である。

　本書は，概説であるとともに，これらの問題の追求の試みでもある。

　構成はこのようなテーマにそって，序章に続き，全体を3部に分け，第Ⅰ部は第二次世界大戦とそれ以後の戦争の反省，第Ⅱ部は民族，国家，社会主義，植民地主義など，20世紀のキーワードについての理論的，歴史的検討，第Ⅲ部は21世紀における民族と個人の協力のための条件について考え，最後に日本の役割について展望する。

目　次

はしがき

序章　軍備のない世界をめざして　3

1　「永遠平和のために」　3
2　「きけわだつみのこえ」　6
3　日本国憲法と戦争放棄　9

第Ⅰ部　戦争の反省と平和

1章　「平和に対する罪」　14

1　反戦思想の形成と発展　14
2　戦争裁判の意義と限界　18

2章　アジア太平洋戦争の意味　22

1　アジア太平洋戦争の2つの性格　22
2　総力戦と民衆・民族　27
3　イデオロギー闘争と権力政治　31
4　極東の日本　36
5　日本と中国　41
6　「北方領土」とシベリア抑留　46

3章　現代における軍備と戦争　52

1　国際社会の形成と戦争の歴史　52

2　兵器の発達と核兵器の登場　58
　3　第二次世界大戦後の戦争　65

第II部　諸民族の自決と統合

1章　民族政策の理論と実際　72

　1　民族と民族政策の理論　72
　2　民族自決と広域統合の実際　76
　3　ソ連・ユーゴ解体とヨーロッパ統合　83

2章　社会主義と権力政治　91

　1　十月革命とスターリン主義　91
　2　中ソ論争と中ソ対立　98
　3　今日のロシアと中国　104

3章　植民地主義と新植民地主義　115

　1　植民地の形成と独立運動　115
　2　アフリカの独立とパレスチナ問題　118
　3　南北問題の発生　125
　4　キューバと南アフリカ　131

4章　現代における国家と民族　136

　1　国家の過去と将来　136
　2　国際的経済分業の発展　141
　3　民族と宗教，言語　147
　4　諸民族の移動と混住　149

5章　グローバル化のなかの経済　157

1　農業と食糧問題　157
2　資源と工業化　162
3　ＩＴ革命とグローバリゼーション　165
4　環境問題と永続的発展　169

第Ⅲ部　民主主義と平和

1章　国際連合とＮＧＯの発展　178

1　外交上の慣例の形成　178
2　国際連合の設立と発展　185
3　非政府組織（ＮＧＯ）の発展　192

2章　人権と民主主義　195

1　軍備と人権，民主主義　195
2　基地と人権，沖縄問題　198

3章　軍備と軍縮の現状　205

1　日本の軍事力　205
2　核兵器の蓄積と拡散　207
3　資本主義体制と軍事産業　209

4章　反戦と平和の運動　213

1　反戦と平和の運動の発展　213
2　ヴェトナム戦争，湾岸戦争と世論　219
3　科学者の役割と研究・教育体制　224
4　全面的完全軍縮への歩み　230

終章　21世紀の展望　239

  1　国際関係論の課題　239
  2　世界のなかのアジア　243
  3　アメリカの世界支配と日本の役割　247

引用文献　251

索　引　258

年表掲載ページ一覧

  朝鮮近現代史　40
  戦後の日中関係　45
  アメリカの軍事介入等　69
  チベット自治区，新疆ウイグル自治区　82
  ソ連体制の崩壊（1989〜91）　85
  中ソの論争・対立　101
  現代の中国　112
  アフリカの独立　118
  パレスチナ問題　123
  沖縄の近現代史　201
  戦後軍縮　236

＊注記は文末に，著者・ページの順に記した。書名などは巻末の引用文献を参照。同一の著者の複数の著書を引用した場合は，著書名も記した。執筆者が編者と異なる場合はその順に記した。

21世紀の日本と世界

国際関係論入門

序章　軍備のない世界をめざして

1　「永遠平和のために」

カントの平和論

　カントは 1795 年執筆の『永遠平和のために』の第 1 章で，常備軍の全廃を主張した。その理由をかれは，常備軍は他の国を絶えず戦争の脅威にさらすばかりでなく，無制限の軍拡を引き起こし，その重荷を逃れるために先制攻撃をかけることになりかねないからであると説明し，ついで自身の倫理学を基礎として次のように述べる。

　「そのうえ，人を殺したり人に殺されたりするために雇われることは，人間がたんなる機械や道具としてほかのものの（国家の）手で使用されることを含んでいると思われるが，こうした使用は，われわれ自身の人格における人間性の権利とおよそ調和しないであろう」（カント：17.）。人間は自他の人格をつねに目的それ自体として扱うべきであって，たんなる手段としてのみ扱ってはならない，という原理からすると，人間の戦争への利用は，まさに「われわれ自身の人格における人間性の権利と調和」しないもので，そのための軍事教育もまた人間性を破壊するものである。

　カントはさらに，道徳的素質を完成するために，人類は最終的には永遠平和を実現していかざるをえないと結んでいる。

アフガニスタンとチェチェンにおけるソ連兵

　ソ連・ロシアによるアフガニスタン侵攻やチェチェン戦争は，徴兵

された青年とその親にも大きな苦しみを与えている。意味のわからない戦争のために命を捨てなければならないことほどの苦しみはない。兵士は戦場でばかりでなくすでに訓練のなかで，人格を認められないが，これは，戦争が殺人である以上，必然的なことであろう。

ソ連でも1970年代のある調査では，兵役前の若者の86.5％が兵役の「社会的な意味合いと必要性」を認めていたが（リアダン：211.），1980年代に世論の流れは大きく変わった。アフガニスタンへの介入とペレストロイカの進展のなかで，ソ連軍の実状が次々に暴露されたからである。

新兵いじめについて，多くの報道があるが，たとえば次のような事例がある。「若いリトアニア人兵士が脱走した。彼は捕らえられ，軍人3人殺害の容疑で軍法裁判にかけられた。審理の過程で次のような事実が明らかになった。ある過失が原因でこのリトアニア兵は列車の客室に入れられ，ある町から別の町に護送されていた。途中，護送兵たち，つまり2人の下級兵士と軍曹が機関銃で脅しながら順々に暴行を加えていった。しばらく時間が経って，彼は首尾よく機関銃を手にし，3人の虐待者たちに向けて弾を使い果たし，逃走したのである。では質問しよう。これはだれの罪で，だれが裁かれるべきか。この事件のあと，リトアニアの応召者は，逮捕の脅しにもめげずソ連軍への入隊を拒否し，母親たちは息子の引き渡しを拒んだ。モスクワのクレムリン前では，職務遂行中に死んだり，虐待された数百人の兵士の母親たちが何度か抗議のデモをおこなっている」（ドーリン：152.）。

アフガニスタンへの武力介入は，ソ連の青年にも大きな傷跡を残した。「戦場で危険にさらされ，身も心も休まることができないまま帰国してみると，今度は社会の犯罪者を見るような目に脅えるはめになった。」こうした若者が，1979年12月から89年2月の10年間のアフガン戦争によって150万人に達したといわれている（大石：258.）。「アフガニスタンに出征する以前の生活の断片を拾い上げ，昔と同じ

ように生きていける人というのは，これはほとんどいない」(256.)。

　今も続くチェチェン戦争の状況もまた悲惨である。「何よりもまず，戦場に自分の息子をとられたロシア兵の母親たちが，動き出したのである。砲弾の飛び交うチェチェンに入り，自分の息子を捜し始めたのだ」(林：32.)。「至る所にロシア兵の死骸が文字通り山になっていた。我がロシア軍ときたら，それを捨てているだけなのだから。パルチザンたちが私に言った。『俺たちはあんたらの子供たちの遺体を集める手伝いをしてもいい』。私たち『ロシア兵士の母委員会』のメンバーは，ひどく恥ずかしかった。チェチェンの将軍や義勇兵たちがロシアの将軍に『おたくの兵士の遺体を集めて埋葬しませんか』と呼びかけていることが」(41.)。

ヴェトナムにおける米兵

　これは，ソ連・ロシアだけの話ではない。すでにアメリカの青年が，ヴェトナム戦争のさい，同じ苦しみを体験していた。ここでは，黒人という人種の問題も絡んだ。

　「かれらは，われわれを丸坊主にし，一人一人の区別をなくし，個性のすべてを失わせます。一個の人間として反応するかわりに，われわれは集団として反応するようになります。この集団，名誉あるエリート ── これは全然言葉通りでなく，まさに強制されてそうなるのです。われわれは集団として反応しなければならず，そうしなければ全員が罰せられるのです。くりかえしくりかえし，しつけられるわけです」(陸井：36.)。

　「私は，戦争のために，両方の側の人々が殺されるのを見ました。この戦争は正しくない戦争であり，ただそれに依存している人々を太らせているだけなのです。アメリカ合衆国は，自分がまちがっていることを知っています。しかし，アメリカは，その誤りと撤退を認めようとするかわりに，名誉と，面子を保ちながらベトナムから手を引く

ことしか望んでいないのです」(『朝日ジャーナル』1970.11.29：16.)。
「ぼくはベトナムから運ばれてきた負傷兵で，いま本国送還と除隊になるのを待っています。ぼくは右足をやられたのですが，この右足を失うことになった戦争について，その大目的は言うに及ばず，何のためなのかさっぱりわからないないなんて，全くばかげています。

　軍隊はぼくに足を1本支払わせましたが，もっと高い代償，いのちを支払わせられている人がたくさんいます。ぼくは戦争はきらいだし，軍隊も憎みます」(17.)。

　攻撃の的となったアフガニスタン人，チェチェン人，ヴェトナム人はいうまでもないが，侵略の側にも，このように大きな打撃を与えたのである。

　日本ではすでに第二次世界大戦の後，「きけわだつみの声」などに，まったく同じような苦しみを，日本人の声として記録した戦没学徒兵の手記が集められたが，これは徴兵されたすべての人々に拡大されるべき性質のものであろう。

2　「きけわだつみのこえ」

初年兵のうめき

　この本の序に，仏文学者の渡辺一夫は，次のように記している。「僕は，人間が追いつめられると獣や機械になるということを考えるのであるが，人間らしい感情，人間として磨きあげねばならぬ理性を持っている青年が，かくのごとき状態に無理やりに置かれて，もはや逃れ出る望みがなくなった時，獣や機械に無理やりにされてしまう直前に，本書に見られるようなうめき声や絶叫が，黙々として立てられたことを思えば，もはや，人間を追いつめるような，特に若い人々を追いつめるようなことは一切，人間社会から除き去らねばならぬことをしみじみと感ずる。戦争というものは，いかなる戦争でも，必ず人間を追

いつめるものである。・・・『私は合法性への迷信を持つものではないが，暴力は人間としての弱さであると思う』というジャン・ジョレースの言葉を思い出すが，この弱さ，この恥ずべき弱さを，人間に強いるのが戦争であり，一切の暴力運動である」(日本戦没学生記念会：序)。

「内務とは無理と不合理の権化，軍紀とは欺瞞と要領の成果，初年兵には人間の生活はない。旧年兵や上官は仕方がない。いっしょに入営した同輩のあまりに激しいエゴイズムとみにくさへの不感症 ── 精神と肉体との ── には，ぼくは予想以上の大衆への嫌悪に悩まされた。彼らを人間だと思いたくなかった・・・しかし他に生きようのないこの社会は・・・」(松永竜樹：178.)。

日本軍隊の特殊性

日本では特有の条件が加わった。すなわち，絶対服従の強制である。もともと陸軍が範としたヨーロッパ大陸国の徴兵制の軍隊は，解放された独立自営の農民，すなわち自立した国民の存在を前提としていた。そうした国民を基盤とする兵士には，愛国心，自発的な戦闘意識を期待することができたのである。ところが日本では，明治維新はフランス革命のようなブルジョア革命とはいえ，農民の多くは未解放のままにとり残された。独立自営の農民が生みだされたのではなく，貧しい小作農や，地租の負担にあえぐ小農民が人口の過半数を占めていた。つまり兵士の愛国心，自発性に期待がもてなかったのである。そこで兵士に対しては，機械的に服従するようになるまでの強制と習慣化に加え，一方では厳しい規律と過酷な懲罰をもって接したのである。

「上級者にたいする絶対服従の強制は，下級者である兵士の人権を侵害することになるのは当然である。兵の人権にたいする配慮を著しく欠いたことも，日本軍隊の特徴といえよう」(藤原『餓死した英霊たち』：189.)。

「上級者に対して，こういうルールがあるのではありませんかとい

うことはいえない。そういうものがあれば上級者にたいする反逆ということになるから・・・」(飯塚：155.)。

日本軍の遺産が残った韓国では，第五共和国（全斗煥政権）の8年間に，軍隊内の殴打・安全事故で死亡した人員は，6393人（『ハンギョレ新聞』1988.10.9，民族自主軍隊争取闘争委員会：23.より）にもなる。

特攻と教育の責任

しかし，子どものうちから，自発的に死を選ぶように教育したことは，もっと残忍であったということもできる。

「初等・中等教育における軍国教育は，残酷な『成功』をもたらした。指揮者がそばにいて命令を出す，そんな場では，兵は死ぬまで文字通りの死守ができた。軍隊教育はその範囲では結果を得たといえようか。だが，一人が一機に乗りこんで敵艦に突っこんでいく行為は，それがもちろん百パーセント近い強制であったとしても，自分で操縦し，自分で目的物に体当たりする能動的な行為を必要とする。・・・その特攻隊要員は，学徒兵と少年兵と若手現役将校で，それは軍隊では特殊教育を受けた者である。だが，そのことよりも，学校教育の中で国民教育を受け，それから軍隊内の特殊教育を選んだ者たちであった。私は，これを普通一般の軍隊教育とは分けて考えなければならないと思う。その意味で，いままで述べてきた軍隊教育は玉砕用であり，銃後の国民教育がむしろ特攻用ではなかったかというふうに分類できる。国民教育のほうが特攻用に，つまり『尽忠報国』に成功してしまったのである」(藤井：47.)。

特攻については，軍令総長及川古志郎大将の「実行にあたっては，あくまで本人の自由意思によってやってください。けっして命令してくださるなよ」という言葉とは裏腹に，第一神風特攻隊の場合は志願ではなく命令によって事が運ばれた。『散る桜残る桜』の執筆者が指摘しているように，「体当たり機の人選は，指名によって，すでにこの

時より以前に玉井中佐の手許でできあがっていたのである」というのである（森本：129.）。

　満蒙開拓青少年義勇軍という，新たに獲得した治安不良の植民地への少年だけの武装入植もおこなわれた。これも他の国に例のないことである。次のような例もある。1945年3月の国会決議『決戦教育非常措置要綱』にしたがって「中等学校以上の授業の停止，勤労動員専念」が実施され，在満教務部から新京第一中学校の3年の生徒のうちの身体強健な者に，東満国境の東寧にある報国農場への「勤労動員令」が発令された。1人の中学生の父は，家族に次のように不満を呟いたとのことである。「修学旅行とはわけが違う。兵隊じゃあるまいし，14歳の子供をなぜいま，対ソ情勢が悪化しているソ満国境へ勤労動員に差し向けるのか，お上の考えがよくわからん。学校も親に説明もしないで事前に受諾するとは・・・これじゃ『赤紙』も同然じゃないか・・・」（谷口：19.）。

3　日本国憲法と戦争放棄

前文と第9条

　日本国憲法は，これらの体験に基づいて，日本国民によって支持され，採択されたものである。前文は，主権が国民にあることを宣言し，この憲法を確定したことを明らかにした後，次のように述べる。「日本国民は，恒久の平和を念願し，人間相互の関係を支配する崇高な理想を深く自覚するのであって，平和を愛する諸国民の公正と信義に信頼して，われらの安全と生存を保持しようと決意した。われらは，平和を維持し，専制と隷従，圧迫と偏狭を地上から永遠に除去しようと努めている国際社会において，名誉ある地位を占めたいと思う。われらは，全世界の国民が，ひとしく恐怖と欠乏から免れ，平和のうちに生存する権利を有することを確認する」。

第9条は，戦争の放棄・戦力および国の交戦権の否認を定める。

「日本国民は，正義と秩序を基調とする国際平和を誠実に希求し，国権の発動たる戦争と，武力による威嚇又は武力の行使は，国際紛争を解決する手段としては，永久にこれを放棄する。

前項の目的を達するため，陸海空軍その他の戦力は，これを保持しない。国の交戦権は，これを認めない」。

戦争放棄の方針は，1946年2月13日に日本政府に公付された連合国最高司令官ダグラス・マッカーサーの草案に示されたものである。かれはこの趣旨は，幣原喜重郎首相の進言に基づくものであると後にアメリカの議会で述べ，幣原もそのことを著書に記している（参照　幣原：213-214, 323.）。

なお，第9条をもつ第2章は，国民の権利及び義務を定めた第3章と一体のものとして理解されねばならない。

第9条の解釈

この問題については，いっさいの戦争と戦力を放棄したものであるという宮沢俊義の説が学界の通説であり，制定当時の吉田茂首相も同様に答弁していた。

宮沢は著書に次のように書いている。「国際法は侵略戦争を不法として禁じているが，原子兵器の威力を知る時代に作られた日本国憲法は，さらにその上に出なくてはならない。その精神を徹底させて，あらゆる戦争を放棄するところまで行かなくてはならない」（宮沢：168.）。「戦争の放棄を実効的ならしめるには，どうしても軍備の廃止が必要である。軍備を全廃してしまえば，実際問題として，戦争はやりたくてもできなくなるはずである」（171.）。

その後，ソ連との冷戦が激しくなるとアメリカの方針が変わり，1950年6月25日朝鮮戦争勃発直後，マッカーサーは命令によって警察予備隊を創設させたが，これは日本の独立回復後の52年には保

安隊と改称，強化され，54年には自衛隊となった。

　このような再軍備に際して，一定の戦争と戦力非放棄説が唱えられるようになった。それには自衛戦争・自衛戦力合憲説（佐々木惣一），国際政治的マニフェスト説（高柳賢三），「自衛力」合憲説（田上穣治），第9条「変遷」説（橋本公亘）等があるが，少数説にとどまっている。今日では，いっさいの戦争・戦力の否認は核時代において現実的であるとするが，自衛隊の存在を前提として，違憲状態を漸進的に解消していこうという説が小林直樹らによって唱えられ，社会党は政権参加後この説をとるにいたった。

　「人類と地球が，自分が作った凶器で自らを絶滅するのではなく，あらゆる平和的な諸力を結集して軍備を無くし，戦争を再びしない世界を，東西南北の多様で豊かな諸文化を総合して創り出してゆくべき時代である以上，わが国の憲法，とくにその『平和的生存権』思想と総合的平和保障戦略は，人類の『新しい憲法文明』を建設してゆくための一つの『かなめ』石となりうるであろう」（深瀬：87．）。

裁判所の判断

　このように学界では，いっさいの戦争と戦力放棄が通説，多数説であり，常識的に解釈しても自衛隊と日米安保条約は憲法に違反していると思われ，くり返し違憲訴訟がおこなわれたが，最高裁判所では常に憲法判断を避けてきた。その主なものは次の通りである。

　米軍基地拡張のための土地収用反対闘争として起こった砂川事件についての1959年の東京地裁伊達秋雄判決は，「実質的に考察するとき，わが国が外部からの武力攻撃に対する自衛に使用する目的で合衆国軍隊の駐留を許容していることは，・・・憲法第9条2項前段によって禁止されている陸海空軍その他の戦力の保持に該当するものといわざるをえない」として，駐留米軍を違憲とした。この判決は，この年のうちに最高裁で破棄，差し戻された。理由は，外国の軍隊であること，

国民の政治的判断にゆだねるべき問題であるというものであった。

また、ナイキ・ハーキュリーズ型地対空ミサイル発射基地設置のための国有地の森林伐採の執行停止を求めた長沼事件についての1973年の札幌地裁の福島重雄判決は、自衛隊を「陸海空軍という戦力に該当し」違憲と明快に判決したが、最高裁は、「保安林解除によって生命、身体の安全は侵害されない、これは高度の政治的判断を要するものである」という砂川事件の場合と同じいわゆる「統治行為」論によった。

「治安訓練」を拒否せよという文書を掲示したとした反戦自衛官小西事件では、言論、表現の自由は尊重しなければならず、この行為は実質的に影響がなかったとして、無罪とされた。

第9条の精神のなかには、「当然に永世中立の理念が入っていなければならないはず」（田畑：80.）であり、自衛隊や日米安保条約とは矛盾するものである。

いま憲法はもう一度作り直すべきだという意見が強くなっており、その理由の一つとしてアメリカに押しつけられたものであることが強調されている。しかし、自衛隊の前身である警察予備隊の創設は、アメリカの政策転換を背景に、1950年7月8日、マッカーサー総司令官の指令によって、国会の審議も経ずに強制されたものであることを忘れてはならない。

第 I 部

戦争の反省と平和

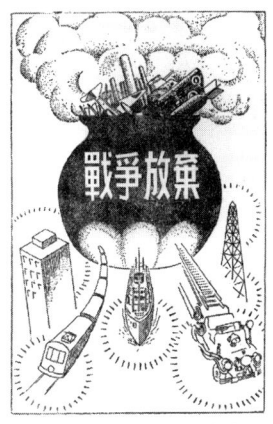

『あたらしい憲法のはなし』，文部省，1947.9.

　5学級の山下明治くんは，3日目の9日明け方，お母さんに見とられてなくなりました。
「明治は，亡くなるとき，弟，妹のひとりひとりに別れの言葉をいい，わたしが鹿児島のおじいさんに，何といいましょうか，と申しましたら，りっぱに，と申しました。

　死期がせまり，わたしも思わず，お母ちゃんもいっしょに行くからね，と申しましたら，あとからでいいよ，と申しました。そのときは無我夢中でしたが，あとから考えますと，なんとまあ，意味の深い言葉でしょうか。

　お母ちゃんにあえたからいいよ，とも申しました。」・・・

　本川土手に整列した広島二中1年生322人と4人の先生は，このようにしてひとり残らず全滅しました。

　広島に行かれることがありましたら，平和公園の本川土手に，広島二中の碑があるのをたずねてください。その碑の裏には，いつも変わらぬ本川の流れを見つめて，全滅した広島二中の子どもたちの名前がきざまれています。

　　烈し日の真上にありて八月は，
　　　　腹の底より泣き叫びたき　　　　（山下明治くんのお母さんの歌です）

　　　　　　　　　　　（広島テレビ放送編『いしぶみ』，ポプラ社，1970：202-204.）

1章 「平和に対する罪」

1 反戦思想の形成と発展

ドゥホボールとトルストイ

　1947年8月に文部省によって著作・発行された『あたらしい憲法のはなし』では、第9条について、「およそ戦争をするためのものは、一切もたないということです。・・・よその国と争いごとがおこったとき、けっして戦争によって、相手をまかして、じぶんのいいぶんをとおそうとしないことをきめたのです。・・・また、戦争とまでゆかずとも、国の力で、相手をおどすようなことは、いっさいしないことにきめたのです」(20.)と説いている。

　このような思想は、すでに長い歴史をもっているが、ここでは、ドゥホボールについて記したい。18世紀後半ロシアにドゥホボールというキリスト教徒の宗派が生まれ、ロシア正教の儀式を否定し、兵役を拒否した。ロシア政府は、1841年以降4000人のドゥホボールを条件の悪いカフカスに強制的に移住させた。作家のトルストイは、口先だけで平和を唱える学者や議員を非難するとともに、ロシア政府が一方で国際的な平和会議を開きながら、他方で「国内の臣民中もっとも平和を愛する者を迫害し、圧迫している」ことを攻撃した。また、聖書が「剣をとる者はみな、剣で滅びる」と教えているにもかかわらず、ロシア正教会が戦争を支持することを批判し、破門された。

　かれは、最初の受賞該当者としてあげられたノーベル平和賞を拒否し、『復活』を執筆してその印税を約7500人のドゥホボールのカナ

ダ移住の資金として提供したのである。

ドゥホボールより前，17世紀にイギリスに生まれたクエーカー教徒もまた，絶対平和主義を守った。第一次世界大戦期，かれらは英米で認められていた「良心的兵役拒否者」として，精神病院や山林保護などの非戦闘業務についたが，認められず投獄された者も少なくなかった。

日本でも日露戦争期，無教会主義の内村鑑三は非戦論を唱えた。「エホバの証人」の宗派に属する「灯台社」の明石順三は，1941年に兵役を拒否し，懲役刑を課された。

第二次世界大戦にさいして，良心的兵役拒否者は，イギリスで6万人，アメリカでは7万人強であった。かれらもまた，侮蔑や嘲笑にもめげず，信念を守ったのである。さらにまた，良心的戦争拒否の立場から，軍事工場への勤労動員や民間防衛に対する役務拒否もおこなわれた。

仏教の平和思想

絶対平和主義の思想は仏教にもあり，紀元前3世紀にインドを統一したマウリア王朝のアショーカ王は，武力征服による犠牲を深く反省し，ダルマ（法）の理想に基づく政治を決意し，それを詔勅として全国の磨崖や石柱にきざませた。日本でも，604年厩戸皇子（聖徳太子）は，第1条を「和をもって尊しとなす」とする憲法17条を定めた。

現代の藤井日達は次のように説いている。

「日蓮大聖人の立正安国論に曰く，汝，須く一身の安堵を思わば，先ず四表の静謐を祈るべきものか。以上　我々は視野を狭くして但だ一身の危険とか，一国の危険をのみ考うる時には，自衛隊も或は必要なるかの如き錯覚をも起しましょう。しかしながら現在の人類の問題としては世界万国の全人類全滅の危険が迫っております」（鶴見：289.）。

これら宗教的,倫理的信念に基づく絶対的反戦平和の思想の他に,理性に訴えて平和を守ろうという思想も発展した。

社会主義者の平和思想

反戦平和の思想が,組織的・大衆的基盤をもち始めたのは,1889年に創設された第二インターナショナルがおこなった議論やいくつかの決議や行動である。マルクスは,戦争のもつ革命性を評価していたが,第二インターナショナルに属していたドイツ社会民主党をはじめとする西欧の社会主義者政党は,戦争を労働者の利益に反するものと考えるようになり,いく度か反戦を決議した。日露戦争中の1904年のアムステルダムの第6回総会で,日本とロシアの代表である片山潜とプレハーノフが壇上で握手を交わしたことはよく知られている。第二インターナショナルは,1907年,10年,12年と大会を開いて反戦の決議をしたが,14年に大戦が起こるとたちまちそれに協力した。

フランスではパリで大反戦集会が開かれたが,ジョレスが国粋主義者に暗殺されると反戦運動は終わり,ドイツ社会民主党も,ロシアが参戦すると戦時公債に賛成した。西欧の社会主義者には,「文明的効果を持ちうる植民政策」という考えも根強かったために,自国政府の植民地政策を徹底的に批判できなかった。ロシアのレーニンら少数の社会主義者だけが,この戦争の本質は,植民地再分割の帝国主義的闘争であるとして,民族自決権の承認を主張し,植民地を必要としない社会主義政府の樹立によってのみ戦争を終わらせることができると呼びかけた。かれらは,資本主義の下では戦争の廃絶は不可能であり,世界社会主義の下でのみ,民族的・階級的対立をなくし,平和を実現できると考え,15年9月にスイスのツィンメルワルトで,16年4月にキーエンタールで会議を開いたが,そこで徹底的に反戦を貫いたのは,ローザ・ルクセンブルクら一握りだけであった。

ガンディーの平和思想

　ガンディーはアジアが生んだ平和の思想家，実践家である。かれは，1893〜1915年，弁護士として，南アフリカでインド人らに対する厳しい人種差別と闘ったが，そこで「サッティヤーグラハ」という戦略をあみ出した。これは真理への固執という意味であるが，平和的非暴力・不服従・非協力を意味し，ガンジーは，魂の力，慈悲の力と説明している。それは，暴力による抵抗よりはるかに積極的な不屈の戦闘である。

　「サッティヤーグラハのために必要とされる勇気と男らしさは，大砲を使う者にはありえません。・・・武器の力を学ぶところでは，王も人民も両者は狂人のようになってしまいます。命令される者がサッティヤーグラハの力を学んだところでは，王の暴虐は長剣が届く範囲外には及びませんでしたし，不正な命令を意に介しませんでした。農民は誰の剣の力にも屈服したことはありませんでしたし，これからも屈服しないでしょう。農民たちは剣の使い方を知りませんし，誰の剣も恐れません」（ガーンディー：114, 116-117.)。

日本の第一次世界大戦体験

　大戦の犠牲は，戦死者1300万人に達し，同じくらいの民間人が死んだ。フランスでは働き盛りの男性の5人に1人が戦死した。この悲惨な体験は，軍拡競争を阻止しようという努力を生み，1922年のワシントン条約として結実した。これによって列強の軍備の中心であった海軍の主力艦の比率が，米・英5，日本3，仏・伊1.75とされ，ここでまとまらなかった補助艦艇については，30年にロンドンで合意された。これらの条約は，絶対的な軍備の規模は縮小したとはいえ，そのなかでは優位に立とうとするもので，軍縮という名の軍備競争の側面をもっていた。軍縮は，全面完全軍縮でない限り，つねにこのような性格をもつものである。これに不満であった日本軍部は，34年

にワシントン条約を廃棄させた。日本は,第一次世界大戦では,戦勝国と中立国の利益を同時に得たといわれ,軍縮について西欧のような切実さをもたなかった。これも,アジア太平洋戦争を引き起こした原因の一つと考えられる。大岡昇平は,次のように書いている。

「友よ,なにか絶望的な栄光にあこがれる兵士達に,あまり力をこめていうな,『お国のために死ぬのは快く,かっこいい』という古臭いうそを。

 休戦一週間前に戦死したウィルフレッド・オーウェンの詩句である。

 日本陸軍は第一次大戦を経験しなかったため,アメリカに軍事技術上おくれていた。同じように,われわれはこれら外国人の残した証言を,怯懦と軽蔑して,よく読まなかったのではないか」(大岡:144.)。

2 戦争裁判の意義と限界

2つの戦争裁判

 スターリンは,1943年11月6日に,連合国とともになすべきことの一つとして「現在の戦争と諸国民の苦難の責任者であるあらゆるファシスト犯罪人がどの国にかくれようとも,彼らがおかしたすべての悪業にたいして彼らのすべてに厳重な処罰と報復をくわえるように処置をとること」(スターリン:129.)をあげた。

 これまでの戦争では,戦争そのものは違法とは考えられていなかった。ただし第一次世界大戦について,実現はしなかったが,前ドイツ皇帝ヴィルヘルム2世の開戦責任を問おうという動きがあった。不戦条約の締結などにみられるように,戦争そのものが悪であるという観念が広まりつつあったのである。

 戦後のニュルンベルク・東京の2つの裁判は,このような国際世論の動きをふまえ,従来の戦争法規への違反ばかりでなく,あらたに「平和に対する罪」として,戦争責任者の個人責任を問い,「人道に対

する罪」も加えた。

ニュルンベルク国際軍事裁判は，1945年11月に始められ，46年10月に，ゲーリングらナチスの指導者12人が絞首刑とされた。

東京裁判（極東国際軍事裁判）は，1946年5月に始められ，48年11月に東条英機ら7人が死刑を判決され，処刑された。ドイツではヒトラーらの最高指導者は自殺し，裁判にかけることはできなかったが，日本では天皇の責任は問われなかった。

東京裁判の問題点

荒井信一は問題点を次の3点に整理している（荒井：163-172.）。
1. アジア不在であること，すなわち中華民国，フィリピン，インドの3国だけであったこと
2. 南京事件や強制連行など「人道にたいする罪」が追求されなかったこと
3. 冷戦の開始によって，アメリカなどの方針が変わったこと

大沼保昭は，東京裁判の歴史的意味として5点をあげている（大沼『東京裁判から戦後責任の思想へ』：148-150）。
1. 「勝者の裁き」であること
2. 米国の日本占領政策の一環として遂行されたこと
3. 「文明の裁き」という建前
4. 一部の指導者の裁判と処罰にとどまったこと
5. 裁判という形式によって多くの事実が明らかにされたこと

これらの問題点の多くは，ドイツ戦犯に対するニュルンベルク裁判にもあてはまる。

ヴェトナム戦争に対するラッセル法廷

アメリカをはじめとする連合国は，このときの原則を，戦後の自分たちの戦争には当てはめなかった。ヴェトナム戦争におけるアメリ

カの行動について，バートランド・ラッセルの呼びかけで 1967 年 8 月に開かれた「東京法廷」は，次のように判決している。

1. 前例のない，国際法と人道に違反し，帝国主義侵略戦争犯罪に該当する
2. 兵器及び新兵器ならびにその使用方法は，国際法と人道に反する
3. 日本政府と日本独占資本は，侵略・戦争犯罪に積極的に協力・荷担する共犯者である（松井：141-143.）

第 2 項について，(1) ボール爆弾は，1 個の親爆弾から十数万発の小鋼球を炸裂させる残虐兵器であるが，これを学校，教会，病院に投下した。その他，パラシュート爆弾，蝶々爆弾，風圧爆弾，ダムダム弾も使用していること，(2)「いわゆる」農薬，毒ガス，などの化学兵器，毒いりキャンデー，毒物の飲用貯水池への投下をおこなっていること，(3) 大量のナパーム弾，リン弾などの高熱兵器を使用していること，(4) 堤防，水門，灌漑用水路，用水池，海岸防潮堤などの水利施設を爆撃していること，(5) これらの行為が，1907 年 10 月 18 日のハーグ陸戦法規慣例にかんする条約，46 年 9 月 30 日および 10 月 1 日のニュルンベルク判決，48 年 12 月 9 日の集団殺害罪（ジェノサイド）条約，49 年 8 月 12 日の戦時における文民の保護にかんするジュネーヴ条約，1898 年 7 月 29 日の毒ガス禁止にかんするハーグ宣言，そして 1925 年 6 月 17 日の窒息性，毒性，またはその他のガスおよび細菌学的戦争方法を戦争に使用することを禁止する議定書に違反したものであることを断定する，と述べている（207-209.）。

戦敗国の責任だけが問われたことが，戦後の戦争がくり返されたこと，軍縮が進まないことの最大の原因であろう。

今日における戦争責任

ただし日本についても，ある意味で戦争責任の追求は，まったく不徹底であった。軍人の責任は問われたが，教師やマスメディア，国民による戦争の反省はおこなわれないままとなった。

帝国主義諸国は連合国側も枢軸国側も，大戦後の植民地諸民族の独立を予定していなかった。朝鮮，インドネシア，ヴェトナム，ビルマ，フィリピン，インドなどは，戦後自ら独立を勝ち取るために戦わなければならなかった。

日本については，この戦争はアジア諸民族の解放をめざしたもので，現に，1943年11月の大東亜会議で，アジアの諸民族の独立を認めたという論者もいるが，それは敗戦がはっきりした段階でのつじつま合わせにすぎなかった。また，そのイデオロギーには世界性がなく，「大東亜共栄圏」の理念的基礎とした日本精神主義，日本農本主義，日本アジア主義というニッポン・イデオロギーについて，戸坂潤はすでに35年に，「丁度本物の文学が『世界文学』でなければならぬのと同じに，或る民族や或る国民にしか理解されないように出来ている哲学や理論は，例外なくニセ物である」と批判し（戸坂『日本イデオロギー論』: 153.），イデオローグの一人安岡正篤のことばを「道徳的教訓や美文学にしても極めて原始的な夫（それ）に過ぎないのが遺憾である」（139.）と一蹴している。

戦争責任の問題を深く考えるためには，この大戦の性格の検討が必要であり，次章で検討する。

2章 アジア太平洋戦争の意味

1 アジア太平洋戦争の2つの性格

満蒙への進出

　日本陸軍は，シベリア，極東地方，モンゴル，中国を一体とする大陸国家建設の構想をもっていたが，それは，これらの地域を植民地半植民地にしたいという帝国主義的な経済的要求とともに，ソ連・共産主義に対する防壁をつくりたいという政治的要求に基づくものであった。大陸への進出は，大恐慌の下に困窮した農民の要求に直接応えるかのように宣伝された。

　「左翼の唱える農業改革は，もっともなことである。しかし，国土が狭小で人口が過剰な日本で農地の平等分配を行っても，農家一戸あたりの耕地は五反歩（1反は約 10a）に過ぎない。これでは息子を中学校にやることもできない。貧困状態に変わりはない。空しく餓死を待つばかりである。しかし生きる途はある。眼を転じて満蒙を見よ。そこには無限の沃野がひろがっている。それを頂戴しようではないか」という一陸軍少佐の発言は，その典型的な例である（石堂『20世紀の意味』: 179-180.）。

　1931年に始まった満州事変以降，事態は次のように推移し，37年に日中全面戦争となる。

　　1931. 9.18　関東軍参謀ら，奉天郊外の柳条湖の満鉄線爆破
　　　32. 1.28　第1次上海事変
　　　　 3. 1　満州国建国宣言

　　　　9.15　日満議定書調印，満州国承認
　33. 2.23　日本軍，熱河省に侵攻
　　　3.27　日本，国際連盟脱退を通告
　　　5.31　日中両軍，塘沽停戦協定調印
　36.12.12　西安事変，国共合作成立

　満州国の成立により，シナ海全体と沿岸の制圧が戦略目標となり，日本艦隊の任務は著しく広く，困難となった。満州の原料や施設が利用できるとはいえ，日本からの距離は長く，しかも単線に近い状態で，兵站（前線への軍需品・食糧の供給・補充などを任務とする機関）の隘路ともなった（214.）。

　1937. 7. 7　廬溝橋で日中両軍衝突
　　　12.13　日本軍，南京占領，南京大虐殺
　38.10.21　日本軍広州占領，27 武漢占領
　40.11.30　日本と汪政権，日華基本条約調印

対ソ戦略

　日本は明治以来，ロシアを第一の「想定敵国」として国防方針を立ててきた。23 年から一時アメリカがかわって「目標」とすべき国となったが，36 年 6 月に改定された「帝国国防方針」では，ソ連が再びアメリカとならんで第一の目標とされ，8 月に参謀本部第 2 課は「対ソ戦争指導計画大綱」を策定した。

　1932 年 9 月に調印された日満議定書によって，満州国の国防と治安維持は関東軍が責任を負うことになった。ソ連は 35 年 3 月，東支鉄道の権利を満州国に譲渡した。

　日本は 1933 年，対ソ作戦計画の主攻勢の指向を満州国西部の大興安嶺方面から，まず主力をもって沿海州方面へ侵攻するように改定した。「対ソ戦争指導計画大綱」もこの方針に沿って，目的を沿海州・北樺太の割譲と大蒙古の建設を認めさせることにおいている。38 年

の張鼓峰事件はこれにそうものであったが，39年のノモンハン事件ではモンゴル国境で衝突した。この2つの戦いはいずれも日本の敗北に終わる。

張鼓峰事件（ハサン湖付近の戦闘, 1938.7.29-8.11）は，日本にとって，シベリア干渉以来，また日ソ国交回復後はじめてのソヴェト・ロシアとの本格的戦闘であったが，ソ連にとっても，ソヴェト連邦結成後はじめての，帝国主義国との本格的大規模戦争であった。ソ連は大粛清のさなかにあり，トゥハチェフスキー事件に始まる軍の粛清が続いていた。戦闘初期司令官であったブリュヘルは，この年のうちに処刑された。前年後半には，この地域からの朝鮮人の中央アジアへの強制移住がおこなわれていた。

ノモンハン事件（ハルヒン・ゴル川付近の戦闘, 1939.5.11-8.31）では，日本軍は8月20～31日に壊滅し，独ソ不可侵条約の締結もあって，終結した。日本軍の出動は1万5975人で岩畔豪雄大佐の評価では，飛行機・戦車・大砲どれをとっても，ソ連とまともにわたりあえるものはない，という実力であった（常石：69.）。

「南進」の選択

1941年には，選択肢は，インドシナ・タイの方向への「南進」か，ソ連への「北進」かと整理されていた。すなわち，7月2日の御前会議は，「南方進出の態勢を強化」し，「本号目的達成のため対英米戦を辞せず」と定める一方，「密かに対ソ武力的準備を整え」「独ソ戦争の推移帝国の為有利に進展せば武力を行使して北方問題を解決し北辺の安定を確保す」（「情勢の推移に伴う帝国国策要綱」）としていた。

日本は1938～39年の対ソ戦敗北後，日本軍の中国からの撤兵を要求するアメリカとの対立を強める。

東条英機は，「撤兵問題ハ心臓タ　撤兵ヲ何ト考ヘルカ　陸軍トシテハ之ハ重大視シテ居ルモノタ　米国ノ主張ニ其儘服シタラ支那事変

ノ成果ヲ壊滅スルモノタ　満州国ヲ危クスル　更ニ朝鮮統治モ危クナル」(参謀本部，上：349.)と主張した。「他国の領土に無期限に駐兵するの条理なきこと，従って期限付撤兵が士気に関すとの思想の誤てること，居留民の保護は究極的には軍隊の駐在により困難となること，尚日本が隣国支那に対し長きに渉り兵力を以って圧迫を加ふることは東洋永遠の平和を維持する所以に非ること，並に軍隊の力を籍らざれば維持出来ざるが如き企業は採算上より見るも之を抛棄して可なること等の理由を挙げて激論数刻に渉り尽くる所なき状況であった」(東郷：218-219.)という東郷茂徳の意見は少数派であった。

アジア太平洋戦争の性格

　米英との戦争には，帝国主義的な利害対立の側面もあったが，米英はソ連，中国と連合国を結成しており，日本は独伊とともにファシズムに立脚する枢軸国として敗北する。「戦争の性質は誰とたたかったかではなく，根本的にはその戦争の目的，つまりアジア・太平洋の侵略目的によって規定されていたのである。そして，それは日本帝国主義の全体制から生まれたものであった。その目的は相手国によって分割することはできない」(中西功，家永：124-125.より)。

　日本政府は1943年5月，御前会議で大東亜政略指導要綱を決め，マレー，ビルマ，フィリピンなどの独立を認めることとし，11月に中国の汪兆銘，満州国の張景恵，フィリピンのラウレルらを集めて大東亜会議を開き，共同宣言を発表した。この同じ黄色人種であるアジア諸民族への連帯表明には，人種主義を媒介した一種の自己欺瞞がある(栗原優「第二次世界大戦の歴史的意義」『歴史評論』No.544：15.)。「日本はすでに半世紀にわたり朝鮮や台湾を植民地として搾取し，民衆の自立の動きをいっさい厳しく抑圧してきた。」中国大陸では何千万人もの中国民衆の生活を制限し，残虐行為も働いてきた。このような実績からしても，アジア諸民族のナショナリズムへの呼びかけが

欺瞞であることはあきらかであった。アジア諸民族の「共存共栄」といいながら，現地住民を「土民」とよんで蔑視した（柴田：304-305.）。それは日本国家膨張のイデオロギーであり，「しかも日本がこれらのイデオロギー実現のために戦争をおこしたものでなかった」（林：477.）。開戦の詔勅に書かれた戦争目的は，「自存自衛」であって，「東亜の解放」はない（中村：366.）。

アジア太平洋戦争は，一方でアジアの指導権を，他方では欧米駆逐による世界制覇を目標としていたが，「この両者は，補完関係と同時に相互矛盾の関係にあった。なぜならば，東亜における指導権の理論的根拠は，先進国対後進国のヨーロッパ的原理によるほかはないが，アジアの植民地解放運動はこれと原理的に対抗していて，日本の帝国主義だけを特殊例外あつかいしないからである」（竹内：402.）。

「ドイツは占領国の国民の再教育と『解放』を担当するはずの征服者あるいは占領地区長官のチームを準備したが，日本にはそうしたことをする時間も，大胆さも，さらには方法的精神すらなかった。また諸民族を計画的に独立に導くためには，政治教育係や言語学者が当然必要になるが，それらも存在しなかった」（ギラン：142.）。

第二次世界大戦の反共的性格

日本の対英米宣戦によって，アジアの戦争とヨーロッパの戦争はつながって世界戦争となるが，その柱は日中戦争と独ソ戦である。

中国は，15年にわたって日本と戦い，最後の段階ではアメリカの意思に反し，ソ連の意向を超え，1949年の人民共和国の樹立によって独立と解放を達成した。

ソ連は，1941年6月にドイツの侵略をうけ，44年6月に連合軍によるノルマンディー上陸作戦がおこなわれるまでの4年近くドイツとその同盟軍の大部分を引き受けて戦った。41年夏ドイツは軍の70％以上の153個師団，44年前半には63.3％に当たる201個師団，

陸上兵士の4分の3を対ソ戦に投入し，第2戦線が開かれた後も，55〜58％がソ連と戦っていた。

このように第二次世界大戦は，帝国主義戦争であると同時に，資本主義と共産主義の戦いであり，米英はこの大戦によって，ドイツと日本に対して帝国主義的目的を達するとともに，社会主義のソ連を弱めることができたともいえよう。戦後は弱体化したソ連を冷戦によって追いつめ，1991年までにソ連・東欧の共産党政権を倒した。中国共産党は政権を維持しつつ市場経済の導入を進めているが，ロシア革命以来の欧米資本主義とソ連社会主義との闘争は，このような形で一応の決着がついたのである。

第二次世界大戦は，連合国と枢軸国にとっては，帝国主義戦争として始まった。「連合国は自らが正義と規定した世界のシステムを護ろうとしたし，枢軸国は体制自体を打破しようとしたのである。ただレーニンが予想しえなかったことは，ソ連がナチス・ドイツと組んでポーランドを分割し，やがてドイツの攻撃を受けて連合国の一員になったことであった。スターリンはレーニンよりも変転する現実に対して大胆に適応したのである。しかしそれはドイツを敵とするという一点だけが共通する同床異夢の『連合』であった」（中村：365.)。

2 総力戦と民衆・民族

総力戦としての第二次世界大戦

戦争が大規模となり，勝敗が軍事生産にかかわり，また長期化して国民の士気に依存することになると，経済の軍事化や宣伝の役割が大きくなる。ドイツのルーデンドルフ将軍は，第一次世界大戦の経験をまとめて，1935年に『総力戦』を著したが，ヒトラーはこれに基づいて，戦争遂行のために政治，経済，技術，文化，道徳など，国民生活のあらゆる分野を総動員しようとした。第一次世界大戦は，初めは

総力戦ではなかったが，第二次世界大戦は総力戦として準備され，戦われた。交戦国はいずれも，総動員体制を築き，経済から思想まで統制したが，これに即応して攻撃側も，軍事力の破壊ばかりでなく，都市の無差別爆撃をおこなうようになった。

民衆の意識

1940年文部省が20歳男性についておこなった思想調査によれば，87.1％が対中国戦争のために「どんなに苦しくても戦争の目的を達するまでがんばらねばならない」(78.3％)，あるいは「相当長びくものと覚悟しなければならない」(8.8％) と答えていた。そして，小学校教員養成の師範学校卒が戦争にもっとも協力的・同調的であり，中学校卒・実業学校卒・青年学校本科卒がこれに次ぎ，低学歴層は低くなっている（吉見：22-24.）。軍部への不満・批判は，その横暴や独善，戦争指導の方法，統制経済の進め方，占領地支配のやり方に対するものと，領土，賠償金など具体的な戦果をとるべきだとする草の根帝国主義の声とがあった。

しかし，松浦総三は，次のような広津和郎の日記の記述を指摘している。「(1944年) 6月21日。十日の夜の栗原大佐の話。今，工場で能率を挙げているのは第1に捕虜，第2に囚人，第3に挺身隊，第4が熟練工で，熟練工が一番働かないとの事。栗原大佐は，憂慮すべきことと言っていた。しかし私はそれも理由ない事ではないと思う。それはあらゆる方面で素人が玄人を指導していることにあると思う。学問然り，政治然り，そして生産然り。あらゆる専門家の中に『勝手にしろ』という気分が自然と醸成されてくるも無理はない。論の解らない人間が解った人間を指導せんとすれば，解った人間が動く気のなくなるのは当然である」（松浦：189.）。

新聞報道は，1941年3月の国家総動員法改正，国防保安法，治安維持法改正，12月の言論出版集会結社等臨時取締法等によって統制

2章 アジア太平洋戦争の意味　29

防空訓練（1938年9月）
（毎日新聞社提供）

1943年東大五月祭での
「肉弾体操」
（毎日新聞社提供）

1945年5月，B29，517機による横浜大空襲
（左）と空襲で燃える横浜市街（右）
（毎日新聞社提供）

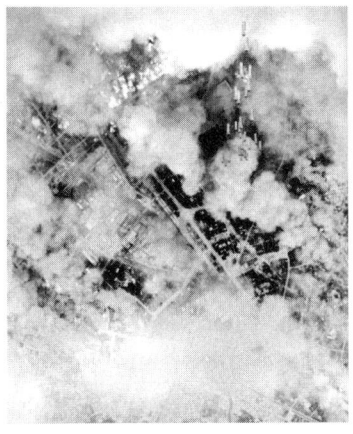

されていたが，43年初めになると，戦局の悪化による生活の窮迫とともに取締りはいっそう厳しくなった。1月から2月にかけての新聞を見ると，たばこの値上げもあるが，電気，ガス，配給米，菓子などの供給削減，銭湯の輪番制・切符制の検討など国民生活が日ごとに悪くなっていることが，はっきりとわかる。

独ソ戦下のソ連の民衆

1941年，ドイツとその同盟国軍は，190個師団兵士550万人，戦車3700両，航空機5000機，大砲・迫撃砲4万7000門以上という史上空前の規模で不意にソ連になだれ込み，たちまちソ連のヨーロッパ地域の大部分を占領し，殺りくと破壊の限りを尽くした。第二次世界大戦は，いずれの交戦国にも大きな被害を与えたが，なかでもソ連は全体として，2700万人という，世界史にかって例をみない犠牲を払うことになったのである。それは戦闘ばかりでなく，虐殺，飢餓などの他，少数民族にみられるようにソヴェト政府の政策による犠牲も大きかった。

レニングラードは1941年9月から44年1月まで枢軸国軍によって900日も封鎖される。この間市民は，窓ガラスのない室内で，暖房も食糧もなく，戦わねばならなかった。また，このころソ連国民の7割近くが農民であり，半分はロシア民族以外の民族であったが，農民や少数民族にとってはとくに厳しい戦いであった。

ソヴェトの農民

独ソ戦初期の1941～42年にドイツ軍が占領した地区には播種面積で，穀物の44％，ビートの86％，ヒマワリと長繊維アマの半分以上が栽培され，家畜の44％が飼われていた。ソ連政府統治下に残った地域の農民は，14歳以上の男女は厳しい労働義務を課せられ，トラクターなどの農業機械，自動車，馬は前線と軍事工場に引き渡され，

41年にはすでに，穀物収穫の3分の2が，42年には5分の4が，役畜の牽引力と手作業によって，しかもほとんど女性によっておこなわれた。このような努力によってはじめてソ連はドイツに勝つことができたのである。

そのため穀物・豆の生産は，43年には40年の24.5％，収穫率は45％へと激減し，牛の頭数は41年1月から43年までに52％となった。戦後も引き締めがはかられ，37年にコルホーズ（農業生産協同組合）の総所得の半分が農民に支払われたが，52年には29％以下となった。47年12月には個人所有現金は1対10の割合で交換され，農民が戦時中に貯めた現金は価値の大半を失った。

3 イデオロギー闘争と権力政治

イデオロギーとは

世界や人間についての体系化された観念をイデオロギーという。このことばは，主にマルクス主義の用語として使用されているが，そのさいは，「社会におけるそれぞれの階級または党派の利害を反映する一定の観念，見解，理論の体系」を意味する。

「人間の意識がかれらの存在を規定するのではなく，人間の社会的存在がかれらの意識を規定する」というマルクスのことばはよく知られている。イデオロギーは，広い意味では，物質的な生産関係，いわゆる「土台」「下部構造」によって規定される法制的・政治的「上部構造」に含まれるが，狭い意味では，これら土台や上部構造に照応する観念や社会的意識を指す。

1848年の革命において一つの勢力として登場した労働者階級は，同じ年に発表されたマルクス，エンゲルスの『共産党宣言』によって，自分たちの行動の歴史的意味について自覚し，戦略をもつことになったが，これはイデオロギーの役割の画期であった。体制側も農民や諸

民族の要求をいれるかのようなイデオロギーをもって対抗しようとする。すなわち，この年を区切りとして，イデオロギーが世界史の流れに大きな役割を果たすようになり，イデオロギー闘争が重要となる。

以後社会主義は，イデオロギーとして労働運動や革命運動において大きな役割を果たしたが，1917年のロシア革命によって，体制となった。89年以後のソ連・東欧における共産党の支配の崩壊や社会主義計画経済の破綻と市場経済の全面的導入をみて，社会主義イデオロギーを過去のものと考えたり，イデオロギーの時代は終わったという人も多い。これは資本主義イデオロギーが，一応の勝利を収めた状況といえよう。

戦後史におけるイデオロギー闘争

戦後の日本は，ソ連の状況やアメリカの政策によってイデオロギー闘争を大きく左右された。

敗戦にさいし，日本の支配層は，共産主義をもっとも恐れ，国体の護持，すなわち天皇制の維持を最優先に考えていた。この天皇制の下の反ソ反共主義は，克服されることなく，米軍の占領下の反ソ反共主義に引き継がれる。アメリカの歴史家ダワーは，この事情を次のように表現している。

「占領軍当局は天皇の名において戦われた聖なる戦争そのものと天皇個人とを切り離したが，そればかりでなく，占領軍がかかわってつくりあげた新生民主主義国家の中心に，天皇を再び据えつけたのであった。天皇のこの魔法のような変身は，政治的にも思想的にも広く深い影響をあたえた。何が正義かは権力によって恣意的に決められるものとなり，戦争責任の本格的な追及は矛先をそらされてしまった。国家の最高位にある政治的・精神的指導者がつい最近の事態になんの責任も負わないのなら，どうして普通の臣民たちが我が身を省みることを期待できるだろう」（ダワー，下：4）。

1948年，公務員の争議権・団体交渉権が剥奪され，東宝などの争議に占領軍が介入した。49年には総選挙で社会党，共産党が躍進したが，国鉄の人員整理のなかで下山事件，三鷹事件，松川事件などが起こった。50年マッカーサー指令によってレッドパージ（共産党員とその同調者の公職・報道関係からの追放）がおこなわれ，コミンフォルム（ソ連など9カ国共産党が情報交換などを目的として1947年9月に結成した機関）による批判と相まって共産党は分裂，混乱した。

　戦前の日本では，マルクス主義が弾圧されたばかりでなく，ソ連研究も満鉄調査部，東亜研究所，外務省といった一部の特別の国家機関でしかおこなわれなかった。ソ連研究は戦後も，これらの機関に属した研究者によって，占領軍の妨害のなかでおこなわれ，国民から切り離された。

　第二次世界大戦を勝ち抜き，世界をファシズムから救ったソ連とソ連共産党の権威は戦後格段に高まり，共産党政権は，東欧，朝鮮，ヴェトナムに拡大した。スターリンは神格化され，1953年に急死したときは，世界の社会主義者に大きなショックを与えた。

　このころ，アジア・アフリカの民族解放運動が高まり，大衆的平和運動も始まり，スターリン批判が始まるなかで，これらの運動が資本主義に対立するものとして意識されるようになった。54年には周・ネルー平和五原則の声明がだされ，55年バンドン会議が開催された。54年のアメリカのビキニ水爆実験による第五福竜丸の被災を契機として55年広島で第1回原水爆禁止世界大会が開かれ，平和運動が大衆的規模を獲得した。55年7月，日本共産党第6回全国協議会は極左冒険主義を自己批判した。

　1956年，ソ連共産党第20回大会では，社会体制の異なる国々の平和共存，戦争が避けうるものであること，社会主義への移行の多様性が主張された。

　このように，日本史，世界史は，1950年代半ばに戦後最初の区切

りを迎えた。その後の画期は70年代初め，80年代末とすることができよう。

　核の問題は，世界戦争が人類絶滅をもたらすことを認識させ，「階級」とともに「人類」という観点が，社会主義の側から打ちだされたのである。これは日本の革新陣営を揺るがしたが，それによって運動は，労働者ばかりでなく，大衆に基盤を広げた。世界の共産党・労働者党は57年に「モスクワ宣言」を，60年に「モスクワ声明」をだし，その団結を誇示した。57年のソ連のスプートニク打ち上げ成功や，61年のガガーリンの宇宙飛行は，社会主義の優位性を示すものとして，大きな印象を与えた。

社会主義イデオロギーの分裂

　このころ始まった中ソ論争，中ソ対立は，一面では社会主義の理論を豊かにしたが，他面では，さまざまな運動の分裂をもたらした。さらに，1966年に始まった中国での文化大革命，68年のソ連のチェコ侵入，79年からのアフガニスタン侵攻，国内における異論派の抑圧は，中国，ソ連の魅力を弱めた。さらに，73年に翻訳・出版された，ソ連のソルジェニーツィンの『収容所群島』，R. メドヴェージェフの『共産主義とは何か』（原題『歴史の審判の前に』）は，ソ連の実状を細かに報告し，日本の読者に大きな影響を与えた。これらの本で明らかにされたようなソ連の存在は，一面では社会主義イデオロギーに打撃を与え，その重荷となった。

　イタリア，フランス，スペインでは1970年代，ソ連と違った社会主義の道，「レーニン主義」を放棄し，複数政党制を守りながら議会を通じて社会主義を実現しようとする「ユーロコミュニズム」の道が模索され，その路線を確立した。

　アメリカは1971年，今世紀はじめて貿易収支を赤字とし，ドルの金交換停止を主な内容とするドル防衛政策を発表した。資本主義世界

全体として今日まで続く構造的な不況が始まったが，ペルシア湾岸諸国は，73年の中東戦争へのアメリカの介入に抗議して石油価格を大幅に引き上げ，アメリカや日本にさらにショックを与えた。アメリカはヴェトナム戦争に敗北し，79年にはホメイニの革命によって中東の拠点イランを失った。ニクソンは71年に中国訪問を発表してそれまでの冷戦戦略の破綻を認め，日本は72年に中国との国交を樹立した。これらのことは，資本主義のイデオロギーが揺さぶられたことを意味した。

1981年アメリカ大統領となったレーガンは，反ソ性格を強くだし，戦略防衛構想など軍備の強化政策をとった。対抗するソ連は，膨大な軍事費の負担に苦しんで生産力を停滞させ，アフガニスタン侵攻政策によって社会主義イデオロギーの力を失墜させた。内外における自由の抑圧は，社会主義の魅力をいっそう落とした。

ソ連・東欧の共産党政権の失権

ポーランドでは1980年，自主管理労組「連帯」が発足し，まもなく共産党は支持を失ったが，ソ連では85年に党書記長となったゴルバチョフが，レーニンに帰ることを唱え，ソ連社会主義の「立て直し（ペレストロイカ）」を始めた。日本ではゴルバチョフの人気は高く，ソ連社会主義が新しいイメージを得るかに思われた。

しかし，まもなく起こったのは東欧における共産党政権の相次ぐ崩壊であった。まず1989年初めハンガリーで政党結成を認める結社法が成立，ブルガリア，チェコスロヴァキアと一党制が放棄され，ルーマニア，ポーランドで共産党政権が倒され，90年には東ドイツが西ドイツに吸収された。続いて91年にはソ連で共産党が解散され，ソ連が解体，92年からロシアをはじめとする旧ソ連諸国の大部分で全面的な市場経済の導入が開始された。このようなソ連・東欧諸国における社会主義の失敗によって，資本主義の社会主義に対するイデオロ

ギー的勝利が確定したかに語られている。一部にはソ連・東欧の体制は社会主義ではなかったと論ずる人もあるが，資本主義の圧倒的な生産力，軍事力への敗北と考えるべきであろう。ソ連・東欧における教条的イデオロギーの押しつけと情報統制が裏目にでた面もある。

1980年代イギリス首相サッチャー，アメリカ大統領レーガン，日本首相中曽根康弘は，ケインズの福祉国家構想に反対して，経済・社会政策の領域での政府の役割を減らし，市場と競争にゆだねるという「新自由主義」の方針をとった。この方針は，ＩＭＦなどを通じて世界に押しつけられようとしているが，当の米英日でも行き詰まりの様相を呈している。このときにあたり，ソ連が試みた，計画経済の実態と問題点などは細かく再検討する価値があるであろう。

日本における社会主義勢力の衰退

1993年日本新党の細川護熙を首班とする内閣の成立によって，55年から40年近く続いてきた自民党内閣が倒れた。これによって自民党を政権党，社会党を野党とする55年体制が崩壊する。社会党は政権に加わったが，やがて社民党，民主党，新社会党へ分解し，全体として衰退した。

戦後アメリカの庇護の下に形成された日本資本主義のイデオロギーは，自立性の弱いものであったが，そのことは必ずしも自覚されていない。他方，社会主義イデオロギーもまた，日本独自の伝統と基盤は弱く，ソ連や中国の影響から脱却できなかったように思われる。

4 極東の日本

大連の日本人の戦後

日清戦争に勝った日本は，遼東半島を割譲されたが，三国干渉によって返還させられる。まもなく1896年，ロシアが清朝から租借し，

ダルニーの港と市街の建設に着手し，旅順を軍港とした。日露戦争後の1905年，日本は遼東半島を租借して大連を整備し，07年満鉄本社を置いた。日本の支配下で大連の人口は，1906年1万8872人，26年20万2069人，45年80万人と増加した。

1945年の日本敗戦後，中ソ友好条約でソ連が旅順・大連地区の租借権，共同管理権を認められた。ソ連軍政は中国人市政を間接に管理する形をとったが，国民党にも共産党にも公然とした活動を許さず，内戦の戦火から守った。

「日本の敗戦は，植民地大連の日本人社会にとってまさに大変革であった。昨日までの支配体制が崩壊し，日本人市民は一挙に収入の道を失った。敗戦の必然を理解できなかった日本人の一部は一転して卑屈な態度をとって中国人に迎合した。昨日までニーヤという蔑称を平気でつかっていた人が，今日は中国人をジャングイさん（旦那さん）と呼んだ。

大部分の人はどうしてよいかわからず不安と沈黙をまもったが，そこには勝利したソ連軍将兵や中国人にたいし表向きは抵抗しないが隠微な復讐主義的心情を抱いているように見えた。物価は日一日とうなぎ上りに高くなった」（石堂『大連の日本人引揚の記録』：220.）。

ソ連軍司令部の通告によって，1946年1月に日本人労働組合が結成された。これは日本人に許された唯一の団体で，活動は多岐にわたった。緊急食糧獲得運動では，戦後大連に流入した数万の日本人難民と貧困層の救援を，富裕な日本人から寄付を集めておこない，4月にはその活動の一部を分離し勤労者消費組合を設立した。夏には食糧価格の暴騰に対応して非常食糧獲得運動をおこなった。

戦前，大連市の人口の3分の1の日本人の住宅は全家屋面積の65.4％1人平均6畳を占め，8割の地域に住んでいたが，中国人の家屋は34.6％1人3分の1畳で，2割の地域に密集していた。電気，ガス，水道，電話などはほとんど日本人の独占であった。このような

不平等をなくすため、1946年8月、大連市政府の指令で日中市民の「居民住宅調整」がおこなわれた。これによって、居住条件が平均化されたばかりでなく、古い日中の町のボスの影響力が弱まった。

1946年12月3日から47年3月30日まで、26隻の船舶によって、約21万7000人が帰国した。そのさい日本側の事務機関として引揚対策協議会が設置され、埠頭収容所の設備を拡充し、給食、医療救援などをおこなった。費用は自発的な救援資金などでまかない、帰国後領収書によって日本政府が払い戻した。専門家などの残留者7500人の大部分は、49年9月〜10月に帰国した。

わたしは今日次の2点で、大連の経験は、重要であると考えている。

現在の世界のなかの日本の立場は、一種の特権的な地位の是正が迫られているという点で敗戦直後の大連の日本人の立場に共通するところがあること。

大連のソ連の軍政下の改革は、米軍の支配下の日本の改革とともに、日本の民主主義のあり方を規定したこと。

日本からの朝鮮人の引き揚げ

日本人の海外からの引き揚げとは逆に、朝鮮人の日本からの帰国の流れがあった。

朝鮮では、1945年9月6日にソウルで建国準備委員会の全国人民代表会議が開かれ、朝鮮人民共和国の樹立が宣言されたが、連合国最高司令官ダグラス・マッカーサーは、北緯38度線以南に軍政施行を宣言し、9日に実施した。そのさい、日本の統治機構と朝鮮総督府の管下にあった職員をそのまま存続、執務させた。

日本には1945年5月に210万人の朝鮮人が在住していた。在日朝鮮人は、日韓併合の前年09年には留学生など790人に過ぎず、この後の増加は日本の植民地政策の結果である。戦前は主に朝鮮農村の経済的疲弊による日本への出稼ぎであったが、戦争中は強制連行が

おこなわれ，サハリンにも鉱山労働のため4〜5万人が連行された。44年に女子挺身隊勤務令が施行され，多くの女性が従軍慰安婦とされた。ソ連の参戦以後，在ソ朝鮮人の一部も日本軍と戦った。9月2日マッカーサーによって朝鮮の分割占領が公表されると，ソ連中央アジアから約500人が建設に加わった。

　朝鮮の解放とともに，1946年3月までの7カ月間に140万人あまりが，博多や下関から，自分で朝鮮に渡った。この後，日本政府による計画輸送が始められたが，47年になると急に帰国熱がさめた。それは，45年12月末，米英ソ3国のモスクワ外相会議で，独立国家創設の準備のため米英中ソ4国による信託統治を5年間おこなうことが協定されたが，結局南朝鮮で米軍の軍政下で李承晩が大統領とされ，48年8月15日に大韓民国が，9月9日に朝鮮民主主義人民共和国が発足し，南朝鮮の出身者が大部分を占める在日朝鮮人には，帰国しても生活の見通しが立たないように思われたからである。また，帰国時の現金の携帯は千円以内に制限された。サハリンの朝鮮人は，そのまま置き去りとなり，今なおその処遇が解決していない。

　1949年2月発行の『文化年鑑』によれば，在日朝鮮人連盟が，生徒数5万8930人の566初等学校，2416人の11中等学校，1116人の1高等学校，1726人の32青年高等学校，200人の2師範学校を統括していた。

戦後の日韓・日朝関係

　1950年6月に始まった朝鮮戦争のなかで，米韓関係は密接になる。韓国の李承晩大統領は，60年の不正な大統領選挙抗議デモで退陣し，その後運動が南北統一に向かったことに危機感をもった朴正熙が61年5月クーデタで運動を押え込んで実権を握った。日本は，朴政権と日韓会談を妥結させ，65年6月日韓基本条約を結んだ。朝鮮近現代の主な出来事は，年表に示した通りである。

朝鮮では現在，ソ連，中国の市場経済化によって経済的な危機が続いている。韓国の金大中大統領は 2000 年 6 月，ピョンヤンを訪問して南北首脳会談をおこない，共同宣言で，南の連合案と北の連邦案に共通点があることを確認した。アメリカは 2000 年 10 月に朝鮮と共同コミュニケをまとめたが，その後協議は足踏みの状態である。

1990 年秋から始まった日朝の国交交渉は，朝鮮はまず過去の謝罪と補償を求め，日本は，日本国民の「拉致問題」解決などが先決だとして，行き詰まっている。

2002 年 5 月には，サッカーのワールドカップの日韓共催が予定されており，朝鮮との関係改善の進展が望まれるが，日本には，歴史の認識が求められる。

年表　朝鮮近現代史

1894. 5. 4　甲午農民戦争始まる
　 95. 4.17　日本，朝鮮から清国の宗主権を排除
1904. 2. 9　日露戦争始まる
　　　 8.22　第 1 次日韓協約
　 05.11.17　第 2 次日韓協約，07.7.24 第 3 次協約
　 09.10.26　前統監伊藤博文，安重根に射殺される
　 10. 8.22　日本，韓国を「併合」
　 19. 3. 1　三・一運動始まる
　 38. 2.26　陸軍特別志願兵令公布
　　　 3. 4　朝鮮語，必修から外される
　 40. 2.11　創氏改名実施
　 45. 9. 6　建国準備委員会，朝鮮人民共和国樹立を発表
　　　12.27　米英ソ三国外相会議，朝鮮 5 カ年信託統治案決定
　 48. 8.15　大韓民国樹立，大統領李承晩
　　　 9. 9　朝鮮民主主義人民共和国樹立，首相金日成

50. 6.25	朝鮮戦争勃発（〜 53.7.27 休戦協定調印）
61. 5.16	韓国で軍事クーデタ
63.10.15	朴正煕，大統領に当選
65. 2.20	日韓基本条約仮調印，6.22 正式調印
72.11.21	朝鮮民主主義人民共和国，新憲法採択，金日成国家主席に
73. 8. 8	金大中，中央情報部によって東京から拉致される
79.10.26	朴大統領，金載圭中央情報部長に射殺される
80. 5.18	光州事件（〜 27）
8.27	全斗煥，大統領に選出
83.10. 9	ラングーンで爆弾テロ事件，韓国政府要人多数死傷
87.12.16	盧泰愚，大統領に当選
88. 9.16	ソウル・オリンピック開幕
91. 9.17	国連総会，南北同時加盟承認
92.12.18	金泳三，大統領に当選
94. 7. 8	金日成主席，死去
98. 2.25	金大中，大統領に就任
2000. 6.13	金大中，朝鮮訪問，南北共同宣言（〜 15）

5 日本と中国

アジアにおける中国

　2001 年 12 月 25 日の『朝日新聞』に，日中韓米 4 カ国でおこなわれた世論調査の結果が掲載されていた。それによれば，10 年後のアジアでもっとも影響力のある国は，図でみるように，4 カ国とも中国が 1 位である。経済成長は，アメリカを除き，中国が 1 位，軍事的脅威としては，日韓が北朝鮮をあげているのに対し，中米では 3 位までに入っていない。

ソ連，東欧における社会主義体制の崩壊と資本主義世界の不況のなかで，いま中国の政治と経済が世界に注目されている。

　中国は1900年，義和団の蜂起によって20世紀の世界的な民族解放運動の幕を開き，世紀半ばの49年には中華人民共和国の樹立によって，社会主義の歴史にも新しい段階を画した。

　この100年の日本の歴史は，中国との関係のなかで形成された。日本は1894年の日清戦争によって中国への進出，侵略を開始し，1904～05年の日露戦争，15年の21カ条要求を経て，31年の満州事変を「15年戦争」の区切りとして37年の本格的侵略にいたり，41年アジア太平洋戦争に突入した。

日中関係の歴史記述

　この日中戦争については，まだ日本では評価が曖昧なところがある。たとえば，南京大虐殺について，なかったとの主張がある。小野賢二・藤原彰・本多勝一編『南京大虐殺を記録した皇軍兵士たち——第十三師団山田支隊兵士の陣中日記』(大月書店，1996.)には，戦友名簿により，全員と連絡をとって，証言約200，陣中日記24冊，証言収録テープ100本以上，証言ビデオ10本を得たという小野の仕事がまとめられている。「どの日記にも，釈放や捕虜の反乱の記述はまったくない。・・・これらの日記を総合して判断すれば，山田支隊は12月14日に幕府山付近で1万4000余，15日にもつづいて数千の捕虜を捕らえたこと，軍命令で16日にその3分の1を江岸で射殺し，17，18日と処刑をつづけ，18，19の両日には死体片づけのための兵力を出していたことが明かである」(藤原彰，江口圭一：401-402.)。

　日清，日露では，このようなことはなかった，と考えられているが，嶋名政雄は，日清戦争のさい，旅順の無意味な制圧と虐殺で2万人が失われたことを明らかにし，誤った日清戦争観は参謀本部による戦史改竄によると結論している (嶋名：はじめに4，159.)。

2章 アジア太平洋戦争の意味 43

軍事的に脅威を感じる国は（上位3つ）

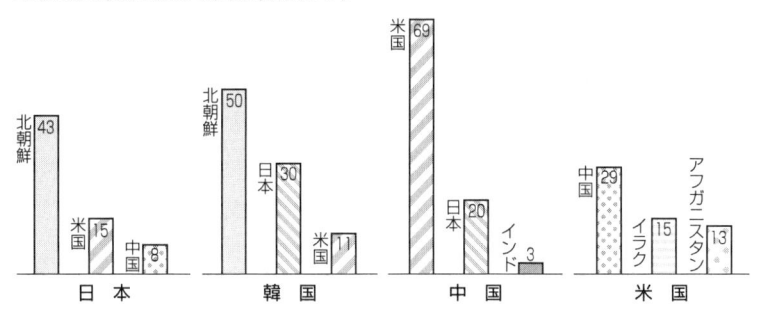

日本：北朝鮮 43、米国 15、中国 8
韓国：北朝鮮 50、日本 30、米国 11
中国：米国 69、日本 20、インド 3
米国：中国 29、イラク 15、アフガニスタン 13

10年後のアジアで最も影響力のある国は（上位3つ）

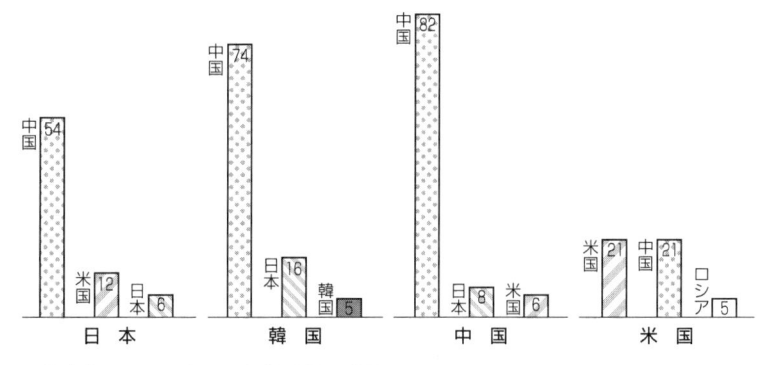

日本：中国 54、米国 12、日本 6
韓国：中国 74、日本 16、韓国 5
中国：中国 82、日本 8、韓国 6
米国：米国 21、中国 21、ロシア 5

日韓中米のうち10年間で経済が最も成長するのは

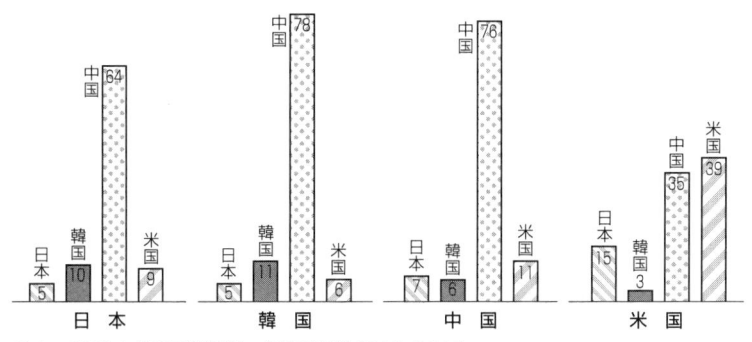

日本：日本 5、韓国 10、中国 64、米国 9
韓国：日本 5、韓国 11、中国 78、米国 6
中国：日本 7、韓国 6、中国 76、米国 11
米国：日本 15、韓国 3、中国 35、米国 39

日本：3000人抽出面接調査，有効回答数 2094（70％）
韓国：面接調査，有効回答数 2000　　中国：北京で抽出面接調査，有効回答数 1000
米国：電話によるアンケート，有効回答数 1011

（2001.12.25『朝日新聞』より作成）

アジアにおける日本

ロシアの東アジア進出が,農民や牧民に働きかけたのに対し,日本の工作は社会革命を促すものでなく,一部の王公や将領ら支配階級を対象としたもので,相手を説得できる理念はなかった。

中国とは,1945年の敗戦後,72年にようやく国交を開き,以後急速に政治的,経済的なつながりを強めつつある。

日本人の中国観について,長く中国で働き,1994年に北京で没した1技術者は,「日本企業の合弁がうまくいっていない,って話をよく聞くよ。皆,共産主義体制の責任にしている。だけど,俺からみれば理由はものすごく深くて重い。まず日本から来た連中は中国を全然知らない。それと,日本ではこれが正しい,って観念が日本人から絶対に抜けない。技術とか資本ということ以上に,中国に来るにあたって中国の事情をつかみきった人が必要なんだ」(山本市朗,柳原:394.)と言っている。

1950年に勃発した朝鮮戦争は,p.39にみたようにアメリカの対日占領政策を転換させ,日本の政治,経済に大きな影響を与えた。

しかし,アジア・アフリカ諸民族の政治的独立,バンドン10原則,ヴェトナム戦争のなかで,敗戦によって狭まらなかった日本とアジアとの間のズレは,必ずしも埋まっていない。それはもっとも近い隣国である韓国,朝鮮との関係においていえることである。日中関係の主な事項は年表に示したが,これらの国との相互理解と真の友好関係は,依然として形成されていない。

一部の東アジア諸国はめざましい経済的発展を遂げ,APEC,環日本海などの経済的協力機構もつくられた。日本はアジアにおいて,ODAなどによる援助の努力をおこない,経済的には支配権を得たが,政治的地位はいまだに不安定である。

上の世論調査でも,韓国と中国は,軍事的脅威として,日本を第2位にあげている。平和憲法の遵守こそ,アジアにおける日本の地位を

たしかなものにするのではなかろうか。

年表　戦後の日中関係

- 1946. 5. 3　ソ連軍，東北から撤退完了
- 49. 1.30　人民解放軍，北平に入城
- 10. 1　中華人民共和国成立
- 51. 9. 8　サンフランシスコ条約調印，北京政府は招待されず
- 52. 6. 1　第1回日中民間貿易協定調印
- 58. 5. 2　長崎で中国国旗侮辱事件（10日中貿易中断）
- 62.11. 9　日中長期総合貿易にかんする覚書調印（LT貿易）
- 71.10.25　国連総会，中国の代表権承認と台湾政府の追放を可決
- 72. 2.21　ニクソン大統領，中国訪問
- 9.29　田中角栄首相，北京での共同声明で日中国交正常化，日本は79番目の中国承認国
- 78. 8.12　日中平和友好条約調印
- 82. 7.20　人民日報，日本の歴史教科書検定を批判
- 92. 4. 6　江沢民総書記，来日
- 10.23　天皇訪中
- 96. 7.18　中国，日本の政治団体による尖閣諸島灯台設置に抗議
- 97. 9.24　中国，日米防衛協力の新ガイドライン批判
- 98. 8.10　日中両国共産党，関係正常化の合意
- 11.25　江沢民，国家元首として来日，歴史認識強調
- 2000. 9.13　黒竜江省で旧日本軍の遺棄化学兵器の処分始まる
- 11.29　花岡事件訴訟で中国人原告団との和解成立
- 01. 4.20　日本政府，李登輝前台湾総督にビザ発給
- 10. 8　小泉純一郎首相，訪中

12.21 日中貿易摩擦決着，ネギなどに対するセーフガードの正式発動回避

6 「北方領土」とシベリア抑留

「北方領土」とは

　まず，「北方領土」はどこを指すのかについて，国際法の高野雄一は，「結論的にいえば，歯舞・色丹，それから択捉・国後，この4つの島を指しています。しかし，この『北方領土』という用語は政府主導の下に（例えば，外務次官通達，1964年6月17日）使い始めました。日ソ交渉のころはまだ使っていなかった。ですから，国際的にも国内的にも通用していた言葉ではありませんが，日本の主張をまとめるのに最も適当な言葉として政府を先頭に4つの島を『北方領土』の名で呼ぶようになりました」（高野：3, 4.）とする。

　日本は，1941年4月にソ連と期限5年の中立条約を結んでいたが，ソ連は45年4月に不延長を通告し，8月8日に対日参戦した。赤軍は中国の紅軍，モンゴル人民軍とともに中国東北部を解放し，18日には赤軍が千島北端のシュムシュ島に上陸し，2万3000人の日本軍と戦った後23日に占領，ついで9月初めまでに作戦を完了した。

　日本では，ソ連の対日宣戦はポツダム宣言受諾の一週間前であり，漁夫の利を得たのではないか，しかも中立条約に違反している，との感情がある。しかし，ソ連側は，対英米戦における日本の敗北とソ連の対独戦勝利は結びついていた，ソ連の対日宣戦は日本の支配階級に恐怖を与え，ポツダム宣言受諾を促した，宣戦はヤルタ協定によって米英が約束させたもので，日本の無法な戦争を一刻も早く終わらせることを義務と考えた，また日本も大戦中，中立条約に違反して，ソ連商船を攻撃，抑留したり，締結直後に満州の関東軍を70万人に増強しており，対米英宣戦も中立条約違反である，と主張している。

2章 アジア太平洋戦争の意味 47

「北方領土」

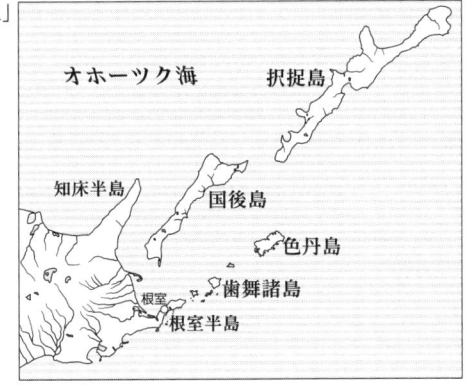

オホーツク海
択捉島
知床半島
国後島
色丹島
歯舞諸島
根室
根室半島

引き揚げ船「興安丸」
(毎日新聞社提供)

1946年12月, 大連からの引き揚げ第1船「辰日丸」の佐世保入港
(毎日新聞社提供)

国際法的側面

　第二次世界大戦後1951年9月に，連合国と結んだサンフランシスコ講和条約の第2章第2条Cは，「日本国は，千島列島並びに日本国が1905年9月5日のポーツマス条約の結果として主権を獲得した樺太の一部及びこれに近接する諸島に対するすべての権利，権原及び請求権を放棄する」としているが，ソ連は調印しなかったとはいえ，この規定が出発点である。45年7月26日に米英中によって発せられ，8月8日にソ連が加わり，8月15日に日本が受諾を公表したポツダム宣言の第8項は，「『カイロ』宣言ノ条項ハ履行セラルヘク又日本国ノ主権ハ本州，北海道，九州及四国並ニ吾等ノ決定スル諸小島ニ局限セラルヘシ」としている。ここにふれられている43年11月27日の米英中のカイロ宣言は領土不拡大を宣言している。

　千島列島は，1855年の日露和親条約（下田条約）で択捉以南を日本が獲得し，1875年の千島・樺太交換条約によって全島を得たのであって，侵略によって取得した領土ではない。この意味では，カイロ宣言によれば，全島が日本に返還されるべき領土といえる。しかし，1945年2月に米英ソ首脳が結んだヤルタ協定では，次のように定めている。「2. 1904年ノ日本国ノ背信的攻撃ニ依リ侵害セラレタル『ロシア』国ノ旧権利ハ左ノ如ク回復セラルヘシ（イ）樺太ノ南部及之ニ隣接スル一切ノ島嶼ハ『ソヴィエト』連邦ニ返還セラルヘシ 3. 千島列島ハ『ソヴィエト』連邦ニ引渡サルヘシ」。

　重光晶元ソ連大使は，ヤルタ協定について，「米英両国も，はじめから北方領土問題が，連合国が世界に向かって宣言した原則からはみ出したケースであることを承知の上で，対日戦遂行のための協定にふみ切ったのである」（重光：16.）と書いている。

日ソ共同宣言による国交回復

　1955年6月1日に，ロンドンで松本俊一とマリク両全権の間で始

められた交渉では, ソ連側は8月9日に2島返還を提案した。両全権はこれで決着と考えたようであったが (久保田:72-73.), 11月に保守合同があり, 日ソ交渉に積極的な鳩山一郎首相の旧民主党と批判的な旧自由党グループとの対立, 2島決着であれば沖縄を返還しないという重光外相に対するアメリカのダレス国務長官の発言によって妥結できなかったために講和条約締結にいたらず, 1956年10月19日の日ソ共同宣言で, 国交を回復したのである。

ソ連が「北方領土」を獲得した大きな理由は, 軍事的なものであったが, 冷戦終結によって, この点の事情は変わった。またソ連解体によって, 相手はロシアとなった。今後条件に大きな変化があるとは思えず, そろそろ決着の時期ではないかと考えられる。

シベリア抑留

ソ連との間のもう一つの大きい問題は, シベリア抑留である。敗戦時, 海外日本人は660万人, その41% 271万人がソ連軍管区にいた。満州の関東軍は, すでに在来の師団は存在せず, 編成装備の劣悪な66万人強の兵力のみであったが, 1945年中にソ連へ移動させられ, 各地の収容所で労働に従った。収容所の実態については, ソ連体制の本質にかかわるものとして, 欧米で注目されていた。引き揚げは, 46年12月8日に5000人, ついで47年1月4, 6日に5009人, 4月に再開12月まで続き, 17万5000人帰国, 48年には16万6000人と53万人が送還されたのち, 50年4月引き揚げ完了が宣言された。日ソ共同宣言成立後の56年12月, 有罪判決をうけていたすべての日本人も釈放され, 2689人が帰国した。

ペレストロイカ後の1990年にソ連科学アカデミー東洋学研究所のキリチェンコが資料に基づいて, 抑留者63万9635人, 抑留中の死亡者4万6862人, その他前線などの収容所での死亡者1万5986人と報告した。

民主運動

シベリア抑留は，民主運動を通しても，日本人のソ連観，社会主義観の形成に大きな影響を与えた。ハバロフスクでは 1945 年 9 月 15 日に『日本新聞』が創刊され，49 年 11 月 7 日まで 4 年間にわたって 650 号発行された。

日本人兵士は，シベリアでソ連軍の将校と兵士が対等に談笑しているのを見て衝撃を受けた。また，人種的偏見のないこと，男女同権であることを知り，ソ連の勤労者と交わりその生活を理解した。多くの日本人兵士は，日本で中等教育どころか小学校教育もろくに受けておらず，シベリアで初めてカナを覚えた。また高等教育でも政治問題の講義はほとんどなく，大部分の兵士がシベリアではじめて社会に目を開かれたことも事実であった。これらの体験は，民主運動が生まれた基盤である。多くの帰国者が日本共産党に入った。

しかし，次のような側面もあった。民主運動について抑留者の一人である丸尾俊介は，次のように書いている。「収容所では何回かの変革があった。しかしどの一つも，私たち自身の個としての主体性に立脚し，お互いの人権にめざめ，自らの意思と力とで獲得したものではなかったように思う。いつも，上から，教えられ，そそのかされ，命令されて実現したものでしかない」（丸尾：114.）。

帰国者は，日本人のソ連観の形成に影響を与え，またロシア人についての理解を深めた。高杉一郎は，抑留記『極光のかげに』に次のように書いている。

「『俺達は先ずなによりも人間であればいいわけだ。たとえば，君と俺はいまこうやって向かいあって座っているが，これはつまり，ひとりの人間がもうひとりの人間と向かいあっているんで，ロシアの囚人と日本の俘虜が向きあってるんじゃない。そんな区別は，馬鹿や狂人のつくった譫言さ。』これは，ロシアでは，最も平凡な働く人々の口から，さまざまなヴァリエーションの形でよく聞かされるスラヴ民族

独特の人生哲学である。書物的なものではない,人生のなかから滲みだしてきたこのような思想が,民衆の日常生活のなかに溢れている」(高杉：213.)。「日本人が,一般に国際的に通用する言葉をもたないことは,なににもましていちじるしい弱点のように思われた。ある憲兵准尉は,つまらないことで劉という満州国軍の上校と口論をした末に,『なにを,このチャンコロ,貴様,生意気だぞ,表に出ろ』と怒鳴った。それは,聴いている者が思わず顔をあからめるような恥ずかしい言葉であった。『弱小な』民族に対してそんなにも高圧的な人たちの多くが,『勝者』に対しては,必要以上に卑屈であった」(225.)。

抑留者の戦後処理

抑留者に対しては,全国戦後強制抑留補償要求推進中央連合会があり,戦後強制抑留者の処置改善にかんする議員連盟が中心となって1988年に1人あたり10万円の弔慰金と銀杯を配布した。74年に結成された全国抑留者補償協議会は,会員7万人を擁し,日本政府に補償を求めてきたが,ロシア政府はようやく92年1月に,この協議会に対して労働証明書を発給することを認めた。

3章 現代における軍備と戦争

1 国際社会の形成と戦争の歴史

戦争と国際関係

国際関係の歴史は戦争の歴史であった。そして戦争は、社会変革のきっかけとなることも多く、一国内ばかりでなく国際関係の歴史にも時期を画した。このことは20世紀の2度の世界大戦の結末をみたときとくにはっきりしている。それは開戦当事者の意図を超えて、根本的な社会変革を実現した。

しかし、21世紀初めのいま、兵器の技術水準によって、戦争はもはやそれに見合うどんな政治的結果ももたらすことができなくなってしまった。

ここで、これまでの戦争の歴史を振り返ってみよう。

主権国家の成立

中世の西欧は、キリスト教によって統一された一つの世界であった。ローマ法王の意思を無視した王は破門されたが、それによって封建領主は王への忠順の義務を解除され、人民は貢納の義務を免れた。すなわち、王は法王に対して自律性をもたなかった。また、領主の他に、教会、都市など自律性をもつ単位があり、分権的で複雑な世界であった。

この統一と分権の世界は、16世紀の宗教改革と主権国家の成立によって崩される。

1618～48年の30年戦争は，ウェストファリア条約によって終わったが，このとき主権国家が生まれ，国際関係が始まった。ここではカトリック，プロテスタントの領域をはっきり定めて宗教戦争を回避しようとした。

　主権国家は，他のいかなる意思によってもしばられることのない国家と定義される。その内容を規定したのは，ボーダン（Jean Bodin, 1530-96）の『デレプブリカ』（1586）であった。そこには，主権とは一つの国家の最高かつ恒久的な権力であって，神と自然法の他いかなる制限にも服さないものとされている。これは絶対君主による統一的集権的近代民族国家として成立する主権国家に理論的根拠を与えた。

　火薬の導入と規律ある常備軍の登場も，30年戦争の軍事的特徴である。

王室戦争

　封建制度の下で，狭い地域を単位として成立していた自給自足経済は，商業資本の発展によって次第に破壊され，商品を媒介として広い地域が経済的に結びつけられるが，それは政治的統一の条件をつくった。都市のブルジョアジーはその支持者であった。こうして成立した絶対王政の時代における国際関係は，君主間の個人的関係の色合いを強くもち，「王室戦争」と呼ばれる戦争の目的は，ある地方の獲得や王位の継承などに限定されていた。

　またイデオロギーの争いや，聖戦，正戦という思想もなく，敵愾心もなかった。一般国民は戦争に加わらず，傭兵の職業的軍隊は高くついた。したがって，できるだけ戦闘を避け，戦わずして降伏または退却させようとするものであった。

　西欧は，15世紀後半の地理学・天文学の発達，羅針盤の使用，造船術・航海術の発展，火薬使用法の進歩などを基礎として，15世紀末から16世紀初めにかけての大航海時代，その世界を拡大した。

英仏の覇権成立

　16世紀はリスボンを中心とするポルトガルとスペインの時代，17世紀は，オランダ，フランス，イギリスによる植民帝国建設の時代であった。戦争は，西欧内の地域のみならず，西欧外の世界における地位を賭けたものとなった。

　絶対主義の経済政策は重商主義と呼ばれるもので，重金主義，貿易差額主義，産業保護主義の段階がある。主な輸入品は，金，銀，絹，香辛料，木綿，コーヒー，砂糖であった。ピューリタン革命，スペイン継承戦争を経て，フランスは西欧第一の強国の地位を確保し，イギリスは植民帝国としての地位を確立した。

　18世紀のオーストリア継承戦争，七年戦争，アメリカ独立戦争では，英仏は植民地の獲得を争い，中世末期の百年戦争に次ぐ英仏の第2百年戦争と呼ばれる。

戦争の性格の変化

　フランス革命後，戦争をめぐる状況も一変した。1791年，1799年，1805年，1806年，1809年，1813年，1815年と結ばれた対仏大同盟の目的は，「フランス内部の無政府状態を終結させ，王位及び祭壇への攻撃をとどめ，法的権力を再建し，奪われた安全と自由とを王に復し，かれに属する正当な権力を再び行使しうる地位におくこと」であり，これに対して革命側は，王の不当な攻撃戦争に対する自由な人民の正当防衛として戦った。

　すなわち戦争は，ナポレオン戦争によって，国際的規模の階級闘争・革命戦争へ，さらに解放戦争に征服戦争の性格が加わる。ここでは1793年に徴集制度（Requisition），1798年に徴兵制度（Conscription）が採用され，自軍の死傷を少なくすることに傭兵制度のときのように気を使う必要がなくなった。決定的勝利を得るために正面から決戦を求めるようになる。

ナポレオン軍のイベリア半島侵入にさいしては，各地のスペイン民衆が抵抗戦をおこなったが，ここでゲリラ戦という用語が生まれた。

ナポレオンの敗北後の1815年，西欧強国は，フランス革命前の状況を復活し，それを全ヨーロッパ的な勢力均衡の体制で維持しようとするウィーン体制を形成した。23年にはアメリカがモンロー宣言によって勢力均衡に加わり，独立したばかりのラテンアメリカ諸国への西欧強国の干渉を排除した。しかし，ウィーン体制は，1830年，48年の革命によって崩壊する。

19世紀後半の国際政治は，イギリスとロシアの対立によって特徴づけられるが，1871年のドイツの統一，アメリカ，ドイツにおける工業の発展によって，イギリスは貿易先を英帝国内に移し，フランスは植民帝国の建設に力を注いだ。

このようにして，第一次世界大戦にいたる強国間の対立が形成される。

第一次世界大戦によって，戦争はたんなる政治の手段でなく，経済，社会などあらゆる分野を賭けた全面戦争，総力戦となった。

国家間の戦争から内戦へ

19世紀の戦争は国家間で戦われたが，20世紀にはイデオロギーと民族が大きな役割を果たすようになり，一つの国のなかの戦争，すなわち内戦が多くなった。それは，ロシア革命後の国内戦に典型的にあらわれている。ロシアは多民族国家であり，革命は階級間の闘争であるとともに，被抑圧民族が解放を求める闘争でもあった。東アジアでは，シベリアで最大の原住民族であるブリヤート・モンゴルを巻き込んだが，国内戦は国境を越えて外モンゴルへ広がり，モンゴル人民革命を引き起こした。この外モンゴルは，清朝に属していたが，辛亥革命を機に独立の動きが起こっていた。モンゴル民族の独立と統合の動きは，さらに南の内モンゴルにも広がる。

日本とソヴェト・ロシアは,それぞれこの動きにかかわることによってこの地域に進出しようとした。両国の働きかけは,長期にわたって続く。

モンゴル民族をめぐる戦争の状況は,20世紀の戦争の一つの典型を示している。

そしてモンゴル民族の歴史をたどると,諸民族の混住が進むなかで,国際政治の単位が民族から地域へ変わりつつあることがわかるが,それは戦争をなくすための戦略につながるのではないかと思われる。

ゲリラ戦

最新の大型兵器に頼らない,小さな軍事集団,不正規軍による戦闘をゲリラ戦という。スペインでナポレオン軍と戦ったゲリラは,道路を塞ぎ,宿営を襲撃して,移動と補給を妨げ,混乱させた。地形,風土,人間関係をよく知り,住民の支持を得ている場合,ゲリラ戦は有効である。

20世紀には欧米や日本で,変革や反乱が,ゲリラ戦で成功する可能性は小さくなったが,外国軍の支配や独裁政権の下では効果的であった。第二次世界大戦中の対独レジスタンス,中国の抗日戦争などである。植民地の民族解放運動,たとえばヴェトナム戦争ではヴェトナム民主共和国の正規軍とともに活動した。アメリカ軍は「戦略村」の建設によって,住民をゲリラから切り離そうとした。

国際テロ

テロリズムは,弱小武器を用いる点は,ゲリラ戦と共通であるが,標的が非戦闘員である点が異なる。破壊活動,誘拐,暗殺などによって,心理的恐怖を与えることによって,紛争を解決しようとする。交渉のような平和的手段と戦争の中間に位置する。

第二次世界大戦前のテロは,政治家など特定の個人の暗殺が主流

で，一般人を巻き込まないようにしていた。戦後は，ハイジャックや自爆テロへと，拡大した。代表的なものとして，1970年9月のパレスチナ解放人民戦線（PFLP）による米主導の中東和平に抗議する連続ハイジャック，72年5月のイスラエルのロッド空港での日本赤軍による乱射事件などがある。2001年9月11日の，初めから無関係の数百人の乗客を巻き込んだニューヨークなどでのテロは，衝撃的であった。

　テロの目的も，左翼的なものから宗教的，民族的なものに広がった。また国家もテロリズムの主体として認めるべきであろう。CIAなどによる外国要人の暗殺，イスラエルによるパレスチナ自治区の攻撃などである。

戦争と法
　戦争法の問題は，戦争そのものの正当性を問題にする部分と，戦争行為における違法性を論ずる部分とに分けられていた（筒井：19.）。「正戦論は・・・ともかくも絶対的に否認せずして現実への手がかりを確保し，可能な範囲で戦争を抑制・制限しようとする立場をとり，実際にもこれを実現してきた」（32.）。筒井は71年の著書で，朝鮮戦争とヴェトナム戦争について，それが内乱，反逆，制裁，自衛であるとして戦争であることが否定されつつ，戦争法が無視され，国際法が長年の歴史のなかでつくりあげてきた戦争抑制の措置が尊重されないことから，30年戦争という出発点に戻った感をいだかしめる，といっている。

　このことは，2001年9月11日のテロ後のアメリカの行動では，もっとはなはだしくなったように思われる。

2 兵器の発達と核兵器の登場

20世紀初頭までの兵器

19世紀まで，兵器の発達はゆっくりとしていた。大砲は機動性を増し，いっそう正確に撃てるようになった。火縄式から火打ち石式に，槍は銃剣に変わったが，射程がそれほど伸びたわけでなかった。

1815〜1914年の100年間には，通信革命が戦略を変え，兵器の技術革命が戦術を変えた。それでも，日露戦争のさいの情報の伝達や軍艦の移動はゆっくりしたものであった。

1904年10月14日，ラトヴィアのリバウ（リエパヤ）を出港，太平洋に向かったロシアのバルト艦隊は，10月22日早朝北海ドッガー・バンク海上でタラ漁をおこなっていた50隻のイギリス漁船を日本水雷艇と誤認して10〜12分砲撃し，漁船1隻を撃沈1人を即死させ，5隻に被弾させ，艦隊自体のオーロラ号にも6発命中させた。28日イギリスのバルフォア首相が抗議演説をおこない，イギリス艦隊が包囲，追尾した。このドッガー・バンク事件のため，艦隊が対馬に着いたのは翌年の5月であった。すなわち05年5月27〜28日にようやく日本海海戦がおこなわれたのである（参照　板倉）。

1870年までに銃は施条によって射程をのばし，正確さを向上させた。とはいっても第一次世界大戦での兵士の死者の多くはチフス，コレラなどによる病死であった。この後輸送と医学の発達によって軍隊における病死者の比率が著しく低下し，負傷者の死亡率も下がった。

戦車と航空機の発達

20世紀には，戦争はますます高度の資格をもつ技術者の仕事となった。大規模な戦車，軍艦，航空機の登場と発達によって，戦争は戦場ではなく工場で決せられるようになった。

第一次世界大戦の新兵器の一つは戦車で，1916年9月にイギリスの兵器として出現した。やがてフランス，ドイツも製造，18年4月には最初の戦車戦がおこなわれたが，第二次世界大戦では陸上戦の中心となる。43年の独ソ戦のクルスク戦は，史上最大の戦車戦で，両軍合わせ戦車1万3200両，航空機1万1950機，火砲6万9100門，人員415万人が動員された。このときには，ドイツのティーゲル，パンテル，ソ連のT34，KV1などの大型戦車が激闘した。

 海軍の主力は，戦艦であって，第一次世界大戦前の建艦競争のなかで生まれたイギリスの戦艦「ドレッドノート」は，主砲12インチ連装の5砲塔（計10門），速力21ノットであったが，まもなく各国とも建造し，日本が37年から建造した「大和」は，18インチ砲9門，6万7500トンの巨大戦艦であった。当時は戦艦が戦局の結果を決めると考えられていたのである。航空母艦も誕生し，潜水艦もドイツのUボートが有名である。

 航空機は，第一次世界大戦では偵察に用いられたが，第二次世界大戦では主力となり，大型戦艦は，その前には無力となった。戦闘機が重要な役割を果たしたが，アメリカのB（ボーイング）29爆撃機は，都市の空襲に使われ，日本人にもっともよく知られた。空襲によって，前線と銃後の区別はなくなり，民間人が殺傷されるようになった。

東京大空襲

 下の表は，B29を主力とする1945年の東京大空襲のデータである。

東京大空襲	爆撃参加機数	全爆弾	消失戸数	焼死者
3.10	298(機)	783(t)	約27万(戸)	約10万(人)
4.13	330	2140	約17万	約2000

 この3月10日の空襲について，大本営発表は，来襲敵機数を170

機と半分の見積もりしかしていない。さらにいえば，大本営発表は戦果として，41機を撃墜，約80機に損害を与えたとしているが，米軍側資料によると損失機数8，損傷を受けたもの50機である。大本営発表は，撃墜機数を5倍，損失機数を6割も水増ししている（山中：177.）。

　世界戦史上，どんなに激烈な戦闘がおこなわれたところでも，わずか2時間余の短時間に，8万人を超える兵隊が死んだという記録はない。その意味で，あのアジア太平洋戦争下の「銃後」はまさに戦場であり，東京を中心とする6大都市は「最前線」であった。

　「昭和39年末に，日本全土を灰燼とした責任者であるカーチス・ルメイ将軍が，日本政府から勲一等旭日大授賞をうけた。受賞の理由は『日本の航空自衛隊の育成に努力した』というのである。この記事をみたとき，私は自分がベトナム人になったが如き錯覚におちいった」（早乙女：210，211.）。ただし，ルメイは都市爆撃には賛成ではなかった。「戦争が主として戦闘員に対しおこなわれてきたという伝統との決別，および都市爆撃による無差別殺戮が引き起こした道義的嫌悪は，戦略爆撃の役割を継続することの是非について戦後激しい論議を巻き起こした」（ルメイ，シェイファー：302.）。

核兵器とＩＣＢＭの登場

　1945年7月16日，アメリカは原爆の実験に成功し，8月に広島，長崎に投下した。核兵器時代の始まりである。57年にはソ連が運搬手段としてＩＣＢＭの実験に成功し，米ソの核開発競争が始まり，人類を絶滅させうる究極兵器の登場となった。以後の核競争の経過については，第Ⅲ部に譲るが，ここには広島の体験を記す。

　なお現在は，情報機器の発達によって，戦場の様子もまったく変わってきている。すなわち，地上戦闘においてもっとも重要な指揮，命令，連絡が人工衛星とパソコンの活用によって，かってなく迅速，

正確,広範におこなわれるようになった(ピーター・ピー『軍縮』2001.9.)。

広島の体験

「広島の被害については,手記,絵画,写真・映画など,たくさんの記録があります。しかし,直接被爆した人たちは,そのどれもが自分たちの体験したこととはかけ離れ,とてもこの世の出来事とは考えられないと感じています。『あの日の状況は,今語り継がれているような状況ではなかった。もっともっとひどかった。それは,とうてい言い表せない。』というのです」。

「原爆被害の特質は,大量破壊が瞬間的に,かつ一斉に引き起こされ,老若男女の区別なく非戦闘員も含めて,無差別に殺りくされ,1. 熱線,2. 衝撃波と爆風,3. 放射能などが複合して被害が増幅することにあります。

まず,熱線による被害ですが,原子爆弾の爆発により,爆発点は摂氏数百万度の温度となり,直径約280メートルの火球が生じた。そこから発生した熱線により,爆心地付近で戸外にいた人は,瞬時に黒焦げになりました・・・。

次に,衝撃波と爆風による被害ですが,爆発点では火球によって数十万気圧という超高圧状態が生じ,強い衝撃波が発生しました・・・。

また,衝撃波の後から非常に強い爆風が吹き抜けました・・・。

こうした熱線と爆風により,当時の広島市の全戸数7万6327戸のうち,約70パーセントが全焼・全壊し,残りの建物も半焼・半壊などの被害を受け,全市が瞬時にして破壊されたといっても過言ではありません。

そして,放射線による被害ですが,爆発直後の初期放射線——つまり,ガンマ線と中性子線が強く降り注ぎ,爆心地から半径約1キロメートル以内で,4グレイ以上の全身照射をうけた人の多くが死亡し,

かろうじて生き残った人にも放射線による後障害があらわれ，その後死亡したり，今なお病魔とたたかっている人は少なくありません」(国際司法裁判所の口頭陳述，1995.11.7. 平岡：116-118.)。

化学兵器・生物兵器

第一次世界大戦に毒ガスが使用されて以来，化学戦の準備と防護にも力が注がれた。催涙ガスの他に致死性のガスが開発されたが，神経ガスのタブン，サリンは無色，無臭で検知は難しく，呼吸器や皮膚を通じて脳中枢から全神経系統を破壊し，窒息死させる。このGガスと呼ばれる毒ガスは，第二次世界大戦後，米ソで改良が加えられ，さらに強力なものとなっている。それ以外にも，植物を枯らすダイオキシン，ナパーム爆弾なども使用されている。

細菌戦は，1925年6月調印のジュネーブ協定において禁止されたが，日本を含めいくつかの大国は批准しなかった。72年4月生物兵器禁止条約が調印され，75年に発効したが，検証制度がなく，実質的には野放しの状態が続いている。

この問題では，関東軍731部隊（石井部隊）が有名である。

石井四郎は，陸軍医学校勤務の後，32年石井式濾水機を制作し，防疫研究室を新設，36年関東軍「防疫給水部」（石井部隊）を発足させた。これは，39年ノモンハン事件で活躍した後，再編・強化され，ハルビンから20～30キロ南の平房駅近くの周囲5キロの敷地に大建築の本部が建設された。ここには400人収容可能の監獄をおいて，大規模な生体実験をすすめ，1940～45年の犠牲者は3000人にのぼった。

「石井部隊で生きたまま実験され，殺されたのは中国人，朝鮮人，モンゴル人，そしてソ連人であった。ソ連人は特務機関から送り込まれ，それ以外の人びとは憲兵隊から連れてこられたのだった。・・・生体実験は関東軍ぐるみで行われていた。・・・これら特移扱の囚人

たちは，憲兵隊あるいは特務機関から石井部隊の監獄に移されるとその呼称が変わった。石井部隊では彼らを『丸太』と呼んでいた。丸太とよばれた人が生きて部隊の外に出ることはなかった」（常石：102-103.）。

「敗戦の直後から，旧日本軍の細菌戦部隊の関係者が米軍と接触を保ち，そして協力していたことが，彼らが極東軍事裁判を免れた理由であろう。しかしまたこの協力こそ，朝鮮戦争の際の流行性出血熱を始めとするペストその他の流行病の原因は，米軍による細菌戦である，という北側の主張の根拠ともなっている」（139.）。

「旧日本軍の細菌戦部隊で『生体実験』が行われていたことについて，はっきりした証拠が存在する。それは伝聞とか，あるいはハバロフスクの裁判での証言や供述ではない。もっと証拠能力の高いものである。それは北野政次元軍医中将が発表した一連の論文および回想録である。・・・彼が単独および部隊員と共同で発表した一連の論文等を互いに検討してみると，彼らが生体実験をやっていたことがはっきりと浮かび上がってくるのである」（142.）。

政治宣伝の役割

自国民の支持と国際的な支援は，今日の政治や戦争の前提である。また国民や兵士の士気を高めるためには宣伝（プロパガンダ）・扇動（アジテーション）が欠かせない。宣伝は商品の販売，宗教の布教において発展したが，政治の分野でも重要である。手段としては，新聞，雑誌，ラジオ，映画，テレビ，ポスターなどのほか，電話やＩＴへと広がりつつある。

ソヴェト映画「戦艦ポチョムキン」は，ソ連の政治宣伝の傑作としてあげられるが，ナチス・ドイツも映画を最大限に利用した。1930年ナチス党全国宣伝局長，33年国民啓発・宣伝担当の大臣に就任したゲッベルスは，マス・メディアを統制し，44年以降，総力戦遂行

の最高責任者として，ドイツの戦争遂行に決定的な役割を果たした。

　宣伝には，正面からおこなう場合，雰囲気などでソフトにおこなう場合，無意識のうちに深層に植え付ける場合の3種類がある。戸坂潤は，日本では，社会的強制力を持つ風俗などが大きな役割を果たしているとして，「制度習得感」という概念を導入し，一見中立的な風俗などへの注目を促した（参照　戸坂『思想と風俗』）。

宣伝の限界

　宣伝・扇動は，情報が統制されている社会でもっとも有効のように思われるが，それによって権力者自体が独りよがりとなって，現実の正確な認識ができなくなり，やがて，失脚，体制の崩壊にいたることは，最近ではソ連・東欧の体制崩壊によって実証されている。

　1989年12月，一挙に失脚し処刑されたルーマニアのチャウシェスク大統領は，国内では次のように報道されていた。「彼の頻繁な外国訪問も，メディアのなかで，こんな具合につめこまれる。まず，大統領とのインタビュー，時には同じ日に数回にものぼる。それから，その国の政府や国民がルーマニアからのこの偉大な使節にむけた緊張と期待に包まれる訪問国の首都からのルポルタージュ。・・・さらに，訪問中におこなった彼の演説，会見，テーブル・スピーチ，動静などのすべてが，細大もらさず，次から次へ，時々刻々に，テレビや新聞のレポーターによって報道され，新聞やテレビ放送の半分から3分の2までも埋めるほどになる」（レンドヴァイ：92.）。

　湾岸戦争，ＮＡＴＯ軍のユーゴ空爆，2001年9月11日のテロ以後のアフガニスタン空爆においては，情報の統制がいっそう進み，宣伝が戦争遂行に大きな役割を果たすようになっている。そして日本でも，「『民族主義を超えて』などという『良心的知識人』が自分の頭で考えるのではなく，国際世論，──その実，ヨーロッパ文明人の世論に単純反応して，振り回されている・・・」（岩田：134.）。

3 第二次世界大戦後の戦争

米ソ冷戦期の戦争

　日本は1945年の敗戦以降，戦争に直接参加したことはないが，世界的には戦争は切れ目なしに続いており，爆弾の投下量は大戦期をはるかに超え，戦死者も少なくない。大きい戦争としては，朝鮮戦争とヴェトナム戦争があるが，いずれも，アメリカの戦争，アジアの戦争であり，日本はアメリカを軍事的，経済的に助け，大きくかかわった。

　冷戦期には，中小国は，米ソによって従属させられたが，一面では守られた。米ソがこれらの国の支持を得るため，相手国が中小国の内政に干渉することを批判し，妨げたからである。

　アメリカは，ラテンアメリカは戦前から支配していたが，1950年初めから半ばにかけて，中東における覇権をイギリスから引き継いだ。その典型的な例は，イランとエジプトである。ヴェトナムは，50年代半ばにフランスから支配権を受け継いだ。

湾岸戦争

　イラクのクウェート侵攻に始まる湾岸戦争は，冷戦後の最初の戦争として，アメリカの世界支配を印象づけた。ブッシュ大統領は1991年年頭教書の「新世界秩序」の宣言で，「ペルシア湾岸で試されているのは，ひとつの小さな国の運命ということにとどまらない。大きな理念が試されている。それは，多様な国々が，平和と安全保障，自由と法のルールという人類の普遍的な希望を達成する共通の目標・大義にともどもに引き寄せられていく新世界秩序である」と述べている。

　1991年1月17日多国籍軍が作戦を開始，2月24日に大規模な地上戦に入った。26日イラクのフサイン大統領はクウェート撤退を命令，27日にはクウェート併合無効，賠償責任請求の2決議の受け

入れを表明し,同日ブッシュ大統領が戦闘停止を宣言して終わった。6週間の戦闘中に多国籍軍の空爆出動は約11万回,投下爆弾量は8万8000tで,一般工場や住宅も爆撃されバグダードで2500戸が失われた。また地上戦の2日間でイラク兵数千人が生き埋めにされたといわれている。

この戦争では,環境が破壊され,原油流出によって海が汚染され,油井の炎上によって大気が亜硫酸ガスで汚染された。アメリカの政策は,パレスチナ問題への対応と原則的に違っているためにダブル・スタンダードであるとして,アラブの反米感情を高めた。

アメリカの「最終の目的は石油の利権の要塞を確保して,この地域に彼らの支配権を樹立するの一語につきます」(サーダウィ),「アメリカはイラクとの戦争をこの地域に覇を唱えるための口実に使っている」(ハナフィー)などの発言に,その例をみることができる。

NATO軍のユーゴ空爆

1992年にセルビア人とモンテネグロ人によって創設された「ユーゴスラヴィア連邦共和国」のコソボ自治州では,住民の90%をアルバニア人が占め,共和国への昇格を求める声が強かった。アルバニア武装組織「コソボ解放軍(KLA)」は分離・独立運動を進めたが,ユーゴ政府は,大規模な掃討作戦でこれを鎮圧しようとした。アメリカを中心とするNATOグループは,アルバニア人の「人権」を守るために3万人の兵力をコソボに進駐させようとしたが,これをユーゴ政府が認めなかったので,99年3月24日,空爆を開始した。

6月に入ってユーゴ政府は和平案を受け入れ,10日からコソボ撤退を始めた。2カ月半におよぶ,延べ3万2000機・1万5000tの爆弾・ミサイルによる攻撃によって,5月末までに29の橋が使用できなくなり,数百の工場,発電所,学校などが破壊され,石油貯蔵施設能力の60%が失われ,化学工場の破壊によってドナウ川が汚染し,

1800人のユーゴ軍兵士が死んだ（NATO側発表では5000人）。

この空爆について，NATO諸国のなかでも，イタリアの世論は分裂し，ギリシアは反対であった。シュミット元西ドイツ首相は，アメリカが全体的戦略をもっていないと批判している（『世界』1992.9.）。

中国では，アメリカは，そのグローバル戦略に基づいて世界の問題に介入し，「人権」を口実に主権を踏みにじり，国連を迂回し，国際法に違反して，ヨーロッパ，ロシア，日本との矛盾を大きくし，国際協調のメカニズムを破壊しているという見解がとられている。

豊田利幸は，「・・・空爆の真の意図は，98年12月16日から同月19日にかけて行われた米英のイラク空爆の場合と同じように，米国が最近力を入れて開発してきた極超高速，極超精密の『通常兵器』の実戦テストであった」（『軍縮』1999.7.）としている。

マサチューセッツ工科大学ボーゼン教授は，クリントン政権の外交戦略について，「リベラルな思想と政治システムを世界に広めようとする，ウィルソン大統領以来の民主党の伝統的考えと，覇権拡大を狙う考えとの奇妙な組み合わせ」と指摘した。干渉によって必ずしも思い通りにはことが運ばず，当面のアメリカのグランド・ストラテジーは，「混乱状態という表現が最適」という状況である（『タイムズ紙』，『朝日新聞』1999.5.25より）。

同時多発テロとアフガニスタン攻撃

2001年9月11日のニューヨークの世界貿易センター・ビルとワシントンの国防総省へのハイジャックされた旅客機の突入は，3000人以上の死者をだし，そのやり方に世界が衝撃を受けた。共和党ブッシュ政権は，イスラム原理主義者オサマ・ビンラディンとその組織の犯行と断定してアフガニスタンのタリバーン政府にビンラディンらの引き渡しを要求し，拒否されると空爆を始め，アフガニスタンの反タリバーン勢力とともに政府を武力で倒し，暫定政府を発足させた。

このテロは，初めから数百人の無関係の乗客を巻き込んだ点で，テロのモラルを破ったとも批判されている。しかしアメリカの武力攻撃には多くの問題がある。まずテロが武力攻撃とみなされるとした場合，その責任主体は国家ではないので国連憲章第51条の定める自衛権行使の対象としうるかどうかは問題である。そもそも個人の捕捉や組織の壊滅に軍事行動が適しているとは思えないし，1カ月経ってから開始された行動を自衛権行使とはみなしえない。

　10月7日からのアフガン空爆は，国際紛争とみなさざるをえないが，その場合は，人道法やハーグ規則や特定兵器の使用を禁止・規制する規則が適用されるであろう。クラスター爆弾や，気化爆弾BLU82は，人道法上も問題がある。ハーグ規則22条では，害敵手段の選択が無制限でないことを定めており，新兵器の実験場にしてはならない。

　捕虜の待遇，テロ容疑者の裁判についても，国際法にのっとっておこなわれなければならない（参照　藤田久一「国際法から観たテロ，アフガン武力紛争」『軍縮』2002.1.：8-13.）。

　このように外国の武力介入によって新政権を樹立しても，真にアフガニスタン人民の意思が尊重されることは困難であろう。現にタジク人中心の暫定行政機構の実効支配地域は2割程度で，カルザイ首相（パシュトゥーン人）の力はそのなかでも弱いと報道されている。しかも多民族国家で，構成民族のタジク人，ウズベク人，トルクメン人，パシュトゥーン人は，周辺の国々にも多く分布している。これらの諸民族，諸国家の総意をまとめることは，容易なことではない。

　日本政府は10月29日，テロ対策特別措置法を成立させ，自衛隊による米軍支援を始めた。自衛艦はインド洋で米艦に給油し，これまでできないとしていた海外派兵，集団的自衛権の行使をおこなった。

　集団的自衛権は，密接な関係にある他国への武力攻撃を，自国が攻撃されていないにもかかわらず実力で阻止する権利で，日本政府は，権利はあるが憲法解釈上行使は許されないとしてきた。

このようなテロの可能性については，すでに1986年に岩島久夫が次のように指摘している。

「小さい兵器が大きい兵器をくい，安い兵器が高い兵器を負かし，かんたんな兵器が複雑な兵器をやっつける場面が頻発しつつあるとともに，先進国が後進国に苦渋を喫し，国家が非国家的存在 ―― グループあるいは個人 ―― に苦しめられる事態に押しこまれる可能性の時代にはいりつつある。かなり，もうそうなっている」（大森：177.）。

テロ組織アルカーイダやビンラディンは，もともとソ連のアフガニスタン侵攻に対抗するためアメリカが支援したものであるが，パキスタンに対する政策も，短い期間に，援助，経済制裁，兵器供与，制裁，制裁措置解除などと変わり，場当たり的で一貫性がない。

年表　アメリカの軍事介入等

1947. 3.12　トルーマン・ドクトリン発表
　　　　7.26　国家安全保障法，国防総省設置，ＣＩＡ設置
　 48. 4. 3　対外援助法成立，マーシャル計画に53億ドル支出
　　　　4.30　米州機構（ＯＡＳ）憲章調印
　　　　6.26　ベルリン封鎖に対し，空輸開始（〜49.5.）
　 49. 4. 4　北大西洋条約（ＮＡＴＯ）調印
　 50. 6.25　朝鮮戦争始まる（53.7.27休戦協定調印）
　　　　9. 1　相互安全保障条約（ＡＮＺＵＳ）調印
　　　　9. 8　対日講和条約，日米安全保障条約調印
　 53. 8.19　イランでクーデタ，モサディク逮捕
　 54. 1.12　ダレス国務長官，大量報復戦略を表明
　　　　6.27　グアテマラのアルベンス政権倒される
　 58. 7.15　米軍，レバノン進駐（〜10.24）
　 60. 5. 1　Ｕ２型機，ソ連上空で撃墜される
　 61. 4.17　反カストロ派，ピッグス湾上陸失敗（〜19）

62.10.22　キューバ危機（〜28）
64. 8. 4　トンキン湾事件，米，ヴェトナムに本格介入
65. 2. 7　米，ヴェトナム北爆開始，3.8 米海兵隊，ダナン上陸（5月末：米地上兵力5万1500人，66.6.：54万2000人，73.1.27：和平協定調印，75.4.30：サイゴン解放）
　　 4.28　ドミニカに武力干渉
68. 1.23　情報収集船プエブロ号，朝鮮に拿捕される
70. 4.30　米軍，カンボジア侵攻（6.30 撤退）
73. 9.11　チリのアジェンデ政権崩壊，ＣＩＡ関与
79.11. 4　テヘランで米大使館占拠（80.4.25 人質救出作戦失敗，81.1.20 人質解放，4.7 対イラン制裁措置発表）
80. 1. 4　ソ連のアフガニスタン侵攻に報復措置発表
83.10.25　米軍，グレナダ侵攻
85. 5. 7　対ニカラグア経済制裁実施
86. 1. 7　対リビア経済制裁（4.15 リビア爆撃，89.1.4 地中海でリビア機撃墜）
89.12.20　パナマ侵攻（90.1.3 ノリエガ将軍投降）
91. 1.17　多国籍軍，イラク攻撃（湾岸戦争，〜4.11）
92.12. 9　多国籍軍，ソマリア侵攻（94.3.25 撤退）
98. 8.20　ケニア・タンザニアの米大使館爆発の報復として，スーダンのアル・シーファ工場爆撃
99. 3.24　ＮＡＴＯ軍，ユーゴ爆撃（〜6.10）
2001. 2. 9　原潜，宇和島高校実習船と衝突
　　 4. 1　米偵察機，海南島付近で中国戦闘機と接触
　　 9.11　アメリカで同時多発テロ
　　10. 7　米軍，アフガニスタン攻撃開始

第 II 部

諸民族の自決と統合

キューバの子どもたち（樋口聡氏撮影）

　自由は小分けにできるものではない。同胞の誰かひとりをしばる鎖は，同胞みんなにとっての鎖であり，同胞みんなにとっての鎖は，わたしの鎖なのだ。
　この長い孤独な年月のあいだに，同胞の自由を求めるわたしの気持ちは，黒人も白人も含めたすべての人々の自由を求める気持ちに変わっていった。抑圧された人々が解放されるのと同じように，抑圧する側も解放されなくてはいけない。他人の自由を奪う者は，憎しみの囚人であり，偏見と小心さの檻に閉じこめられている。わたしがもし誰かの自由を奪ったとしたら，自分の自由が奪われたときと同じように，わたしはしんから自由でないのだ。
　　　　　（ネルソン・マンデラ，東江一紀訳『自由への長い道』，
　　NHK出版，1996：448.）

1章 民族政策の理論と実際

1 民族と民族政策の理論

民族とは何か

　民族 (nation, nationality) は民族国家を形成し，国際社会の基本単位をなしてきた。それはまず，西欧で国家を形成し，植民地を獲得，拡大し，それらの地域の諸民族を支配したが，20世紀のうちに植民地諸民族は次々に独立を達成した。しかし，一つの民族が複数の国家に分かれたり，一つの国家に多くの民族が含まれたりしている。

　民族には，言語，宗教，生業，衣食住や対人関係の慣行などの客観的規準と，「われわれ意識」という主観的規準がある。起源を同じくすることは，歴史的事実にかかわるとともに，神話・伝説に表現された意識も主要な役割を果たすので，(客観・主観) 両方の面にわたるといえる。客観的規準も，その集団のなかで一様に共有されなかったり，逆に他の集団と重なる場合もある (川田順造『世界民族問題事典』平凡社，1995：1117.)。

　「われわれ意識」も複数あることが多く，小さな集団から，大きい集団へと重層的にいくつか存在することが多い。たとえば，ソ連時代のロシア人は，ロシア人意識に重ねてソヴェト人という意識ももっており，またロシア正教徒あるいは共産党員という意識ももっていた。このようなことから，民族は人種のように固定的なものでなく，歴史的に変わっていくものであることがわかる。ソ連の民族政策の土台をつくったスターリンは，民族の定義を「民族とは，言語，地域，経済

生活，および文化の共通性のうちにあらわれる心理状態の共通性を基礎として生じたところの，歴史的に構成された人々の堅固な共同体である」としている（「マルクス主義と民族問題」スターリン『全集』2：329.）。

民族意識の成立を「自生的・文化的」と「作為的・政治的」という2つの力の，拮抗と相互作用のダイナミックな関係のなかにみることもできる。国民国家の枠に反発して文化的アイデンティティを主張する「民族集団（ethnic group）」についても同じことがいえる（川田）。

民族が異なれば必ず紛争が生まれると考えるのは間違いである。対立を引き起こす問題があって，それに対処するなかで民族が旗印とされて民族紛争が起きるのである。

「民族というものは文化の担い手であるばかりではなく，それを統一する力であって，これのまわりに人々のいろいろな努力が，人間の個人的および集団的発展のためにふさわしく結晶するのである。・・・民族は未来のインターナショナルな社会がそのまわりに建設されることになるであろうところの単位として生きながらえなくてはならない」（デイヴィス：36.）。

民族と階級

民族の問題を考えるさい，もう一つ重要なのは階級の概念である。

マルクス・エンゲルスは『共産党宣言』で，「共産主義者は，プロレタリアの種々の国民的闘争において，国籍とは無関係な，共通の，プロレタリア階級全体の利益を強調し，それを貫徹する」と述べ，「一個人による他の個人の搾取が廃止されるにつれて，同じように一国の他国に対する搾取も廃止される。国民の内部における階級の対立が消滅するとともに，国民相互の敵対的立場も消滅する」（『共産党宣言』）という前提の下に，社会主義の下における民主主義的中央集権制，単一不可分の共和国を主張していた。ここでは，国際関係において重要

な要因として、まず階級の問題が考えられている。

民族自決権の承認

ロシア帝国は100以上の民族からなる多民族国家で、1897年には44.32％を占めたロシア民族が、他の民族を抑圧、支配し、「諸民族の牢獄」と呼ばれていた。

1480年にキプチャク汗国から独立して東北ロシアを統一したイヴァン3世に続き、イヴァン4世、ピョートル大帝らは、16世紀以降シベリアなどへ領土を拡大した。19世紀にはさらに、1809年にスウェーデンからフィンランドを、12年トルコからベッサラビアを、13年ワルシャワ大公国の大部分を併合した。その後、外洋への出口を求め、黒海入り口のダーダネルス海峡方面の近東、イラン・アフガニスタン方面の中東、モンゴル・中国東北方面の極東の3つの方向に進出し、シベリア、中央アジア、カフカスへ領土を拡大した。帝制政府は、これらの地域を民族分布を無視して区分し、総督をおいて支配したが、民族的抑圧は、19世紀80年代以降ロシアの政治が反動化するにしたがって強くなった。

このロシア帝国で社会主義運動をおこなったレーニンは、旧体制打倒の闘争において諸民族の支持を得るために、プロレタリアートはあらゆる民族的抑圧に反対し、抑圧に反対するあらゆる民族的志向を支持しなければならない、他民族を抑圧する民族は自由ではありえない、したがってプロレタリアートの党はあらゆる民族の自決権を断固として擁護しなければならない、と主張し、民族自決権を擁護した。ただし、どんな場合でも分離を擁護するという意味ではない。階級闘争の利益に民族自決の要求を従属させなければならない、とした。そのさい、「自決の自由、すなわち分離の自由の支持者を、分離主義を奨励するものだといって責めることは、離婚の自由の擁護者を、家庭の結合の破壊を奨励するものとして責めるのと同じく、ばかげたことであり、

偽善的である」(「民族自決権について」レーニン『全集』20：451.）といっている。

　ロシアのなかでももっとも多くの民族が入り組んだカフカスで革命運動に従ったスターリンは、分割統治に対抗して戦うために「ロシアのあらゆる民族の労働者を、各地方で単一の完全な集団に結集すること、そしてこの集団を単一の政党に結集すること、・・・これが任務である」「国内の完全な民主化が、民族問題の解決の基礎であり、条件である」と、諸民族統一主義に重点をおいた（スターリン『全集』2：401，402，397.）。

民族的文化的自治

　これらの、民族自決権の擁護を唱えたロシアの社会主義者に対し、オットー・バウアー、カール・レンナーらのオーストリア社会民主党は、民族的・文化的自治を主張した。

　オーストリア・ハンガリー帝国は、主な言語集団だけでも11にのぼり、特有の民族構成をもついくつかの地域からなっていた。オーストリアとハンガリーは、自立性、対等性をもって結合しており、オーストリアでは形式的には、諸民族の平等が保障されていた。

　オーストリア社会民主党の民族理論の特徴は、1.民族問題を主として文化的側面から捉え、個人の原理を民族問題解決の基礎においていること、2.超民族的なオーストリア国家の枠組みを容認し、多民族的なオーストリア・ハンガリー帝国を維持したまま、社会主義を実現しようとしたことである。またここでは、民族的混住が進んでおり、民族的な分離が難しいと考えられた。

　生産力の発展によって経済活動が広域化し、民族的混住がおこなわれるなかで、民族間結婚もおこなわれ、文化的にも混交が進み、地域自治という考え方も発展してきている現在、オーストリア・マルクス主義から学ぶべき点は多い。

ローザ・ルクセンブルクは,民族独立は,ブルジョア的課題で,プロレタリアートは関心をもたない,と述べ,「一言でいえば,『諸民族の自決権』という公式は,結局のところ,民族問題における政治的かつ綱領的な指針ではなく,ある種の問題の回避でしかない」としたが(ローザ・ルクセンブルク:12.),今日から考えるとたしかに的確な批判である。

また,ブント(在リトアニア・ポーランド・ロシア・ユダヤ人労働者総同盟)は,ブントがユダヤ人労働者の唯一の代表者である,という立場を守った。

2 民族自決と広域統合の実際

ソ連の形成

ロシア社会民主労働党(後のソ連共産党)は,1903年の第2回大会で,民族自決権の承認を定め,1917年の十月革命のさいソヴェト政府は,「平和についての布告」「ロシア諸民族の権利の宣言」「ロシアおよび東方のすべてのムスリム勤労者への声明」でこれを確認した。20年コミンテルン第2回大会は民族植民地問題についてのテーゼを採択し,この年9月にバクーで東方民族大会を開いた。

ペトログラードにおけるソヴェト政権成立後,旧ロシア帝国の各地でソヴェト政権が樹立され,これを倒そうとする反ソ政権が成立し,諸外国が干渉軍を送って支援して,国内戦,干渉戦が始まった。民族地域のソヴェト諸共和国は,ロシア共和国のまわりに結束して戦った。20年国内戦がソヴェト政権の勝利のうちに一段落し,ソヴェト諸共和国間の統合が日程に上ってくる。

1920年9月,ロシアとアゼルバイジャンとの間で,「緊密な軍事的,財政・経済的同盟」の条約が調印されたのをはじめとして,ロシアを中心とするソヴェト共和国との間に同盟関係が形成されたが,やがて

1章 民族政策の理論と実際　77

| 自治共和国 | 自治州 | 自治管区 |

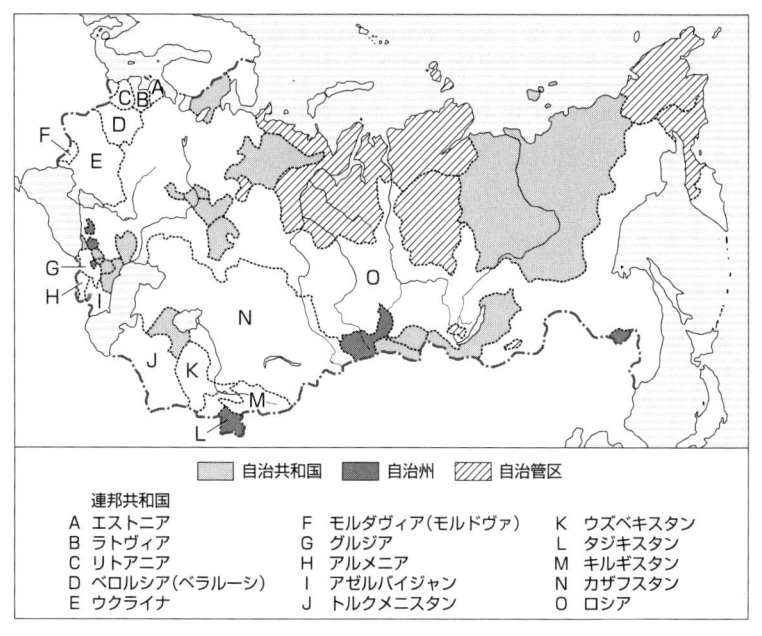

連邦共和国
A エストニア　　　　F モルダヴィア(モルドヴァ)　K ウズベキスタン
B ラトヴィア　　　　G グルジア　　　　　　　　　L タジキスタン
C リトアニア　　　　H アルメニア　　　　　　　　M キルギスタン
D ベロルシア(ベラルーシ)　I アゼルバイジャン　　　N カザフスタン
E ウクライナ　　　　J トルクメニスタン　　　　　O ロシア

ソ連解体前の民族的＝国家的区分（上，1990年，現在自治共和国などは共和国となっている）と2000年に導入されたロシア連邦の管区（下，各管区に大統領直属の管区大統領代理人が任命される）

22年12月には,ロシア,ウクライナ,ベロルシア,ザカフカスの4つの社会主義ソヴェト共和国によるソ連邦に結実する。この過程で,「グルジア問題」と呼ばれるような,中央と地方の矛盾・対立も起こった。

1920年代には,ロシア以外の民族を逆差別するような「民族化政策」も実施されたが,30年代の集団化・工業化また大粛清のなかで,中央集権的な政策が押しつけられることになり,大戦中は,小民族の国家的組織の解体や民族的な強制移住もおこなわれた。

戦後の工業化と教育水準の向上のなかで,民族知識層も形成され,連邦制は実質化が進んできていた。たとえば,革命前,中央アジアでは原住諸民族で読み書きできる者はほとんどいなかったが,89年そのなかのウズベク共和国では,44の大学で33万人の学生が学んでいた。この段階で,連邦構成共和国も15となっていた。

1977年のソ連憲法第70条は,次のように定めている。

「ソヴェト社会主義共和国連邦は,社会主義的連邦制の原則にもとづき,諸民族の自由な自決および同権のソヴェト社会主義共和国の自由意志による統合の結果,結成された統一的な連邦的多民族国家である。ソ連は,ソヴェト人民の国家的統一を体現し,共産主義の共同建設のために,すべての民族および小民族を団結させる」。

ソ連を中心とする社会主義諸国の統合の試みとして,コメコン(セフ,経済相互援助会議)も形成された。これは1949年1月,ソ連,チェコスロヴァキア,ハンガリー,ブルガリア,ポーランド,ルーマニアの6カ国を原加盟国として発足し,55年5月にはワルシャワ条約機構が成立してこれを補完した。50年には東ドイツが,その後モンゴル,キューバ,ヴェトナムと加盟国も増加した。

中国の民族政策

中国の共産党政権は,ソ連と同じく,民族自決権の承認を原則としている。しかし,中国では,自治を最高の形態とし,分離独立は予想

していない。

　たとえば，中国の1984年「民族区域自治法」による権限の拡大の主体は，「自治地方」であって「自治民族」ではない。「ロシアでは帝制ロシアからの民族独立・自決のために闘ってきたが，中国の少数民族は帝国主義列強の中国に対する半植民地的支配に反抗して，漢人他の諸民族とともに，中国を帝国主義列強から独立させるために闘ってきた。各民族は単独では独立・自決の主体となりうるものとなっていなかった」（加々美：250.）。これは，ロシアの支配に対して闘ってきたソ連の諸民族の場合との違いである。また中国では漢人が92％（1990年）という圧倒的多数を占め，この点でもロシア人が半数であったソ連の場合とは異なっている。中国では，経済開発は「自治民族」人口の割合の低下をもたらしたが，「自治民族」とは，その「自治地方」で自治を行使する権利の主体でなく，あくまでも配慮の対象つまり客体である（ユ，和光大学モンゴル学術調査団：72.）。

　この民族自治から地域自治への流れは，中国に限らず，現在のロシア連邦のロシア人の多いブリヤーチアの場合も同じといえる。ロシア内の，ブリヤーチアよりさらにロシア人の多い共和国でも，民族自決の中身が問われている。人口密度が低く広大なモンゴルも開発によって将来の民族構成の変化が予想される。民族的混住の進展，地域の多民族化は世界的な流れである。そのなかでの民族文化の保持，民族的アイデンティティの維持は課題であるが，政治的・経済的統合の流れのなかで，インターナショナリズムのもとになるようなナショナリズム，排外的でないナショナリズム，人類としての観点の形成が求められており，これが将来の東アジア世界の基礎であろう。東アジア諸民族の協力の強化の必要性と必然性も，広く意識されてきている。

　中華人民共和国憲法（1982年）第1章第4条は次のように定める。
「中華人民共和国の各民族は，一律に平等である。

　国家は各少数民族の合法的権利と利益を保障し，各民族の平等，団

結および互助関係を守り,発展させる。いかなる民族に対する差別と抑圧も禁止し,民族の団結を破壊し民族の分裂を引き起こす行為も,これを禁止する。

　国家は,少数民族の特徴と必要にもとづき,各少数民族地区が経済および文化の発展を早めるよう援助する。

　各少数民族の集居している地区では区域自治を実行し,自治機関を設け,自治権を行使する。いずれの民族自治区も中華人民共和国の切り離すことのできない一部である。

　各民族はすべて,自己の言語文字を使用し,発展させる自由を有し,自己の風俗習慣を保持または改革する自由を有する」。

　内モンゴル自治区は,文化大革命期1969年から79年まで領域面積を140万km^{2}から45万km^{2}に縮小され,自治区内のモンゴル人は138万人から40万人に減った。この時期にはモンゴル語教育なども縮小された。ローマ字をもととし漢語を使用する文字改革がおこなわれた。90年における自治区内のモンゴル人は15.73％に過ぎない。

　新疆ウイグル自治区では,1930年代と40年代,東トルキスタン共和国が樹立されて中国からの独立を宣言したことがある。漢人は50年には30万人であったが,90年には570万人に増加しており,ウルムチでは人口の73.4％を占める。ここではウイグル人は12.5％に過ぎない。自治区全体としてはウイグル人が47.47％であるが,西部大開発政策によって,さらに漢人が増加するであろう。他方では,改革・開放政策後,ウイグルの文化やイスラムの活発化がみられる。ここにはカザフ人も110万人強居住し自治州ももっているが,西にカザフスタン共和国も隣接しており,交流が望まれる。

　チベット自治区ラサでは2001年5月,1951年に「中央人民政府とチベット地方政府のチベット平和解放の方法にかんする協定」が結ばれて50周年の祝賀式典がおこなわれた。ここではチベット人が圧倒的で,原住諸民族の比率が漢人より多い自治単位であるが,数万人

中国主要民族（1990年　100万人以上）

総人口	1133682501	ウイグル族	7214431	ヤオ族	2134013
漢族	1042482187	イ族	6572173	朝鮮族	1920597
少数民族総人口	90447552	トゥチャ族	5704223	ペー族	1594827
チワン族	15489630	モンゴル族	4806849	ハニ族	1253952
満州族	9821180	チベット族	4593330	カザフ族	1111718
回族	8602978	プイ族	2545059	リー族	1110900
ミャオ族	7398035	トン族	2514014	タイ族	1025128

中国の自治区（人口は1994年末）

	成立年月日	総人口・万人	少数民族人口	％
内モンゴル自治区	1947.5.1	2217.36	434.01	19.6
広西チワン族自治区	1958.3.15	4454.23	1719.33	38.6
チベット自治区	1965.9.1	236.98	225.02	97.1
寧夏回族自治区	1958.10.25	503.87	171.53	34.0
新疆ウイグル自治区	1955.10.1	1605.30	1016.22	63.3
青海省		287.31	165.23	57.5

中国の行政区画と民族構成　行政的には，中国は22の省，3つの直轄市，5つの自治区に分けられている。自治区には，多くの少数民族が住んでいる。

にのぼるともいわれる漢人を中心とする駐屯中国軍は住民人口に含まれていないようである。チベット人は，東に隣接する青海省，四川省にも自治州や自治県をもっている。初等教育などは，他の地区に比べおくれている。住民や僧侶に影響力をもつダライ・ラマ 14 世とカルマパ 17 世は，インドに亡命しており，ダライ・ラマは，2001 年台湾とアメリカを訪問した。

年表　チベット自治区，新疆ウイグル自治区

チベット自治区

1951. 5.23	中国中央政府・チベット自治政府「和平解放 17 条協約」
59. 3.10	ラサで反乱　3.17 ダライ・ラマ 14 世，インドに亡命
65. 9. 5	チベット自治区成立
87. 9.27	ラサでチベット独立要求デモ（〜10.6）
2000. 1. 5	カルマパ 17 世，インドのダラムサラに亡命

新疆ウイグル自治区

1944.11.12	クルジャに東トルキスタン共和国臨時政府成立
54.11.	新疆イリ・カザフ自治州成立
55. 9.30	新疆ウイグル自治区成立
90. 4. 5	東トルキスタン共和国再興をめざす蜂起
97. 2. 5	イリで独立運動
2000. 7. 5	タジキスタンで 5 カ国首脳会議
9. 8	ウルムチで車両爆発，死者 60 人

3　ソ連・ユーゴ解体とヨーロッパ統合

ソ連解体

　ソ連周辺における民族意識の高まりの区切りとなった出来事は，1988年からのザカフカジエ・アゼルバイジャン共和国のナゴルノ・カラバフ自治州におけるアルメニア人のアルメニア共和国への帰属替え運動と89年8月の独ソ不可侵条約締結50周年におこなわれたバルト3国の抗議の「人間の鎖」であった。このような民族運動は，ソ連の民族地域全体に起こったものではない。

　1990年2月のソ連共産党中央委員会総会における一党制廃止の決定と3月の人民代議員大会における大統領制・複数政党制導入の憲法改正案採択は，ソ連の支柱を外した。連邦制は，中央集権的な共産党組織の裏打ちによって保障されていたからである。この年，共和国，自治共和国で次々に主権宣言がおこなわれた。91年1月のリトアニア，ラトヴィアにおけるソ連軍の武力行使は，バルトの民心を完全に離反させ，6月のロシア共和国大統領直接選挙におけるエリツィンの当選，ルイシコフら党候補者の惨敗は，党が民衆に見放されていることを示した。

　8月の連邦解体の危機感をもった「国家非常事態委員会」によるゴルバチョフ・ソ連大統領監禁，クーデタ未遂事件は，共産党離れ，ソ連解体を確定した。エリツィン・ロシア大統領がイニシアチブをとった12月の独立国家共同体（CIS）設立によって，ソ連の歴史は終わる。ロシアでは，92年早々に価格が全面的に自由化され，資本主義への道を歩み始め，インフレと生産低下が始まる。

ユーゴの解体

　ユーゴは，1948年のコミンフォルム除名によって，ソ連などの権

威主義的・官僚主義的社会主義,国家主義的社会主義,党・国家官僚制に対して,自主管理社会主義を唱えるようになり,74年憲法によって,連合労働基礎組織と地域共同体を基礎とする自主管理体制を完成した。これは,分権化,非国家化,非政治化,民主化すなわち4つのDと呼ばれたが,73,74年の石油ショックによる経済停滞,80年のチトーの死によって,連邦構成共和国間の経済的利害の対立が調整できなくなった。すなわち,北のスロヴェニア,クロアチアなど比較的豊かな共和国が分離の方向に動き始めたのである。91年6月にはこの2共和国が独立を宣言,92年1月にECが両国を承認することによってユーゴは実質的に消滅した。

体制崩壊の原因

ソ連,ユーゴという,中央集権的社会主義と分権的社会主義と対照的な体制をとっていた国が,ほぼ同時に崩壊したのである。ここに崩壊という場合は,共産党の政権からの脱落,連邦制の解体,社会主義経済からの離脱の3点を含んでいる。ソ連について,そのことは,年表からもよく知りうるであろう。両国は,集権的,分権的と国家制度は違っていたとはいえ,党が,ソ連共産党,ユーゴ共産主義者同盟とも中央集権的であった点は共通で,そのため組織的に弾力を失い,幹部が特権層をなして腐敗し,民衆の支持をなくしたと解釈できるのではなかろうか。崩壊原因をまとめれば,「人民主権」原理の軽視,市民の権利保障の軽視,「党の国家化」「党の革命政府化」の3点となるであろう(杉原:182-186.)。

ソ連の場合,ノメンクラトゥーラと呼ばれた共産党幹部の特権層自体が,社会主義体制を倒し,資本家として変身した面がある。実際,多くのもと幹部が,解体後資本家として巨利を得ている。ゴルバチョフはペレストロイカのなかで,市場経済を部分的に導入して,計画経済を補おうとしたが,失敗した。

いまは，環境や資源などの条件から，国際社会全体の立場で，生産・消費を規制し，計画することが求められており，この問題を検討する場合，失敗に終わったとはいえ，ソ連の経験は有益であろう。

年表　ソ連体制の崩壊（1989〜91）

1989
- 1.20　ナゴルノ・カラバフ，モスクワ直轄へ（〜11.28）
- 2.15　ソ連軍，アフガニスタン撤退完了
-     17　タタルスタン主権宣言
- 4. 9　グルジアのトビリシで独立要求デモ，19人死亡
- 5.25　第1回ソ連邦人民代議員大会，議事テレビ放送
- 6. 3　ウズベク共和国フェルガナ州でメスフ人襲撃事件（〜10）
- 7.10　クズネツクで炭鉱労働者のスト始まる
- 8. 9　エストニア，地方選挙法で他民族締め出し，ロシア人労働者抗議スト
-     23　独ソ不可侵条約50周年，バルト3国で抗議の「人間の鎖」
-     31　モルダヴィアで公用語，ラテン文字採用の言語法
- 9. 8　ウクライナで人民運動（ルフ）設立大会
-     23　アゼルバイジャン最高会議，主権宣言
- 12. 3　米ソ首脳，マルタで冷戦終結を宣言
-     21　リトアニア共産党，ソ連共産党脱退，議会，一党制廃止

1990
- 1.13　バクーでアルメニア人襲撃される
-     15　ナゴルノ・カラバフ自治州に非常事態宣言
-     20　ソ連軍バクー武力制圧，150人死亡
- 2.11　ドゥシャンベでデモ（〜14）
-     24　リトアニア最高会議選挙，サユジス圧勝
- 3.11　リトアニア共和国，独立宣言採択（3.30 エストニア，5.4 ラ

トヴィア），サユジス議長ランズベルギスを最高会議議長に選出

13　ソ連人民代議員大会，大統領制・複数政党制導入の憲法改正案を採択

15　人民代議員大会，ゴルバチョフを大統領に選出

24　ウズベク共和国最高会議大統領制導入，初代大統領にカリモフを選出

4.19　ソ連，対リトアニア天然ガス供給大幅削減

23　カザフ共和国最高会議，初代大統領にナザルバエフを選出

24　中ソ首脳会談，協力関係拡大で合意

5.29　ロシア共和国人民代議員大会，最高会議議長にエリツィンを選出

6. 4　キルギスのオシで民族衝突始まる

12　ロシア共和国人民代議員大会，主権宣言を採択

20　ウズベク共和国最高会議，主権宣言（8.23 トルクメン，8.24 タジキスタン，10.25 カザフスタン，12.11 キルギス）

7. 2　ソ連共産党第 28 回大会（〜 13），綱領的宣言と新党規約を採択

16　ウクライナ最高会議，主権宣言（6.23 モルダヴィア，7.27 ベロルシア）

23　ウクライナでクラフチュクが最高会議議長に

8.30　コミおよびタタール自治共和国最高会議，共和国昇格と主権宣言を採択

9. 2　モルダヴィアでドニエストル共和国樹立宣言

11　ロシア共和国最高会議，500 日間市場経済移行のシャターリン案承認

20　南オセチア，主権共和国宣言

27　ヤクーチア，主権とヤクート・サハ共和国への昇格を宣言

10. 8 ブリヤーチア最高会議，共和国への昇格を決定
   27 トルクメン，ソ連初の大統領直接選挙でニヤゾフを選出（10.29 キルギス，アカーエフ）
   28 グルジア最高会議選挙，ガムサフルディア円卓会議自由グルジア・ブロック54％の票を獲得

1991
1.13 ソ連軍，リトアニア・ヴィリニュスのテレビ局占拠
   15 ソ連軍，ラトヴィア・リガで武力行使
2.24 前年12月半ばから非常事態宣言下の南オセチアで銃撃戦
3.17 連邦制維持の是非を問う国民投票
   21 タタルスタンで国民投票，主権と独立支持
   25 炭鉱スト，全土の4分の1に拡大
4. 9 グルジア，独立宣言
5.16 中ソ，東部国境協定調印
   20 「移民の自由」を拡大する出入国法成立
   26 ガムサフルディア，グルジア大統領に選出される
6.12 ロシア共和国で直接選挙による大統領選挙実施，エリツィンが当選。タタルスタン初代大統領にシャイミエフ選出
   28 クリミア・タタール会議，クリミア半島でのタタールの主権を宣言
7.20 国家機関から政治活動を排除するロシア大統領令公布
8.19 「国家非常事態委員会」によるクーデタ発生，ゴルバチョフ，別荘に監禁。エリツィンらの抵抗により失敗（〜21）
   21 リトアニア，独立宣言確認，ソ連軍撤退を要求
   23 エリツィン，共産党の活動停止を命令
   24 ゴルバチョフ，ソ連共産党書記長辞任を表明，ウクライナ共和国，ウクライナと改称，独立宣言（25 ベロルシア，9.19 ベラルーシに改称，27 モルドヴァ＜すでに5.23にモルダ

ヴィアから改称>)
29 ナザルバエフ,セミパラチンスク核実験場閉鎖
30 アゼルバイジャン,独立宣言(9.23 アルメニア)
31 ウズベキスタン,独立宣言(9.1 独立記念日,キルギスも 8.31 独立宣言,9.9 タジク<8.31 タジキスタンと改称済み>, 10.27 トルクメニスタン,12.16 カザフスタン)。
共産党機関紙『プラウダ』,共産党から独立して再発行
9. 2 ゴルバチョフと全共和国の長で国家評議会形成
6 連邦国家評議会,バルト3国の独立を承認。
レニングラード市の名称をサンクト・ペテルブルクに変更
11. 6 エリツィン大統領,ソ連共産党,ロシア共産党解散を布告
12. 1 ウクライナで国民投票,9割が独立支持
8 ロシア・ウクライナ・ベラルーシ3国首脳,ミンスクで独立国家共同体(CIS)設立協定に調印
21 南オセチア最高会議,共和国独立宣言。
ソ連の11共和国首脳,CISについての共同宣言に調印(アルマ・アタ合意)
25 ゴルバチョフ,ソ連大統領辞任

ヨーロッパ統合

ソ連の解体によって,まもなく通貨もルーブリから,スム(ウズベキスタン),ソム(キルギス),テンゲ(カザフスタン),ドラム(アルメニア),フリヴニャ(ウクライナ),マナト(トルクメニスタン),ラリ(グルジア)とさまざまになったが,ヨーロッパ11カ国では,これとは逆に2002年1月から,統一通貨ユーロの紙幣・硬貨の流通が始まり,歴史のあるフラン(仏)やマルク(独)などは2月末で使用できなくなり,消えていくことになった。

ユーロの現金を手にすることで,人々は心の底から,ヨーロッパが

一つの家であることを実感しつつある。問題はまだ山積しているとはいえ、ヨーロッパ統合に向け、大きく進んだことはたしかである。

出発点は1952年のヨーロッパ石炭鉄鋼共同体（ECSC）の結成で、これを基礎に58年仏・独・伊・オランダ・ベルギー・ルクセンブルクによってヨーロッパ経済共同体（EEC）が発足した。域内関税撤廃、関税同盟結成は68年に実現した。67年には、58年に発足していたヨーロッパ原子力共同体（EURATOM）を含め3組織の執行・決定機関が統合され、ヨーロッパ共同体（EC）が結成された。

イギリスは、北・中欧諸国とともに別にヨーロッパ自由貿易連合（EFTA）をつくっていたが、1973年からアイルランド、デンマークとともにECに加わった。ECは、さらに81年にギリシア、86年にスペイン、ポルトガルが加わることによって12カ国に拡大した。

1979年には、独仏の係争地であったアルサスのストラスブールにヨーロッパ議会が設置され、87年には単一ヨーロッパ議定書が発効し、93年初めまでに市場統合がおこなわれた。

EUの発足

1990年のドイツ統一は、統合をいっそう促し、92年2月通貨統合の日程を含むマーストリヒト条約が締結され、93年11月に発効、ヨーロッパ連合（EU, European Union）が発足した。ここでは、外交・安全保障政策の統合と経済・通貨統合の他、EU共通市民権の導入や欧州議会の権限拡大などが規定されている。95年1月には、オーストリア・フィンランド・スウェーデンの3カ国があらたに加盟、EUは15カ国となった。

1997年6月に調印されたアムステルダム条約（99年5月発効）は、マーストリヒト条約を改正し、多数決制の導入や99年からの共通通貨ユーロ導入（導入国はイギリス、アイルランド、デンマーク、スウェーデンを除く11カ国、紙幣、硬貨の流通は2002年1月から）を定めた。共

通の外交・安全保障政策については，足並みをそろえることは容易ではない。2000年12月のニース会議では，多数決制の採用分野を広げるとともに，外交や社会政策で，一部の加盟国だけで先行統合できるように改正した。また，ヨーロッパ基本憲章が合意されたが，そこでは，自由，平等と共通の価値の追求，死刑制度の廃止，個人情報の保護，クローン人間の禁止，拷問・強制労働の禁止，政治亡命の権利擁護など，ヨーロッパ的な人権・価値観を網羅している。

将来の構想について，2001年5月，ドイツのシュレーダー外相は，自国の連邦制に基づくような連邦構想を提唱したが，フランスが反対し，ジョスパン首相は，各国の主権が脅かされるとして，国家連合に基づくよう主張し，対立している。

EUは，ユーゴ空爆については，共通政策を打ち出せず足並みが乱れたが，京都議定書運用ルールをめぐる交渉では共同歩調で臨んだ。

EUを東欧からみると，統合に加わった中欧諸国の経済格差，少数民族地域の衰退が解決できるかどうかが重要となる。「国民が安定的に生活できる緩やかな発展と社会保障の充実」を富の再配分によって実現することを全ヨーロッパ政策の基礎に据えるべきであろう。（羽場：220.)。

ポーランドなど6カ国は，将来の加盟を認められているが，ユーゴスラヴィア，アルバニアなど統合から排除された諸国，さらにロシア，「南」の諸国との関係もまた，見落とすことはできない。

本来ヨーロッパ統合がめざした理想を，諸国民・諸民族の支持を固めつつ追求することができるかどうか，他の地域における統合のための試金石であろう。

2章 社会主義と権力政治

1 十月革命とスターリン主義

ソヴェト政権誕生の衝撃

1917年11月,ロシアでは議会に代わって労働者・兵士と農民の代表からなるソヴェトが政権を握った。労働者階級が人口の一部を占めるに過ぎなかったにもかかわらず,その階級を基盤とするボリシェヴィキ(共産党)が権力奪取に成功したのは,第一次世界大戦に倦んだ人民の気持ちを,ただちに講和をとの主張が捉えたからであった。ボリシェヴィキの指導者レーニンは,ブルジョア諸政党は植民地再分割の闘争である帝国主義戦争をやめることはできず,植民地を必要とせず,植民地諸民族の自決を唱える社会主義政党が政権につくことによってのみ平和を実現できると主張した。

ソヴェト政権は,西欧の民主主義は政治的な制度に重きを置いているのに対し,それまで実質的に政治から外されてきた階級に拠り,社会的,経済的な民主主義を実現しようとした。「働かざるもの食うべからず」というスローガンの下に,土地,大企業,運輸通信,銀行など重要な生産手段を国有化し,それに基づいて政府が経済運営に責任を負い,市場でなく計画による生産と分配を課題とした。すなわち,社会主義社会の実現をめざしたのである。

社会主義社会は,利潤の獲得を目的とせず生産がおこなわれる社会であって,エンゲルスは,「空想より科学へ」で次のように説明している。

「プロレタリアートは公共的権力を掌握し，この権力によってブルジョアジーの手からはなれ落ちつつある社会的生産手段を公共所有物に転化する。この行動によって，プロレタリアートは，これまで生産手段が持っていた資本という性質から生産手段を解放し，生産手段の社会的性質に自己を貫徹すべき完全な自由を与える。かくして今やあらかじめ立てた計画に従った社会的生産が可能となる。生産の発展は，種々の社会階級がこれ以上存続することを時代錯誤とする。社会的生産の無政府状態が消滅するにつれて国家の政治権力も衰える。人間はついに人間に特有の社会的組織の主人となったわけであって，これにより，また自然の主人となり，自分自身の主人となる。－要するに自由となる」(大内訳：92.)。

復興が終わった1928年からは，5カ年計画によって工業化を推進し，折からの大恐慌で混乱していた資本主義世界に大きな影響を与えた。民族自決権の承認とソ連邦の発足は，世界の植民地諸民族の解放運動に大きな励ましとなった。

最近のロシア革命論

20世紀の国際関係にソ連の果たした役割は大きい。その出発点となったロシア革命の評価は，1986年に共産党書記長となったゴルバチョフによって始められたソ連社会の立て直し・ペレストロイカと91年末のソ連の解体，市場経済の全面的導入によって大きく変わった。ロシアの歴史学界の状況については，イギリスの歴史家R.デイヴィスが，「ソヴィエト時代に顕著であった歴史が政治の僕となっている状態が克服されるどころか，ソヴィエト時代とは逆の方向で今日なお政治によって利用されている・・・」(内田訳：464.)と批判しているが，学界ばかりでなく，すべての分野でソヴェト時代が否定された。

日本においても，スターリン批判，ソ連史学批判は早くからおこなわれていたとはいえ，ソ連体制崩壊の衝撃は大きかった。

ロシア革命についての欧米の業績で，最近日本語に翻訳された重要な著作としては，アメリカのR.パイプスの『ロシア革命史』（西山克典訳，成文社，2000.），イギリスのE.H.カーの『ロシア革命，レーニンからスターリンへ，1917-1929年』（塩川伸明訳，岩波現代文庫，2000.），R.メドヴェージェフの『1917年のロシア革命』（石井規衛他監訳，現代思潮社，1998）などがある。

革命と怨念

　パイプスは，レーニンのラジカリズムを個人的な怨念に帰し，それをロシア革命論の出発点としている。かれは1917年の二月革命は「自然発生的に勃発し，また，権力を引き受けた臨時政府が，直ちに全国的な承認を得た」という点で革命の名に値するものであったが，「十月は，典型的なクーデターであり，少数の徒党による支配権力の奪取であり，その時代の民主的信条に敬意を表して，大衆が参加したとみせかけたが，しかし，大衆は殆ど何ら関わることなく遂行されたのであった」（パイプス：123.）すなわち，十月革命はレーニンら非妥協的な少数のインテリゲンツィアによっておこなわれたものであって，「共産主義のロシアはその74年間を通して，異常なまでに一人の人物の精神と魂を体現したものであった」（112.）と書く。

　パイプス自身も，1939年独ソの分割によるポーランド滅亡を逃れてアメリカに亡命し，レーガン政権のブレーンとなっており，個人的・民族的怨念がソヴェト批判，ロシア革命研究のエネルギーとなっているといえよう。メドヴェージェフの父は，赤軍の旅団政治委員として国内戦を戦い，38年に逮捕され，41年に極北のコリマで死んでいる。これはメドヴェージェフのスターリン批判を感情的に裏付けしている。「個人的な怨念」に基づいているパイプスのレーニン，スターリン批判，メドヴェージェフのスターリン批判は，非妥協的で激しい。

知識人と政治

この2人は、たんに歴史家としてだけでなく、政治の世界でも活動している。その歴史家としての主張は、真剣な政治的な判断も含んでいるようであり、その意味でレーニンとも共通のところがある。メドヴェージェフの、たとえば『プーチンの謎』（海野幸男訳、現代思潮社、2000）などにみるプリマコフやプーチンに対する好意的な評価は、ここからくるのであろう。

カーは、外交官としてヴェルサイユ会議に参加するなど国際政治の実務体験はあるが、そのかかわり方は、他の2人とは違っているように思われる。

ロシア革命論を書いた3人自身も、その著作を通じて知識人と政治についての問題提起をしているとみることができよう。

革命前後のロシア知識人について、パイプスの評価は厳しいが、デイヴィスは、「恵まれない人々のために声をあげた」と評価し、ルンペンと呼んで大衆を軽蔑する今日のロシア知識人と対照させている（デイヴィス：110.）。デイヴィスはまた、現ロシア連邦共産党を「左翼」と呼ぶに値しないとし、その指導者は、十月革命の精神でなく工業化された超大国とロシア民族主義を評価している、と批判する（111.）。

レーニンの遺言

1921年、ロシアはレーニンのイニシアチブで革命後の国内戦・干渉戦期の戦時共産主義の政策を改め、市場を利用する新経済政策（ネップ）へ移行した。そのさい、大衆の理解と同意を得ることの重要性を強調している。石堂清倫は、グラムシに拠り、これを機動戦から陣地戦への移行と表現して、次のように述べる。「1870年を境にゼネストや市街戦などの正面攻撃に帰着する機動戦方式は、『今や敗北の原因でしかない』新時代に入っています。遅れて起こった1917年革

命は，この機動戦からの転化として，市民社会におけるヘゲモニーをうちたてる諸方策を検討する段階に入ったのであり，1921年の転換が遅ればせにそれを示したのでした」(石堂『20世紀の意味』: 33.)。

　社会主義について考える場合，1918年3月のレーニンの，社会主義革命におけるプロレタリアートの主要な任務は，幾千万の人々の生存に必要な物資の計画的な生産と分配とを包括する新しい組織的諸関係の，きわめてこみいったこまかい網をあみ上げるという，積極的，創造的な仕事である，「卓越した意義をもつのが政治でなくて経済であるという，そうした統治が，いまや ── おそらく文明諸国民の近代史上はじめて ── 問題となっているのである」(レーニン『全集』: 42-56.)という指摘も重要である。ソ連はまさにこの仕事に失敗したからである。

　レーニンの死後まもなく一国社会主義建設の路線をとるスターリンの権力が確立し，永続革命論・世界革命論のトロツキーらは敗北する。

スターリン主義とは何か

　イタリアの共産主義者ジュゼッペ・ボッファは，スターリン主義と呼ばれるソ連体制の本質を，「非常に矛盾した相貌をもって現れた全世界的革命過程への一つの答え。それは，国際主義よりはむしろ民族主義，社会主義の理想と生活様式の確立よりはむしろ発展の要求，民主的参加よりはむしろ最大限の権威主義という答えである。民族的巻返しの成分と社会主義的理想の成分の結合という特徴からして，たんにロシア的現象とはいえないものであった。これは決して復古的現象ではなく，新秩序の創出であり，その攻勢の頂点は1937年である」(ボッファ: 228-230.)と説明し，さまざまな解釈を次のように整理している。

1. **ソヴェトの公式の解釈**　それは十月革命とレーニンの政治方針の発展であり，「個人崇拝」などの一時的失敗や誤りは，歴史的条

件やスターリンの個人的性質によっておこったもので，党によって克服された。
2. **連続性の理論**　1の裏返しで，スターリン主義はレーニン主義に内蔵されており，その不可避的結果である（ソルジェニーツィン，ハモンド，ウラム，ブレジンスキーら）。
3. **ロシアの報復**　ロシア史からの連続性を強調し，スターリン時代の共産主義は，ピョートル大帝の事業の継続である（ヴェルナツキー，カルポーヴィチら）。
4. **全体主義論**　ナチ・ドイツのファシズムと基本的に同じものである（ハナ・アーレント，カール・フリードリヒ，ブレジンスキーら）。
5. **発展の革命**　「近代化」論による解釈である。人的にも社会的にも高価なものについたが，極めて効果的な工業化の世界戦略である（ゲルシェンクロン，フォン・ラウエ，ロストウら）。
6. **テルミドール論**　ボリシェヴィズムのテルミドール的否定として生まれた特権的指導層の支配する社会（トロツキー，ミロヴァン・ジラス）。
7. **「国家主義」の優位**　レーニン主義に対して一定の独創性をもつ「国家主義」の社会（ポポヴィチ，マルコヴィチら）。
8. **工業専制主義**　近代工業と組み合わされた「東洋的専制主義」のかってない発展（カール・ウィットフォーゲル，パーロ）。
9. **その他**　（ロイ・メドヴェージェフ，カー）。

カーは，十月革命とソヴェト史両者を全体としては肯定しているように思われ，スターリン個人に対する攻撃は抑制されている。「スターリン主義は，個人の偏った性格ということでは解釈することのできない政治現象なのである」（カー，鈴木訳：142.）。「ロシア革命の成果を云々するものはだれであれ，たちまちスターリン主義者というレッテルを貼られることは，わたくしも承知しています。しかしながら，わたくしはその手の精神的脅迫に降参するつもりはないのです。いず

れにせよ，イギリス史の専門家がヘンリー8世の治世が成しとげたところを賞めたからといって，王妃たちの首をはねたことまで大目にみているとはだれもおもわないではありませんか」(同上：314.)。少なくとも十月革命とソヴェト史の両者から，西側は多くの影響を受けたし，また今後学ぶべきところがあるとしている。カーは，ソ連解体をみることはなく，パイプスやメドヴェージェフが利用し得たアルヒーフ（文書資料）の内容は知らなかったが，かれの基本的な姿勢は，わたしにはいまも間違っていないように思われる。

なおハーバード大学でパイプスと同級であったマーティン・メイリアは，社会主義が私的所有と市場の廃止をめざすかぎり，必然的にスターリニズムとなると主張するが，これも一つの有力なスターリン主義解釈である。

わたしはソ連におけるスターリン主義の基礎には，農民が8割を占めた国における労働者の権力という，農民と労働者の矛盾，資本主義以前の段階にあった多数の民族を含んだ国家における，民族主義と社会主義の矛盾があると思う。農民問題，民族問題は，社会主義の権力しか解決できないものであったが，同時に矛盾も含んでいたのである。また，労働者が少数で，しかも読み書き率が低かったため，知識人中心の共産党が代行するというかたちになったという問題もある。

国際的には，帝国主義諸国による経済的封鎖，軍事的脅威という一国社会主義の問題もあった。

経済全体を国家が管理運営するという場合には，官僚主義や腐敗が発生しやすいが，これは資本主義が発展した国でも同様であろう。

これが，ソ連の歴史的経験の研究が必要であると思う理由である。

今日スターリン批判は，自明と考えられているが，ほんとうのスターリン批判，ソヴェト史批判はこれからであるとわたしは考えている。

そのさい，スターリン支配期とともに，とくにブレジネフ政権期の分析，経済機構のなかの官僚制とともに，共産党組織の問題，党内民

主主義の問題が重要であるように思われる。

　グローバリゼーションの下でのアメリカを中心とする世界の行き詰まりのなかで，ロシアを含めた新しい展望がつくられざるをえず，ロシア革命，ソヴェト史も，いっそうの検討が求められることになるであろう。

2　中ソ論争と中ソ対立

党と政府

　1920年代半ば世界資本主義が「相対的安定」を迎えるなかで，世界共産主義運動の指導者としてのソ連共産党の立場と，国家としてのソ連を守るための権力外交を進めるソ連政府の立場，すなわち，インターナショナリズムとナショナリズムがしばしば矛盾するようになった。それは20年代初め反共的な国内政策をとるトルコのケマル政府を支持する外交にあらわれたが，ドイツとの関係も大戦間を通じて続き，ついに社会主義国家とファシズム国家とが結ぶ39年の独ソ不可侵条約にいたる。

　このことはまた，スターリンの指導下に確立した一国社会主義路線の下で，ソ連が，国際共産主義運動の利益よりも，国家としての立場を優先してきたこととも関連している。

　まず，戦間期の独ソ関係についてみよう。

戦間期独ソ関係

　ドイツ最大の組織，ドイツ社会民主党は，もっとも強力な反ロシア勢力でもあった。他方1919年夏，「ドイツのあらゆる階層は，あれやこれやの理由からロシアの方に顔をむけている。極左派はロシアを自分たちの政治的理想を具現したものとみなしている。汎ドイツ主義者たちは，ロシアをドイツの過剰人口をさばいてくれる唯一のはけ口

であり，植民地喪失の代償を与えてくれるものとみなしている。将校たちは，もはや自分自身の国ではえられない仕事をロシアが提供してくれるかも知れないと考えている。工業家たちは，ロシアが資本の使い道を提供してくれるだろうし・・・」(1 イギリス人の報告，カー：15. より)。

1922 年 4 月，ラパッロ条約の調印によって，ヴェルサイユ体制の下で孤立していたソヴェト・ロシアとドイツとの全面的外交関係が形成され，両国が接近した。しかし，25 年 10 月のロカルノ条約調印によって独仏間の緊張が緩和，26 年 9 月ドイツは国際連盟に加入し，西欧に接近した。一方 28 年 8 月，コミンテルン第 6 回大会は社会ファシズム論をとり，当時ドイツで最大の勢力をもっていた社会民主党に敵対して共産党との統一戦線を認めず，33 年 1 月のヒトラーのドイツ首相就任を許してしまった。

ソ連は 1933 年 10 月ドイツの脱退と入れ替わりに翌 34 年 9 月に国際連盟に加入するとともに，人民戦線戦術の下に反ファッショ統一戦線を結成し，36 年 7 月からのスペイン内戦に対応した。この時期は，独ソがもっとも対立していた時期といえよう。

スターリンは，1936 年から 38 年までの，ジノヴィエフ，カーメネフ裁判に始まり，ピャタコフ処刑，トゥハチェフスキー秘密裁判と処刑，ブハーリン，ルイコフらの裁判と続く大粛清によって独裁的個人権力を固めた上で，39 年 8 月突如独ソ不可侵条約でドイツと手を結んだ。

ドイツとソ連の接近については，ファシズムと共産主義の全体主義体制としての共通性によって説明する p.96 の 4. 全体主義論のような見解が生まれた。すなわち，両国の体制は，イデオロギー，政党が一つであり，秘密警察，情報独占，武器の独占，中央統制経済をもつという点で同じであるとするのである。

1941 年 6 月のドイツ軍のソ連侵攻によって，ソ連は連合国側で戦

うことになり，43年にはコミンテルンを解散する。戦後には，ソ連は，中国を共産党でなく国民党の下に統一するという方針をとる。

このような国家としてのソ連の立場の強調が，中ソの論争と対立の背景にある。

中ソ論争と対立

1949年10月1日中華人民共和国が成立した直後の12月16日，毛沢東は中ソ友好同盟条約の交渉のためモスクワを訪問したが，50年2月まで足止めされた。これより前の49年7月に高崗がモスクワで「満州」とソ連との間に通商条約を結ぶという事件もあった。50年代後半，ソ連でフルシチョフが権力を固め，アメリカとの平和共存政策を推進するようになると，中国共産党は議会を通じての社会主義への移行の可能性を唱えるソ連共産党の見解を，革命とプロレタリアート独裁を放棄した現代修正主義であると厳しく批判した。60年に表面化したこの意見の相違は世界を驚かせたが，59年6月，ソ連が57年10月に結んだ国防技術についての協定の中止を通告し，中国への原爆生産技術の提供を拒否したこと，60年7月にソ連が経済技術援助協定を一方的に破棄し，技術者を総引き揚げして中国経済に打撃を与えたことによって，党の対立は国家間の対立へとエスカレートした。62年のキューバ危機は，ソ連の外交的不手際として，激しく攻撃された。

初めのうち，中ソ両国は直接の名指し攻撃を避け，ソ連はアルバニアを，中国はユーゴ，イタリアの党を批判するというかたちをとった。しかし，中印国境紛争におけるソ連の中立的態度，米ソの部分的核実験禁止条約は，中国の態度を硬化させ，63年には相互を名指しで批判する文書を発表し，世界の共産党を二分する公然とした論争に発展した。ソ連は全人民の国家論を，中国は社会主義の下での階級闘争の継続を主張するなど，社会主義観の根本的な違いも明白になった。

部分的核実験禁止条約の問題は，日本などの平和運動を分裂させた。ソ連を中心とするコメコンをアジアに拡大することは望み薄となった。一方では，諸国の共産党の政策の選択の幅が大きくなった。

その後，中国における文化大革命のなかで，中国のソ連攻撃，ソ連の毛沢東非難はいっそう激しくなり，67年2月には紅衛兵のデモ隊が北京のソ連大使館に乱入するという事件さえ起こった。68年8月のチェコ事件にさいしては，周恩来首相はチェコ人民を支持し，ソ連は社会帝国主義，社会ファシズムに堕したと演説した。

1969年，対立は武力衝突にいたる。すなわち，3月にウスリー川の島で，8月には新疆とカザフスタンの国境で衝突が起こり，9月の周・コスイギン会談で国境会談再開が合意され，翌月から78年5月まで次官級会談がおこなわれた。

中国は1971年7月，ニクソン大統領招請を決め，翌年2月ニクソンを招いて米中共同声明を発表した。ソ連のブレジネフは，中国との関係は平和共存の原則に基づいて進めると演説した。

中ソ関係について，『北京週報』は，「50年代の同盟，60年代の決裂，70年代の鋭い対立を経て80年代に次第に緩和に向かい，89年に至って関係正常化を果たした」（90.9.11）と記す。中ソ貿易は上向き，政治的関係も強化されつつあったが，この傾向はソ連解体後はロシアとの間で続いている。

以下，簡単な年表と，両者の観点の引用を掲げる。

年表　中ソの論争・対立
```
1956. 2.14  ソ連共産党第20回大会，フルシチョフ報告，
        24  秘密報告，スターリン批判
       6.28 ポーランドでポズナニ暴動
      10.23 ハンガリー事件
  57.11.22  モスクワ宣言
```

58.10.27　人民日報, 毛沢東の「帝国主義反動は張り子の虎」を特集
59. 6.　　ソ連, 中国への原爆技術の提供を拒否
　　 9.27　フルシチョフ, 国連総会で全面完全軍縮提案
60. 7.　　ソ連, 中国から技術者を総引き揚げ
　　12. 6　81カ国共産党・労働者党代表者会議, モスクワ声明発表
62.10.22　アメリカ, キューバを海上封鎖
63. 8. 5　部分的核実験禁止条約正式調印
64.10.14　フルシチョフ失脚
65.10.　　中国文化大革命（〜 75.11.）
69. 3. 2　中ソ武力衝突始まる

戦争と平和にかんする中ソの見解の例

「いっさいの変化は, レーニン主義がすでに時代遅れになったことを証明するのではなくて, それとはまったく反対に, レーニンの示した真理をいよいよ鮮明に実証しており, レーニンが革命的マルクス主義を防衛し, マルクス主義を発展させる闘争のなかで提起したすべての学説をいよいよ鮮明に実証しているのである」(中国60.3.30)。

「帝国主義が存在する限り, 戦争と侵略が発生する地盤は保持されるという考え方は, マルクス・レーニン主義者にとっては自明の理である。しかし, 現在では新世界戦争を防止する現実の可能性が生ずるにいたったほど平和の勢力が成長した」(ソ連60.5.18)。

この後, 1960年12月6日に, 81カ国共産党・労働者党代表者会議のモスクワ声明がまとめられた。そこには, 戦争と核兵器の問題について, 次のように述べられている。

「帝国主義の侵略的な本性は変わっていないが, しかし, その侵略計画を粉砕することのできる現実的な力がすでに形づくられており,

戦争の不可避性は存在していない。・・・現在，すべての民主勢力と平和愛好勢力にとって，人類を世界的な熱核兵器の災厄から救い出すことほど，差し迫った任務はない。・・・

今日，平和のための闘争は，最大の警戒心をもつことである。絶えず帝国主義の政策を暴露し，戦争挑発者の陰謀，計略を怠りなく注視し，戦争の方針を固執している連中に対する世界諸国民の神聖な怒りを呼び起こし，すべての平和愛好勢力の組織性を高め，平和を守る大衆の積極的行動を絶えず強化し，新戦争を望んでいないすべての国との協力を強化しなければならない」。

しかし，その後論争はいっそう激しくなった。

「われわれは世界平和を守り，平和共存を実現し，国際緊張を緩和するためには，何よりもまず米帝国主義の侵略と戦争の政策に断固反対せねばならない。人民大衆を動員して米帝国主義と真っ向から闘争しなければならないと一貫して考えている」(中国 1962.12.15)。

「どんな場合でも，世界平和をかちとるには，話し合いだけに頼ることは決してできないし，人民大衆の闘いから離れることは決してできない。中国共産党に攻撃を加えている人々は，われわれのこうした正しい主張を，世界戦争が避けられることを信じていないかのようにゆがめている」(中国 62.12.31)。

「平和を守り，世界戦争を防ぐためには，人民大衆の闘争と社会主義陣営の防衛力および社会主義国の正しい対外政策など，すべての力を発揮しなければならない。・・・条件の如何によっては，武力に対しては武力という方法や，話し合いの方法も排除してはならない。これらの方法のうちの一つだけを固守して，他の方法をかたくなにしりぞけることは愚かな非レーニン的政策である」(ソ連 1963.1.7)。

「現代における人類社会の歴史的発展の主要な内容，主要な方向を決定するものがすでに帝国主義ではなく，世界社会主義体制であり，帝国主義に反対し，社会の社会主義的な改造をめざして闘っている進

歩的勢力であることはまったく明らかである」(ソ連 63.3.30)。

3　今日のロシアと中国

ソ連崩壊後のロシア

　価格の自由化, 私有化, 国家による経済規制の放棄など 1992 年に始まったエリツィンの「改革」は, プログラムなしのショック療法で, しかもそれが資本主義創出の必要条件と前提, 客観的・主観的要因のないところでおこなわれた。ロシアの歴史と伝統, イデオロギーは西欧とは異なるのである。

　共産党など抵抗勢力は最高会議に拠っていたが, エリツィン大統領は, 1993 年 9 月, 最高会議の建物を砲撃して解散を強行し, 12 月, 大統領の権限を大きくした新憲法草案とそれに基づく議会議員の選挙をおこない, 政治的危機を乗り切った。しかし, 経済情勢は好転せず, 98 年 8 月の金融危機によって, 大部分の銀行は破綻し, 小規模企業は崩壊した。旧来の国有大企業の活動と所有の形態は変化していない。

　この危機は, たんなる財政金融危機でなく, 92 〜 97 年の路線全体の危機であり, ポスト・ソヴェト体制の危機であり, エリツィン時代の終わりを画した。

　危機乗り切りには, 国民の支持を得た強力な政府が必要とされ, 2000 年 3 月の選挙で, 新政党「統一」を基盤とし, 強いロシアと法の支配を掲げるプーチンが大統領となった。

　ルーブリ切り下げによる外国製品の割高, 危機対策は, 原油の高騰にも恵まれて, ある程度国内産業の復活, 小康状態をもたらした。現在のロシアの銀行家, 大所有者たちはそれほど大きくなく, 金融寡頭制的資本主義社会が成立したとみるのは誤りである。市場の規制を強める方向に進んでいるようにも思われるが, どれだけ, 国民, あるいはロシアを構成する諸民族の利益を守り, 支持を固めることができる

かに，プーチンとロシアの運命がかかっているといえよう。オリガルヒという富裕層があらわれ，貧富の経済格差はさらに広がりつつあり，失業率は10％強で麻薬売買など凶悪犯罪が増えつつある。

中央アジアの5つの国

　ロシアの将来はまた，旧ソ連の共和国と結びついている。ここでは，アメリカのアフガニスタン攻撃にからみ，戦略的に重要な地域としてクローズアップされてきた中央アジアの場合をみてみよう。ここはまた，石油，天然ガスの埋蔵地域として，経済的にも注目されている。

　中央アジア諸国は，1991年の8月以降に独立宣言をおこなったが，バルト3国などのように，ソ連からの脱退を積極的に望み，運動していたわけではない。

　中央アジア5カ国の名称（国名にその名を冠する）民族は，イラン系のタジク人以外はトルコ系であり，宗教はイスラムであるという点では共通であり，ソヴェト政府によっておこなわれた1924年の民族的国家的境界区分でほぼ現在の国境線を引かれ，5つの国を形成した。独立後，集団安全保障条約に調印したり，経済協定を締結したりして，協力を強めようとしているが，他方ではそれぞれの国の違いも大きくなってきている。

　70年以上にわたるソヴェト時代には，ソ連の構成国として政治的・経済的・文化的な共通性も発展し，ロシア語も共通語として普及した。教育と医療の面でも高い水準を達成したが，これは他の途上国とのきわだった違いである。1970年代には民族官僚層も形成され，原住諸民族の工業部面への進出も目立っていた。独立後はこのような成果を踏まえ，各国とも民族エリートの養成に力を入れており，大学入学者，官僚層に占める名称民族の比率は急激に高まっている。

　各国とも多民族であるが，どの政府も，連邦国家でなく単一国家の形成を方針とし，名称民族を中核とし，他民族を含む国民の形成を進

めている。たとえばカザフ民族を中核としてカザフスタン民族を形成するというようにである。

　原住諸民族は、人口の自然増加率が高いため、ソヴェト時代から人口の伸びが大きく、民族構成が変化してきていたが、この傾向は独立後も続いている。たとえばウズベキスタン共和国人口は、1989年の1981万人から99年には2423万人へと10年で450万人近く増加している。これはCIS諸国のなかで、ロシアが1億4740万人から1億4670万人へ、ウクライナが5171万人から5011万人へと人口を減らしているのと対照的である。民族構成もカザフスタンの例をあげると、カザフ人は、1959年の30％から89年には39.7％となり、99年には53.4％と過半数を占めている。

　このような民族構成の変化の原因の一つには、ロシア人をはじめとするヨーロッパ系住民の国外への移住がある（第Ⅱ部4章4参照）。ソ連解体によってロシア人たちは、独立後の中央アジア諸国の民族間関係の急変のなかにまったく準備なしにおかれた。かれらは原住諸民族への従属を望まず、将来に不安をもち脱出しているのである。1995年のカザフスタンでのアンケート調査では、自分をカザフスタン国民と考えるロシア人は9.6％に過ぎず、ソヴェト国民と思うロシア人27.1％である。ロシア人はロシアへ、ドイツ人はドイツへ、ユダヤ人はイスラエルへ移住するにしても、移住先をもたない少数民族にとって問題は深刻である。

　ソヴェト時代における人口の増加はまた、工業化と相まって、都市化を引き起こしていた。ロシア革命当時、中央アジア1100万人中都市人口は161万人であったが、1998年、ウズベキスタンの都市人口比率は38.0％、カザフスタン55.5％、キルギス34.2％などである。灌漑農業地域では、綿花栽培の拡大が大量の労働力を吸収し、ウズベク人らの農村志向と重なって、都市への移住を抑制した。工業化のための労働者は移住ロシア人によってまかなわれたのである。

	面積 (1000km²)	人口(万人)	
		1926	2001
旧ソ連	22403.0	14702.8	
カザフスタン	2724.9	602.5	1484.2
キルギス	199.9	100.2	490.8
ウズベキスタン	448.9	462.1	2490.0
タジキスタン	143.1	103.2	619.6
トルクメニスタン	491.2	99.8	484.5
日本	377.9	6074.1	12628.5

タシケントからフェルガナ盆地への峠（著者撮影）

中央アジアの5つの国

フェルガナ・ナマンガンの公園（著者撮影）

アラル海の縮小

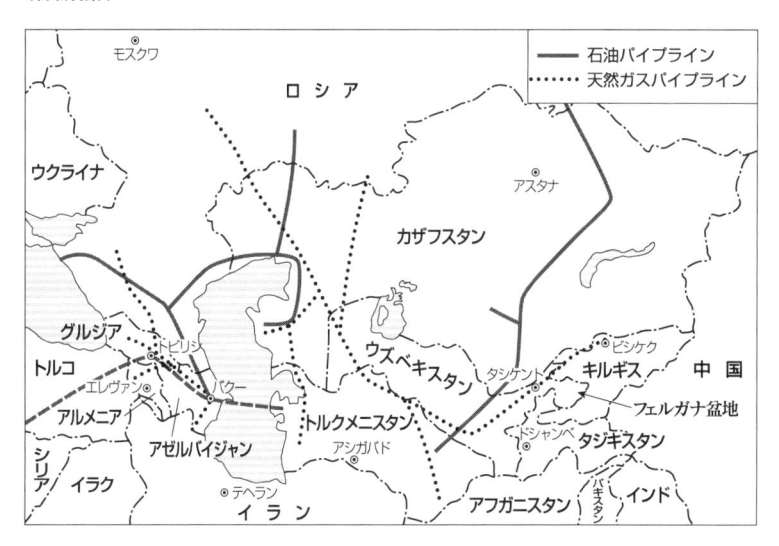

市場経済化の下での経済と政治

　独立と市場経済の導入後,国内総生産は半分程度に落ち込んでいる。工業の雇用の縮小は,ロシア人の減少より大きい。これは農村人口の過剰をもたらしている。そのなかでウズベキスタンは例外的で独立前の9割以上の国民総生産を維持している。1993年以降各国はそれぞれ独自通貨を導入したが,これはロシアの経済・金融政策の悪影響を防ぐためにやむなくおこなわれた面があり,必ずしも積極的な理由によるものではない。依然として貿易の半分はロシアなどCIS諸国とのものであるが,ウズベキスタンはCIS内諸国の相手が4分の1にまで減っている。いずれの国も輸出は石油など原料に大きく依存するようになった。石油,天然ガスの輸出は,ウズベキスタンではこの10年で3倍となり,カザフスタンでは1.5倍となった。

　どの国も青年人口の比率が高く,たとえばウズベキスタン人口の半分は18歳以下であるが,今後この若い労働力を生かし,工業の開発を進めていくことが課題である。

　政治もソヴェト時代から大きく変わったが,必ずしも民主的になったとはいえない。カザフスタンとキルギスは多党制をとっており,言論出版は自由になったが,大統領の権限が度はずれに大きい。ウズベキスタンでは,カリモフ大統領の独裁体制がしかれ,政治的逮捕者は数千人にのぼるといわれ,名称を変えたもとの共産党を通じて支配を続けている。トルクメニスタンではニヤゾフ大統領の肖像があふれ,個人崇拝体制が確立している。アカエフ・キルギス大統領以外の4人の大統領は,各国共産党第一書記であったが,マルクス主義やスターリン批判はどこへいったのであろうか。いずれも政教分離の世俗政権の立場を守っているが,イスラムの礼拝や慣習,伝統は尊重している。しかし,比較的イスラムの強いウズベキスタンやタジキスタンでは,住民の不満がイスラムを核として結集されることがあり,政権がその運動を抑圧しようとするために,99年2月にはカリモフ大統領

を狙った爆弾テロ事件が，8月には日本人鉱山技師拉致事件が起こった。

中央アジアの戦略的重要性

　ソヴェト時代に形成された経済的分業関係は一挙になくなるものでなく，前述したように各国ともCISとくにロシアとの貿易が圧倒的に大きい。ロシアの経済が回復すればさらに大きくなるであろう。また，各国の経済の回復は，ロシアの経済状態に大きく依存している。アフガニスタン，タジキスタンの情勢とのからみで，軍事的にもロシアに依存している。2001年2月現在，タジキスタンにはロシア軍が8000人，ロシア国境警備隊が1万4500人駐留している。各国内にもロシア人が多く，ロシア語，テレビなどマスメディアを通じての影響も大きい。

　中国は，長い国境で接しているばかりでなく，カザフ人など中央アジアと共通の多くの民族が住んでいる。とくにカザフスタンの独立は，中国の新疆ウイグル自治区に対する政策に微妙な影響を与えている。現在国境貿易などが盛んであるが，将来は，国家間の本格的な経済的関係の強化が展望される。94年9月上海で，ロシア，カザフスタン，キルギス，タジキスタン4国の首脳との会談をかわぎりに「上海5カ国会議」を開き，イスラム過激派タリバーンに対する共同戦線を形成している。2001年9月，ウズベキスタンも加わり，上海協力機構となった。

　中東諸国は南部に接しており民族的，宗教的に関係の緊密化が期待された。トルコは独立後直ちに各国に大使館をおき，イランはモスクの建設の援助などをおこない，これらの国との経済協力協定なども結ばれた。しかし経済力が弱く，また補完関係が少ないため，通常の隣国関係にとどまっている。

　日本や欧米諸国は，石油開発のために合弁会社を設立し，IMFなどを通じて市場経済化を促し，開発援助，無償援助を進めている。バ

ザールには中国やトルコ製品が多いが,スーパーではドイツのジュースや消費物資も進出している。ベンツは韓国とともに,ウズベキスタンで自動車の合弁会社を操業している。日本は同じアジア系の民族として,またシルクロードを通じて古いつながりをもつ国として,経済協力にとどまらず,文化的な相互交流を深めていくことが望まれる。

アメリカは,アフガニスタンへの介入を強めるなかで,ロシアからの自立を強めていたウズベキスタンと2001年10月基地使用に関する共同声明をだして準軍事同盟関係となっている。タジキスタン,キルギスとの軍事的協力も強めようとしており,カザフスタンの石油開発と絡んで,中央アジアに進出しつつあるが,これはロシアや中国にとっても重大であり,日本としても今後の成り行きが注目される。

中国の「改革・開放」政策

東アジアでは,ソ連・東欧と異なり,共産党支配は崩れなかった。モンゴルでは,一時野党連合が政権についたが,現在は人民革命党が復帰している。これは,この地域では,社会主義によって政治的・経済的に植民地の地位を脱したからである。ただし,中国,朝鮮,ヴェトナムの状況は,それぞれ違っている。

中国では,1976年9月の毛沢東没後,77年7月鄧小平が党副主席・軍参謀総長に復帰して78年12月「改革・開放」政策を定め,79年1月にはアメリカとの国交を開いた。人民公社は解体されて個人農経営に戻され,80年には深圳などに経済特区が新設された。89年6月,天安門事件で,学生たちの示威行進を鎮圧し,総書記は趙紫陽から江沢民へ交代した。

こうして中国は,「人民公社」,反帝国主義,「自力更正」から,「社会主義市場経済」,親資本主義,外資=外技依存へと変貌した。その政治経済的本質は,「党=国家」官僚制を維持したままでの指令的計画経済から市場経済への移行であり,「党=国家」官僚制的市場経済

への移行である。・・・しかし，社会・経済システムが市場経済に適合的なものへと改変され，グローバルな世界に組込まれる度合いが高まるにつれて，また，階級・階層間の利害対立が強まるにつれて，「党＝国家」体制と市場経済化との矛盾は深まり，「社会主義」を維持することはよりいっそう困難になるであろう。しかし，近い将来，大変動が起る可能性は高くはない（山口勇，社会主義理論学会：167.）。

　大中の国有企業は，国家が支配株主となる株式会社となるが，これによって政府が上から企業を支配し，取締役に労働者・職員代表を加えて下からの意見を反映させ，従業員代表大会での経営者選挙によって末端からの党＝支配を追求する。このようにして中国的特色のある社会主義を建設するという構想である（172.）。

　中国ではすでに資本主義化傾向が後戻りできないところにまで進み，「共産党独裁」がいつ終わるか，その時期が熟するのを待つだけになっているというのが，日本の中国研究者の多数意見のようである。

　しかし，資本主義化の流れに抗する動きが中国の内外においてどのように広がるかによって，中国の行方は可変的であり，崩壊した社会主義から，経験的，思想的，理論的に学びつつ，資本主義化の流れに抗する人々が中国に存在し，そうした動きが「西側」における現代資本主義批判の動きと連動して強まるとき，「党＝国家」官僚制の歴史的限界を内在的に乗りこえてゆく可能性もでてくるであろう。

　中華人民共和国の共産党体制が存続できるためには，所得格差の拡大，大量失業，官僚の腐敗，環境破壊などの諸問題を，さらに，「党＝国家」官僚制と市場経済との矛盾にもとづく諸問題を解決することが求められる。その「解決」の度合いは，そのための努力を「新しい社会主義社会」の理念・理論を明確にし，そこに向けての展望につなげることができるかどうかと密接不可分の関係にある（山口：191.）。

　党・官僚の腐敗との闘いが重要であることは，中国自体でも自覚されている。しかし，それは困難な課題である。「共産党の重鎮のひと

り，いまは亡き陳雲はかってこう述べた。『腐敗と戦わなければ，国が滅びる。しかし戦えば，党が滅びる。』」「中国の小さな村や郷では，何千という地方の役人たちが絶対権力の化身のごとくにふるまい，自分たちのために徴税し，好きなように法を操作している。北京に行けば，これらのすべてが，さらに大規模におこなわれている」（チャン：279.）。

ロシア，旧ＣＩＳ諸国，中国の将来は，世界全体の将来と一体としてしか考えられない。

ウッドが，『資本主義対民主主義』に問うているように，現在資本主義経済は，住民の生活と労働条件の押し下げなしには，存続しえなくなっているのではないか，環境保護や福祉を犠牲にするような柔軟性も求められているのではないか，と思う。日本でも不況脱出のために，国家の介入を求めており，「市場」も命令となっているように思われる。

資本主義は，いまや人類存続の条件となった平和を守れなくなっており，科学技術の発達をコントロールできなくなってきているようにみえる。資源や環境の問題にも対応できない。これらの条件はロシア革命時にはなかったものである。

年表　現代の中国

1949.10. 1　中華人民共和国の成立，「わが民族はもはや侮辱される民族ではなくなった」。52年までに土地改革終了

　50. 2.14　中ソ友好同盟相互援助条約調印

　　10. 8　中国人民義勇軍の結成と朝鮮出動命令
　　　　　52年までに工業生産は戦前水準に復興，朝鮮戦争のなかで社会主義的改造を急ぐ。三反五反運動，知識人の思想改造運動。53年から第１次五カ年計画開始

　54. 9.20　憲法採択・公布。56年までに大部分の農民が高級合作社へ

56. 4.28　毛沢東,「百花斉放,百家争鳴」
58. 5. 5　第8回党大会第2回会議。社会主義建設の総路線 提唱,「大躍進運動」
　　　10.　人民公社広がる。中ソ対立深まる
64.10.16　原爆実験に成功
65.11.10　姚文元,「新編歴史劇『海瑞の免官』を評す」。文化大革命の発端
66. 5.16　毛沢東通知。紅衛兵の「造反」始まる
69. 3. 2　ウスリー川の珍宝島（ダマンスキー島）で中ソ武力衝突
71.10.25　国連総会、中国の代表権承認と台湾政府の追放を可決
72. 2.21　ニクソン大統領,中国訪問
　　9.29　日中国交回復
76. 9. 9　毛沢東没
　　10. 7　華国峰,党主席に就任
78. 2.26　第5期全人代第1回会議（～3.5）。新憲法。経済発展10カ年計画採択
　　8.12　日中平和友好条約調印
　　12.18　中共第11期中央委員会第3回総会（～22），華国鋒らを批判し,「改革・開放」政策に着手。改革・開放を進めるにあたっての4つの基本原則「社会主義の道,プロレタリア独裁,中国共産党の指導,マルクス・レーニン主義と毛沢東思想の堅持」
82.11.26　第5期全人代第5回会議（～12.10），新憲法採択。人民公社を経済組織として位置づけ,84年までに農家の96％が個人経営へ。郷鎮企業増。自力更正の方針の転換。経済特区重視

89. 6. 3　天安門事件（〜4）
　　 6.23　江沢民，総書記へ（〜24）
90. 4. 5　新疆でムスリム蜂起
92. 1.18　鄧小平，「改革」推進の南方視察
　　12.12　中共第14回大会（〜18），社会主義市場経済論を採択
97. 7. 1　香港，イギリスから返還，香港特別行政区となる
98. 3.17　朱溶基，首相に選出
2000. 3.18　台湾総統選で民進党の陳水扁が当選

3章 植民地主義と新植民地主義

1 植民地の形成と独立運動

義和団弾圧とアフガニスタン空爆

1900～01年の20世紀の幕は，列強による義和団弾圧によって開かれたが，2001～02年，21世紀は，アメリカなど多国籍軍によるアフガニスタン空爆で始まった。この100年に列強とアジア諸民族との関係は，どこが変わり，どこが変わらなかったのであろうか。

アフガニスタン問題についてのブレア・イギリス首相の言動には，大英帝国時代の植民地民族観が，強く残っているように思われる。イギリス史の木畑洋一は，その「帝国意識」を，「自らが，世界政治の中で力をもち，地球上の他民族に対して強力な支配権をふるい影響力を及ぼしている国，すなわち帝国の『中心』国に属しているという意識である。それは，自国に従属している民族への，しばしば強い人種的差別感に基づく侮蔑感と，それと裏腹の関係にある自民族についての優越感に支えられており，自民族による従属民族の支配を，『遅れた』人々を指導，教化し，『文明』の高みに引き上げてやっているのだとして正当化するパターナリズムを伴っている」（木畑：275.）意識として注目した。日本人の間にも，満州，朝鮮，台湾などの旧植民地，東南アジア諸国との関係で，この帝国意識が存在することが批判され，問題とされてきた。

本来の意味の植民地は，直轄領で，ここは植民地本国政府の統治下におかれた。自治領は，外交，軍事を除いた内政について自治権を許

された地域である。保護領は、強国が保護条約を結び、顧問、弁務官によって支配されている国である。委任統治領は、第一次世界大戦後、国際連盟の委託の形をとった事実上の植民地で、日本は戦前パラオなど南洋諸島にもっていた。これは第一次世界大戦後にドイツから引継いだものである。半植民地は、独立した主権国家ではあるが、片務的な条約、協定によって、領土の一部の割譲や半永久的な貸与などをおこなっている国家である。

　現在は、名目的には直轄領の植民地はない。しかし、このように定義してみると、ほとんどの国が独立しているはずの今日においても、経済的な従属、すなわち新植民地主義の下で、実質的にはこれにあてはまる国が多いようにも思われ、今度は独立の定義が問題になりそうである。

列強による植民地獲得

　世界に先駆けて産業革命をおこない工業生産を発展させたイギリスは、1840～42年のアヘン戦争で中国を開国させたが、イギリスに匹敵する工業国がない時期には、世界中がイギリス製品の市場であって、自由貿易政策の下に植民地無用論も唱えられた。しかし、1861年イタリアが統一、68年日本で明治維新がおこなわれ、71年ドイツが統一を達成し、以降、アメリカ、ドイツ、ついでフランスの工業化が進み、イギリスも植民地を固める帝国主義政策をとるようになった。こうして1900年ころには列強による世界の分割が終わる。この間、イギリスはケープタウン・カイロ・カルカッタを結ぶ地域に植民地支配を確立しようとし（3C政策）、ベルリン・イスタンブール（ビザンティウム）・バグダードを鉄道でつなぎ進出しようとした（3B政策）ドイツと対立した。この帝国主義的対立は、植民地再分割の帝国主義戦争である日露戦争、第一次世界大戦にいたる。

植民地諸民族の解放運動

 帝国主義列強の民衆の間の「帝国意識」に対応して,支配される諸民族の間に,それをやむをえないものとして受け入れる広範な意識が生みだされていた。これもまた,「帝国意識」に対応し,植民地支配が維持されるための条件である。植民地諸民族のこのような意識は,奴隷根性といってよいものであろうが,民族解放運動の指導者たちは,支配民族と戦うために,まずこのような意識から自民族を解放することが必要であった。

 民族解放の運動は,植民地地域より,まず本国内の被圧迫民族,アメリカの黒人,イギリスのアイルランド人,半植民地となった中国などで始まり,第二次世界大戦後に本格的となった。ボリシェヴィキ(ロシア共産党)は,民族自決権の承認を唱え,帝国主義支配の基盤を掘り崩そうとした。

 ロシア革命以後は,1919年に結成されたコミンテルン(共産主義インターナショナル)が,民族解放運動を指導したばかりでなく,新しく生まれたソ連が,国家としても支持したことによって,大きな励ましを与えた。第二次世界大戦は,植民地諸民族を巻き込むことによって,独立運動に新たな段階を画した。

 植民地独立は,歴史的にその存在を前提としている西欧近代国家の基礎を揺るがすものであった。しかし1950年代末,アジア,アフリカ,ラテンアメリカにわたる民族解放運動の高まりによって植民地体制が危機に直面すると,帝国主義諸国は新植民地主義政策によってこれに対応する。

 新植民地主義とは,形式的な独立の付与,軍事的・経済的支配の継続による植民地主義の再編成である。

2 アフリカの独立とパレスチナ問題

アフリカの独立

画期をなすのは,1954年の武装蜂起に始まり,62年に独立を達成したアルジェリア人のフランスからの独立闘争「アルジェの戦い」である。フランス人植民者はテロ組織をつくり,拷問など残虐な手段も使ってゲリラ組織を壊滅しようとし,58年5月にはアルジェリア駐留軍が反乱を起こすなどフランスは内乱寸前となった。

闘争は1958年のアジア・アフリカ会議でも支持され,この闘争と並行して,56年スーダン,モロッコ,チュニジアが独立,続いてサハラ以南のブラック・アフリカで57年ガーナが独立し,年表に示したように,60年にはピークをなした。63年には,アフリカ独立30カ国の元首,政府首脳がアジス・アベバに集まり,アフリカ統一機構(OAU)をつくった。これらの国の国境線は植民地本国がひいたもので,部族対立の克服と,植民地的なモノカルチャー経済構造の改造は,今日まで続く課題である。

年表　アフリカの独立

アルジェの戦いとフランス

1954.11.	民族解放戦線(FLN)による武装蜂起
58. 5.	アルジェでコロンの反乱
59. 1.	ドゴール,フランス大統領に
62. 7. 3	エヴィアン協定によって独立

アフリカ諸民族の独立

1956.	スーダン,モロッコ,チュニジア独立
57.	エンクルマを指導者としてガーナが独立
58.12.	全アフリカ人民会議,アフリカの即時独立要求

	セク・トゥーレのギニア独立
1960.	「アフリカの年」，ナイジェリアをはじめとして17カ国独立
12.	国連総会，植民地独立付与宣言採択
61.	タンガニーカ独立（64. ザンジバルと合併してタンザニアに）
63.	ケニア，イギリスから独立
	アフリカ統一機構（OAU）憲章調印
1973.	ギニア・ビサウ，ポルトガルから独立
75.	アンゴラとモザンビーク，ポルトガルから独立

パレスチナ問題

1881年からロシアのポグロム（集団的略奪・暴行）を逃れたユダヤ人がパレスチナへ移民してきた。ここのユダヤ人人口は，82年の2万4000人から1900年には5万人となった。もともとパレスチナには，イスラム教徒，キリスト教徒，ユダヤ教徒が平和に共存していたが，第一次世界大戦後，オスマン帝国アラブ領が国際連盟の「委任統治領」に切り分けられたとき，イギリスの支配下に入り，ユダヤ人入植運動（シオニズム）に解放された。　ユダヤ人とは，ヨーロッパ社会の特殊な文化的伝統が生んだ差別の形態である。かれらをヨーロッパから追放するとともに，パレスチナに入植させて，中東の中心にヨーロッパの支配の拠点をつくろうとするものであった。これが，この問題の起源である。

パレスチナのユダヤ人は，1917年の5万6000人から，27年15万6000人，47年60万8000人と増えた。47年，国連でパレスチナ分割が決定され，6％しか土地をもたなかったユダヤ人に56％を与えることになったが，第一次中東戦争で，さらに50％多い領域を占領した。

こうして、パレスチナ人300万人の半数がイスラエル占領下に生活することになった。1964年パレスチナ人は、パレスチナ解放機構を設立してアラブ諸国と一線を画す存在となり、68年にはパレスチナ人民が撲滅すべきものはシオニズムであってユダヤ教徒ではないことを確認した。

パレスチナ国民評議会（PNC）は1988年11月、国家独立宣言をおこない、93年アラファトを大統領とし、94年ガザとエリコの自治の開始によって「中東和平プロセス」を進めた。しかし、2000年9月のイスラエル・リクード党首シャロンの「神殿の丘」の挑発的訪問、01年2月のシャロンの首相選出後、このプロセスは中断し、2001年9月11日のニューヨークでのテロ以後、エルサレムなどで大規模な自爆テロが続き、イスラエルは、12月アラファト・パレスチナ自治政府議長との関係を断絶するなど、いっそうの混乱状態となっている。

2001年9月の新聞は、イスラエルの高校生62人が、土地の接収、裁判なしの逮捕や処刑、家屋の破壊、自治区の封鎖、拷問などのイスラエル軍の行為は、国際法に反するとして兵役を拒否するとの手紙をシャロン首相に送ったことを報道している（『朝日新聞』2001.9.6）。

1997年パレスチナ人は、イスラエルに約95万人（イスラエル国籍）、ガザのパレスチナ暫定自治区に約105万4000人、ヨルダン川西岸に約170万7000人、すなわち、委任統治領パレスチナであった地域に約371万1000人（全体の47％）、他の53％がアラブ諸国を中心に離散している（臼杵陽、板垣：125.）。

パレスチナ問題をここで特別に取り上げたのは、今日、国際関係のさまざまな矛盾の結び目となっており、この問題の解決は、世界的な規模でしかおこなわれないように思われるからである。

まず第1に、この問題はもともとヨーロッパのキリスト教社会のユダヤ人差別の問題を、ヨーロッパの外にユダヤ人国家の建設をめざ

3章 植民地主義と新植民地主義 121

パレスチナ

イスラエル軍に抗議するレバノンでのパレスチナ人のデモ（PANA通信社提供）

イスラエル・ハト派のシナリオ

ワイ・リバー合意以前の「西岸」自治区

ワイ・リバー合意（1998.10.の暫定追加撤兵協定）実施後の「西岸」自治区予想図

- ▲ ユダヤ人の主要な入植地
- 警察権ぐるみの完全自治区
- 行政権のみ自治区
- □ イスラエル占領地

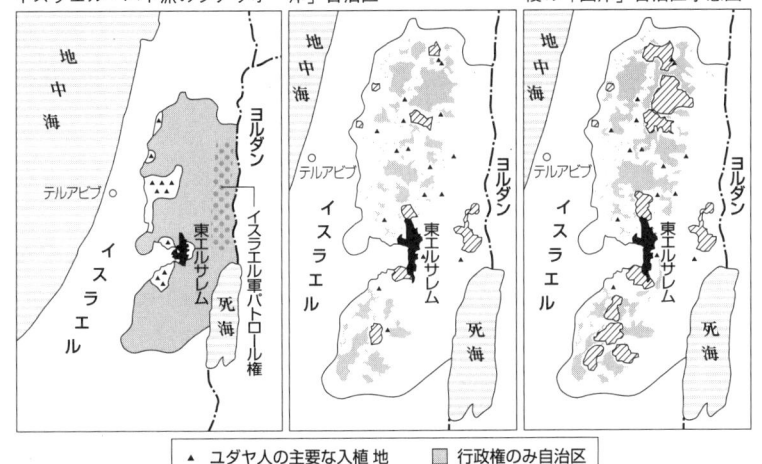

平山健太郎「独立国家構想の曲折」『アラブ』No.87，1998.11 より作成

すシオニズムによって，中東に押しつけたところに始まりがあるからである。そしてヨーロッパ社会自体では，いまでも未解決である。それは旧ソ連から多くのユダヤ人がいまでもイスラエルに移住し続けていることにも示されている。

　第2に，1993年9月のオスロ合意は，パレスチナ人にとって解決とはならない。

　「ガザと西岸の権利の回復は，実はパレスチナのごく一部であり，その地域すら，ずたずたに切り刻まれた状態になっている。・・・（アラファト）議長が創設しようとするパレスチナ国家は，世界から承認されることがあっても，実体を伴わない名ばかりのもので，パレスチナ人の悲劇を放置するものにすぎない。パレスチナ人自身によって否定されるのは，確実だろう」（佐々木良昭「アラファト議長の光と影」『アラブ』No.87.1998：15.）。「このような決着は，パレスチナ人たちやアラブの民衆を永続的な屈辱感で包み込み，地域紛争やテロの火種としてくすぶり続けることになるだろう」（平山健太郎「独立国家構想の曲折」『アラブ』同上：13.）。

　第3に，米英仏などが，石油資源を確保するために，イスラエルを拠点として利用していることである。

　第4に，サウジアラビアなどアラブの石油産出国には，非民主的な古い王制が維持され，外国人労働者が多数を占める民衆の意思が抑圧されていることである。

　第5に，アメリカは，ソ連の影響の強かったエジプト，シリア，イラク，リビアなどに対抗するために，サウジアラビア，アラブ首長国連邦などがイスラム主義運動を支援するのを黙認していた。（中田考，板垣：155.）

　これらの問題は，ソ連崩壊と湾岸戦争以降の戦争のなかで，イスラム地域民衆の反欧米感情が明確となった現在，全面的解決を迫ってきているように思われる。

年表　パレスチナ問題

1517.	マムルーク朝，オスマン朝軍に敗れ滅亡，パレスチナ，オスマン帝国領に
1882.	最初のヨーロッパ・ユダヤ人，パレスチナに入植
97.	第1回シオニスト会議，パレスチナの「ユダヤ人郷土」建設を決定
1916. 3.	サイクス・ピコ協定（～5.)
17.11.	バルフォア宣言，イギリスのシオニスト支持宣言
18.10.	アラブ軍，イギリス軍とともにダマスカス占領
20. 4.	シリア分割とパレスチナのイギリス委任統治決定
22.	国際連盟，イギリスのパレスチナ委任統治とバルフォア宣言承認
33.	ヒトラー政権成立，パレスチナへのユダヤ人移民急増
47.11.29	国連総会でパレスチナ分割決議
48. 5.14	イスラエル独立宣言，第1次中東戦争始まる
56.10.	第2次中東戦争
64. 6.	パレスチナ解放機構（PLO）成立
67. 6.	第3次中東戦争，イスラエル，全パレスチナとシナイ半島，ゴラン高原占領，アラファトがPLO指導者に
73.10.	第4次中東戦争，アラブ諸国，石油戦略発動
74. 6.	パレスチナ国民評議会（PNC），「政治的解決」を打ちだす
10.	アラブ首脳国会議，PLOをパレスチナ人民唯一の代表と認める
11.	国連総会，PLOに国連オブザーバーの資格を与え

　　　　　　　る
　78. 9.17　米・イスラエル・エジプト，キャンプ・デービッド合意，シナイ半島撤退決定
　82. 6.　　イスラエル軍，レバノン侵攻開始
　88. 1.　　パレスチナ解放人民戦線結成
　　 11.15　ＰＮＣ，パレスチナ国家独立宣言，イスラエルとの共存を提起
　90.10. 8　東エルサレムで衝突，パレスチナ人22人死亡
　91.10.　　マドリード中東和平国際会議
　92. 6.　　イスラエル総選挙でラビンの労働党勝利
　93. 9.　　暫定自治宣言（オスロ合意）調印，アラファト，大統領
　94. 5.　　ガザ・エリコ先行自治開始，5年内に最終地位確定
　95. 9.　　西岸7都市を含む拡大自治協定調印
　　 11.　　ラビン首相暗殺
　96. 5.　　イスラエル総選挙でリクードのネタニエフ勝利
　98.10.　　追加撤退覚書（ワイ合意）調印
　99. 7.　　イスラエルで和平推進のバラク政権誕生
2000. 9.　　リクードのシャロン党首，数百人の護衛と「神殿の丘」訪問強行。以後インティファーダ（民衆蜂起）始まる。3カ月で死者350人
　01. 2.　　シャロン，イスラエル首相に
　　　8.　　エルサレムのレストランでパレスチナ人の自爆テロ，死者15人，負傷者88人。イスラエル軍，パレスチナ解放人民戦線（ＰＦＬＰ）議長暗殺
　　 10.　　イスラエル観光相暗殺
　　 12.　　エルサレムなどで自爆テロ，死者28人。イスラエル，アラファト議長事務所などを報復攻撃。イスラエル，アラファト・パレスチナ自治政府議長との関係断絶

3 南北問題の発生

南北問題の自覚

植民地独立は，長くその存在を前提としていた西欧帝国主義諸国を根底から揺るがした。しかし，1950年代末，アジア，アフリカ，ラテンアメリカの民族解放運動の高まりによって植民地体制が危機に直面すると，政治的独立を認めた上で，新植民地主義政策によってこれに対応するようになった。

新植民地主義とは，形式的な独立の付与，軍事的・経済的支配の継続による植民地主義の再編成である。

旧植民地領有国である工業の発展した国は北半球に集中しており，未発展の旧植民地諸国は南にあるが，1950年代末に社会主義諸国と資本主義諸国を東と西と表現していたのになぞらえて，南北の不平等な資本主義的国際分業体制を南北問題というようになった。

1964年には，発展途上国（developing country）と呼ばれるようになった旧植民地諸国のイニシアチブで国連貿易開発会議（ＵＮＣＴＡＤ）が開かれて常設の機構がつくられ，これを中心として南北問題の解決と新しい経済秩序の樹立を要求し始めた。以後，70年代に南の諸国の第一次産品の国際価格の安定，工業製品との交易条件の不利化阻止のため，砂糖，スズ，ココアの国際商品協定が結ばれ，国際輸送についても，80年代に定期船同盟憲章，国連海洋法条約などが採択・締結され，先進国の完全独占体制の是正がはかられた。

しかし，農産物の価格の低迷，工業技術の革新による代替品の出現などによって南北の格差はその後むしろ拡大している。また，「南」の側にも，石油生産国同盟（ＯＰＥＣ）加盟諸国とその他の諸国の格差が開いている。

また，韓国・台湾・香港・シンガポールからなるアジアＮＩＣｓ

(Newly Industrializing Countries) は，1960年代後半以降，73年の石油危機以後も成長を維持し，労働集約的業種に依存しつつ，一定の輸出構造と産業構造の高度化を実現した。製品の輸出先はアメリカ，原材料・資本財の輸入先は日本とし，アメリカ・日本の直接投資に依存し，「開発独裁」によって政治的安定を確保した。大部分の国はNICsと重なるが，NIES (Newly Industrializing Economies, 新興工業経済地域) と呼ばれる，韓国，中国沿海部，東南アジアを結ぶ，華人系企業を中核として自然発生的にできあがった経済ネットワークは，1970年代から発展したが，80年代後半から90年代前半にかけ，とくに韓国，台湾，香港，シンガポールの4地域で直接投資が急増し急成長した。

しかし，1990年代後半，ME技術革新による安価な労働力の比較優位の消滅，民間金融機関の第三世界融資の激減によって，97年7月タイ通貨危機（対ドル為替レート切り下げ）が発生，フィリピン，マレーシア，インドネシア，さらに台湾，韓国へ波及，98年8月ロシアの債務支払い停止，ブラジル，アルゼンチン通貨危機にいたっている。

債務累積

「南」における債務累積は，1970年の500億ドルから80年5620億ドル，90年1兆3410億ドルと増大し，現在2兆5000億ドルにのぼっている。

債務国は，米ドル立て金利の急速な上昇，「南」諸国の輸出品の価格の低下などのためさらに条件が悪くなっており，この問題は，世界経済の構造の変革なしには解決はできない，として当面支払いの免除を要求している。いずれ，政治的解決が必要となるであろう。

1974年　国連特別総会で採択された「新国際秩序樹立にかんする宣言と行動計画」では，次のような諸点が指摘されている。

1. 諸国家の主権の平等

2. 公平を基礎とするすべての国の協力
3. 世界経済問題解決への全国家の平等な参加
4. 経済制度を採用する権利の確立
5. 天然資源と全経済活動に対する完全な恒久主権
6. 植民地支配，アパルトヘイトの下にある人民の天然資源などに対する権利の確立
7. 多国籍企業の規制
8. 交易条件の改善
9. 全国際社会による途上国に対するひものつかない援助の拡大
10. 途上国に対する資金の移転に有利な条件を与える保証
11. 途上国への近代的科学及び技術の成果に対するアクセスの供与
12. 生産国同盟の役割の促進

　債務国が返済不能となった場合には，債権国の銀行の経営危機や世界経済・金融制度の崩壊にいたりかねない。そして，支払いは現実には不可能である。

　他方では，冷戦終結後の今日でさえ，毎年8000億ドルが武器と軍隊をまかなうために使われており，しかも累積債務は債権国の富と支出に比べれば決して多くはない。すなわち，第三世界の債務は，1986年1兆ドル，99年には2兆5540億ドルにまで達したが，アメリカの公的債務は1986年2兆ドルで，これだけで2倍である。

　問題点は，新規ローンの全額が前のローンの返済だけに使われていること，まちがった開発モデルを採用し，食糧保障を忘れた安上がりの工業化をめざしていること，浪費的プロジェクトと贈賄，資本逃避などであるが，軍備強化に投じられている資金も少なくはない。ＩＭＦはいつもその保護下にある諸国にドラスティックな日常支出の削減を要求するのに，軍事予算には手をつけさせようとしない。

　ストックホルム国際平和研究所は，「非産油発展途上国に譲り渡された武器の価格は1972年から82年の間にまさしく2倍以上に上っ

ており、これが全世界の武器取引に占める割合は同期間に31％から41％へと増加した」(ジョージ：36.)と指摘している。

さらに、利子率と石油価格の上昇によって、借り手自身の意思とは関係なく、債務が増大している。「銀行はデフォルトが雪崩を打つように発生するという不気味な予感に直面して、返済を強制する鉄拳と返済を可能にさせるのに十分な金融資金を集める能力を兼ね備えた、名目的には中立の機関をもつ必要性がでてきた」(ジョージ：74.)。ＩＭＦ（国際通貨基金）は、このような役割を果たすものとして機能している。

北から南へ

	1980	81	82	83	84	85	86	87	合計
流入	128	138	116	97	88	84	82	85	818
流出	84	102	132	131	132	152	144	147	1024
差額	44	36	-16	-34	-44	-68	-62	-62	-206

(ジョージ：45.)

低開発諸国の軍事費（単位　百万ドル、1979年の不変価格）

	軍事費	世界全体の軍事費に占める％
1972	32980	7.9
73	37296	8.8
74	48074	11.0
75	56034	12.4
76	63946	14.0
77	63085	13.7
78	66085	13.8
79	67838	13.7
80	71316	14.1
81	81281	15.6

(カストロ：183, 352.)

絶対的貧困（absolute poverty）

　栄養不良，疾病，悪環境，高い幼児死亡率，短い平均寿命，低い読み書き率などによって特徴づけられる，人間の生活からほど遠い状態を絶対的貧困という。世界銀行は，国際比較のため，1993年の購買力平価計算で1日あたりの生活費1ドルを貧困ラインと設定し，これ以下を絶対的貧困層（極貧層）と定義している。

　1998年末現在，世界で約12億人20％がこの状態にあると推定されている。南アジアが2億2200万人，サハラ以南の南アフリカが2億9090万人，東アジア・大洋州2億7830万人と推定されており，過去10年間，ほとんど緩和されていない。

最近の諸潮流

　アメリカ・マサチューセッツ工科大学のW. W. ロストウは，1960年に出版した著書で近代化論を唱えたが，かれは近代化を工業化と捉え，各国は伝統社会から，離陸（テイクオフ），高度成長，成熟，高度大衆消費へと発展するとした。かれは，高度成長は，共産主義の道，ファシズムの道によってもおこなわれるとし，成熟の段階では，どの道を通った社会も似てくる，すなわち収斂すると述べて，米ソ共存を理論づけようとした。ただしアメリカの外交政策は，途上国が共産主義の道でなく，「民主主義の道」を選ぶように進められねばならないとして，日本の例を模範としてあげた。このような国別の発展段階論である近代化論は，新植民地主義によって成り立たないことが明らかになった。発展は，帝国主義的先進国の政策と多国籍企業によって妨げられるからである。

　このことを国連の調査でいちはやく指摘したのは，1964年の第1回国連開発委員会での「プレビッシュ報告」であった。L. プレビッシュはアルゼンチン人で，工業国である中枢（センター）と第一次産品に特化した農業国である周辺（ペリフェリー）との分業関係を農業

国が輸入代替工業化によって是正しない限り、開発は進まないとし、外資導入による工業化を勧めた。これは60年代、「ブラジルの奇跡」として結実したかにみえた。しかし、債務累積というかたちで、行き詰まりが生まれた。

　A．G．フランクは、周辺を衛星（サテライト）ということばに置き換え、首都（メトロポール）からの収奪から脱するためには、世界資本主義からの離脱、つまり衛星の社会主義への移行が必要であるとした。フランクは、68年に成立したチリのアジェンデ政権に期待したが、73年のクーデタによって挫折する。

　その後、S．アミンは、フランクの理論を徹底化し、衛星の社会構造の革命的変革を唱え、ブラジルで蔵相を務めるカルドーゾは、一時的に権威主義体制の下で外国資本を利用しつつ、発展と自立を探るという道を選び、ノルウェー人のガルトゥングは、「新帝国主義論」によって、周辺における貧困や暴力などの構造的暴力の支配を問題とした。

ウォーラーステインの世界システム論

　I．ウォーラーステインは、「我々が生きてきた史的システム、すなわち資本主義世界経済が危機にあり、したがって分岐に直面している」（ウォーラーステイン：17．）という観点から、周辺の問題をグローバルな世界資本主義システムのなかに位置づけた。かれはそれを中核・半周辺・周辺という3層構造に捉え直し、長期経済循環のなかに組み込んだ。

社会主義国と開発途上国

　社会主義諸国は、長期通商協定を結ぶこと、経済協力・科学技術協力を広くおこなうこと、民族工業を発展させ、農業問題を解決し、国家セクターを強化するような援助を続けること、民族工業の製品を買

い付けることによって貿易構造を改善させること，天然資源の開発を速め，その下流部門創出に協力すること，最新の科学技術の装備をもつインフラストラクチャと技術者の養成制度の創造を促進することに協力すること，などによって工業化を助けようとした。

　貿易，援助は，西側に比べて量的に多いとはいえなかったが，途上国の自立化を助けるもので，ひもつきでなかった。

　たとえばキューバは，砂糖をソ連に高く販売し，石油を安く輸入することができた。1992年のカストロの演説では，それまでソ連との協定で，砂糖1tで石油7.5tを買うことができたが，現在は1.4tしか買えないとしている。

4　キューバと南アフリカ

キューバ革命

　ＮＡＴＯ軍の圧倒的な軍事力によるコソボ問題の「解決」に類したことは，戦後アメリカによってくり返しおこなわれた。そのなかで，アメリカの意志が貫かれず，「解決」されていない地域にイランとキューバがある。この2つの国は，主に自民族に依拠して独立を守っている。

　1927年生まれの青年フィデル・カストロは，56月11月にメキシコからキューバに上陸し，ゲリラ戦の後，58年には人民社会党（共産党）の支持も得て勢力を拡大し，バティスタ政府を倒し，59年2月首相となった。かれの経済改革は米国企業との対立を深め，60年8月からの石油精製，製糖，電話，電力，銀行，鉄道，タバコなどアメリカおよび国内大企業の国有化と農地改革は，61年1月アメリカ側からの断交，62年1月全面禁輸にいたった。

　「キューバの利益にならないような行為をするものがあれば，それは外国の独占企業だ。電気会社は，反キューバ的に行動している。電

話会社は，キューバの利益に反して行動している。ユナイテッド・フルーツ会社や，アトランティカ・デル・ゴルフォの大農園所有者たちの行動は，キューバの利益にそっていない。われわれの製品を輸送する船舶会社は，キューバの会社ではない」(カストロ，加茂：233.)。

1962年4月アメリカに支援された反革命軍を撃退，その直後に社会主義革命を宣言し，アメリカ帝国主義との闘争を呼びかけた。

1962年10月，ケネディ米大統領は，ソ連がキューバにミサイル基地を建設しているとして海上封鎖し，一発触雷の危機となったが，米ソ妥協が成立して，戦争を避けることができた。その後キューバは，砂糖の輸出先をソ連などに変え，援助を得て経済建設を進めた。

ソ連の崩壊と危機

ソ連の崩壊は，キューバに経済危機をもたらしたが，カストロは，自国内原油生産，国営農場の協同組合化，個人営業の承認などの改革をおこない，また観光業を発展させ，外国資本を積極的に導入して打開を図っている。

アメリカは，1992年に「キューバ民主化法」(トリセリ法)，96年に「キューバ解放と民主連帯法」(ヘルムズ・バートン法)を成立させて，経済的締め付けを厳しくすることによってカストロ政権を一挙に倒そうとしたが，米州会議，EU，WTOなどから国際法違反として非難されており，2000年には若干制裁をゆるめた。92年以来毎年，国連総会は，封鎖の終結を決議しており，反対は，アメリカ，イスラエルを除きわずかである。

アメリカに抵抗するキューバ

2001年4月16日のキューバ社会主義革命40周年記念集会で，カストロは次のように演説している。

「キューバは，国際通貨基金(IMF)に加盟していない，そして加

盟することを望まない，世界でもまれな数カ国のひとつです。ＩＭＦは，帝国主義の利益を守る油断のならない警備員です。・・・ＩＭＦは，これに背を向ける政府を不安定にし破壊することで政治的につぶしてしまうのです。ＩＭＦと新植民地主義のくびきにつながれたものは，世界中におしつけられた不公平で不合理な政策秩序から逃れることはできません。・・・社会主義でなければ，薬物，売春宿，カジノ，組織犯罪，失踪，暗殺，リンチや非合法の死刑がない国にはならなかったでしょう」(『社会評論』No.126, 2001：37-38)。

　政治的，経済的独立を守ろうとするこのような気概は，今後の国際関係構築の基礎であろう。ラテンアメリカは，先住民，白人，黒人が混じる多民族社会で，アメリカの影響が大きく，他方ではゲリラ勢力も強く，政治的経済的に不安定であるが，キューバは一つの方向を示している。

南アフリカ・マンデラ政権の誕生

　1999年6月16日，「人生の長い道のりのなかで，生まれ故郷の村に隠居して平穏に過ごす年に達した」ということばとともに，新大統領にあとを託した南アフリカのネルソン・マンデラは，20世紀のもっとも優れた政治家の1人である。そしてその成果は，21世紀の世界に希望を与えるもののように思われる。

　南アフリカの世界でも最高水準の白人の生活と対照的にヨハネスブルクの黒人地区ソエトは，アフリカ大陸のなかでもめずらしい，電灯もない文字通りの暗黒地帯であった。この国では，黒人，インド人，カラードは，5分の1にもみたない白人による「アパルトヘイト」(隔離) 政策によって，居住地，職業，交通機関，トイレなどが分けられるという差別の下におかれていた。

　闘争をになったアフリカ民族会議 (ANC) は，1912年に結成，マンデラは61年にその武闘部門の「民族の槍」の最高司令官となり，

62年に終身刑となったが、国連や国際世論の圧力によって90年2月に釈放され、91年6月に人種登録法などの差別法が廃止された後、94年4月全人種参加の総選挙がおこなわれ、6月にマンデラ大統領が生まれた。

　南アフリカで闘争を始めたガンディーは次のように語っている。「イギリスが（インドから）単に引き揚げることが、独立なのではない。独立とは、平均的な村人が、運命の決定者は自分自身であり、選出された代表を介して自分自身の立法者であることを自覚することだ」（クラパラニー：281.）。

闘争の障害

　1988年から政府との秘密委員会での交渉で問題となったテーマは、武装闘争、共産党、そして多数決原理であった。

　武装闘争、ゲリラ戦の問題について、マンデラは次のように答えている。

　「わたしたちＡＮＣ（アフリカ民族会議）は、一貫して人種差別のない民主主義をめざしてきましたし、すでに存在する人種間の亀裂をさらに深めるような行動はかたくいましめてきました。しかし、五十年間にわたる非暴力がアフリカの民衆にもたらしたものは、抑圧的な法律の増加と際限のない権利の縮小でしかありませんでした。・・・これまでの経験から、もし反乱を起こせば、政府がそれを機に、わたしたちの同胞を無差別に殺りくすることは確実でしよう。しかし、南アフリカの土がすでに罪のないアフリカ人の血で染まっているという、まさにその理由から、わたしたちは長期的な見地に立って、武力から身を守るために武力を使う用意を整えることが、自分たちの務めだと考えたのです」（マンデラ：86-87.）。マンデラは白人との融和を説きに刑務所を訪れた牧師についての次のようなエピソードを紹介している。「『牧師さん、あんたは融和を説く相手をまちがっているよ』と言

った。『おれたちは，七十五年前から融和を求め続けてるんだ。』エディーのこの言葉がとどめになったらしく，ジョーンズ師は二度とわたしたちの前に姿を現さなかった」(205.)。

共産党に関しては，「ＡＮＣとしては共産党を見捨てるつもりがないこと，わたしたちが共産党に操られてはいないことを重ねて説明し，『信義を重んじる人間が，共通の敵の要求に応じて長年の友人を裏切ったとしたら，それでも民衆からの信頼を保てるものでしょうか』と書いた」(355.)。

多数派の黒人に支配されない構造的な保証がほしいという白人側の主張に対しては，「多数決原理と国内の平和は一枚のコインの裏表のようなものであり，白人の南アフリカ人は，この原理が完全に適用されるまでこの国の平和と安定はありえないことを，素直に認めなくてはなりません」(355.)と答えた。

アパルトヘイトはなくなったとはいえ，黒人と白人の経済的格差の是正など，南アフリカには課題が山積している。人口，経済力ともアフリカで圧倒的なこの国の将来が，周辺諸国，さらに世界に及ぼす影響は大きい。

現在の世界のなかでの特権的な日本人の立場は，南アフリカの白人の立場に通ずるところがあり，その是正を求める闘争に対する障害にも共通するところがある。すなわち構造の変革を求める旧植民地諸民族，諸国家の闘争を妨げているのもまた，少数の「白人」民族と国家である。

4章 現代における国家と民族

1 国家の過去と将来

主権国家の概念

　2002年現在の世界の国は5月に独立の東ティモールをふくめ193である。地域別にあげると，アジア23，オセアニア15，北アメリカ2，ラテンアメリカ33，ヨーロッパ39，中東16，アフリカ53，CIS 12である。その他に中華民国（台湾）がある。日本をはじめ多くの国が，中華人民共和国政府を中国政府として認めているが，台湾は別の政府が支配している。中国政府は，1999年7月の李登輝・台湾総統の，中台関係は特殊な国と国との関係という発言を認めなかった。パレスチナは88年に独立宣言をおこなったが，まだ独立主権国家は形成していない。

　193の国は，いずれも，主権国家であり，独立していない属領と呼ばれるような地域はほとんどなくなった。日本が国交をもたないのは朝鮮民主主義人民共和国のみである。

　国家の基本的要素は，領域，国民，排他的権限である（浅井：23-28.）。固有の領土，固有の人口，対外的に主権をもつことと言い換えることもできる。

　もっとくわしく具体的に説明すると，まず国家は国境線によって定められた領土をもっている。世界最大の面積をもつ国はロシアで1707.5万 km^2，以下カナダ，中国，アメリカ合衆国，ブラジルの順である。最小の国はヴァチカン $0.44km^2$ である。領土に接する海を

領海といい，日本を含め多くの国が12海里（1海里は1852 m）を基準としている。領土，領海の上を領空というが，一定の高度以上の宇宙空間は宇宙条約で人類の共有とされている。

　国民のいない国家はない。国家は国民の権利を守り，実現しなければならず，国民は納税の義務を負う。国籍は親によって決まる国，すなわち属人主義の国と，生まれた場所によって決まる属地主義の国とがある。たとえば属地主義のアメリカで，属人主義の日本人の両親から生まれた子供は，二重国籍となる。人口のもっとも多い中国は，1999年12億5360万人で，人類の5人に1人を占める。インドはそれに次ぎ9億9752万人，3位のアメリカは2億7823万人，インドネシア2億702万人，日本は2001年1億2629万人である。

　国家は主権をもつ。主権とは国際政治，国際法の主体として，他者から支配されることのない，至高の統治権力である。主権国家は，他の国家に依存せず，支配されることのない独立権をもつ存在であり，他の国家から統治され，服従を強いられることはない。また，これらを保障するために自衛権をもつ。しかし，はなはだしい場合は，小国が大国に分割されたり，併合されたりすることはしばしば起こった。1772年，1793年，1795年のオーストリア，プロシア，ロシアによるポーランド分割はその典型的例である。今日でも，不平等があり，事実上，国家間に支配，従属の関係がある。米ソの対立していた冷戦期には，片方に従属するという面と，両国が牽制しあったため，中小国が内政への干渉から守られていた面があった。

　すなわち，国家の機能は，社会の秩序を築き，保持し，外敵からそれを守ることにある。そのための権力を付与されている。近代以前の西欧社会では，教会，領主，ギルドなども権力をもっていたが，今日ではそれは国家に集中されている。人々は，生まれながらにしていずれかの国に属し，その法に従わなければならない。

　権力者の権力行使の乱用から個人の自由を守るために自由主義や立

憲主義が生まれ，憲法の下に，権力分立や地方分権が定められている。

国家の諸形態

　近代国民国家の成立の歴史について詳しくは第Ⅲ部1章に譲るが，それは絶対主義国家として成立した。そのさい，中世の共同体を解体し，統一国家を形成するという点で，絶対君主，小農民，商人層には利害の一致があった。やがて一体感をもった被支配者は君主に代わって自らを支配者の位置に置いて国民主権へと変わり，近代国民国家が誕生する。

　まず成立したのは，自由放任主義の下で国家の機能を最小限にとどめようとした夜警国家であったが，ここでは主な機能は法律を制定することであった。20世紀になると，工業化，都市化に伴う大衆の登場によって，国家が個人の福祉に力を貸さざるをえなくなり，福祉国家となった。国家機能は著しく増大し，行政の比重が高まり，行政国家といわれるようになった。

階級的国家観

　国家の倫理的意義を強調する一元的国家観，それを批判する，特定の目的をもつ集団の一つに過ぎないとする多元的国家観とともに，国家を支配階級による被支配階級の抑圧の道具であるというマルクス主義の国家観が生まれた。これによれば，世界史は階級のない，したがって国家のない原始社会から，奴隷制の古代社会，農奴制の中世社会，資本制の近代社会と発展し，労働者階級が権力をとるプロレタリアート独裁によって，国家を死滅させ，階級のない共産主義社会を実現するというものである。

　ソ連や中国で，国家権力が強大化したことについて，一国社会主義であることや，過渡期の継続として説明されてきたが，国家の管理行政機能の側面なども考慮する必要があろう。

現代における国家

　第二次世界大戦後の国家の増大は，国家と国際関係に大きな変化をもたらした。その変化は本書全体として述べてきたことであるが，

1. 多民族国家が多数誕生する一方，一つの民族が多数の国に分散する状況となったこと
2. 国家の力の不均質性が大きくなったこと。米ソが，ソ連解体後はアメリカが圧倒的な軍事力をもって世界を支配し，「南」と「北」の経済的格差が開いていること
3. 国際的な相互依存が深まったこと
4. 多国籍企業やさまざまのＮＧＯの国際的主体としての役割が大きくなっていること

などとまとめることができよう。

　国境を越える環境汚染の問題，食糧問題，核兵器・化学兵器・生物兵器など大量殺りく兵器の拡散防止の問題，麻薬・テロの問題，南北問題など，それぞれの国家では対処できない問題が広がっている。また，経済的相互依存が強まっているため，大国の政策は，必然的に中小国に大きな影響を与える。すなわち，ボーダーレスといわれるように国家の境界が低くなりつつあり，地域的な統合によって主権の一部をより上部に移すこともおこなわれており，脱国家主体も増大しつつある。すでに19世紀なかばに，労働者階級は資本家階級に対抗するため，国際的に連帯しなければならないという主張が生まれていた。

　国家がなくなった後，世界社会の単位は地域あるいは民族となると考えられる。

　とはいっても，現在の国際関係の基本的単位は国家であり，それを無視した構想は成立しない。中国は，1954年に国際関係を律すべき原則として平和五原則を掲げたが，それを今日も主張している。

　その五原則の内容は，領土と主権の相互尊重，相互不可侵，相互内

政不干渉, 平等互恵, 平和共存である。

これに対してアメリカは, 人権, 民主主義を掲げ, ソ連にさまざまな圧力をかけてきたが, 中国に対しても, 天安門事件やチベット問題で, 経済制裁などの圧力を加えている。人権や民主主義が国際的に尊重されなければならない価値であることはいうまでもないが, 各国の立場を織り込んだ国際秩序の下で守られねばならない。一口に人権や民主主義といっても, 欧米と中国とでは概念が違う場合もあるからである。平和五原則のいう内政不干渉にも理由がある。

国家の主体的, 自発的な合意が得られる場合にのみ, 主権を制限することができる。・・・国家がもつ排他的権限という原則はこれからも守らなければならない（浅井：170.)。

民族の概念については, 第Ⅱ部1章で考察したが, 民族自体も, 地域的に融合しつつあり, 個人を単位として, 再構成されつつある。これらのことについてはすでに述べたが, 今日の状況について考える前に, あらためて確認する。

国家の承認について

今日の多民族国家の崩壊には, 大国による内政干渉的な政策が影響している。そのことが明確であったのは, 1992年1月にＥＣ諸国がクロアチア, スロヴェニアをいちはやく承認して, ユーゴを解体に導いたことである。99年3～6月にはＮＡＴＯ軍が新ユーゴを空爆し, 独立国家をめざすコソヴォを助けた。これより前の例としては, 66年にナイジェリアからの分離独立を宣言したビアフラに対する一部諸国による国家承認がある。

第二次世界大戦前, 満州国は, 国際連盟規約, 不戦条約に違反しているとして, 承認されなかった。1965年には南ローデシアが, 76年にはトランスカイが承認されなかった。

2 国際的経済分業の発展

重商主義政策の形成

　地域間における物資の交流は、古くからおこなわれていた。たとえば中国の絹は中央アジアのオアシス地帯を通ってローマに運ばれたが、この道をシルク・ロードと呼んでいる。逆に西から東にも、宗教、美術、音楽、食物などが伝わった。13〜14世紀にモンゴル帝国がユーラシア大陸のほぼ全域を支配し、安定と秩序をもたらすと、東西間の経済交流は、いっそう盛んになった。地中海東岸とヨーロッパとの東方貿易は、アジア産の香辛料と南ドイツの銀を扱っていたが、15世紀オスマン・トルコが地中海東岸を占領すると、ヨーロッパ人は香辛料を求めて新航路を開拓し、アメリカ大陸にも交易を広げる。

　絶対主義の王権は、官僚や常備軍維持の財源を貿易に求め、重商主義政策をとった。それは、植民地の鉱山開発によって貨幣や貴金属を獲得する重金主義、輸出入の差額によって貨幣を蓄積する貿易差額主義、国内産業の保護育成によって輸出力を増大させる産業保護主義の段階を経た。

自由貿易体制の展開

　19世紀には、イギリスを中心とする自由貿易体制ができあがった。17世紀から18世紀にかけて、イギリスには多くの海外の食料品の輸入が始まった。やがて砂糖をいれて飲む紅茶が普及すると、砂糖の輸入が増えたが、砂糖は、西インド諸島のプランテーションでアフリカから連れてこられた黒人奴隷によって栽培された。黒人奴隷は、インド産綿織物と交換で「購入」されたので、イギリス、アフリカ、西インド諸島を結ぶ三角貿易が形成された。やがてイギリスでは、綿織物マニュファクチュアが発展し、綿花輸入が増大する。

18世紀後半，産業革命が始まり，紡績機，力織機，蒸気機関が発明され，国内産の石炭が燃料として使用された。このようにして発達した綿工業にアメリカは原綿を供給したが，1861年の南北戦争によって輸入が減るとイギリスは，エジプトやインドに，綿花栽培を拡大した。ロシアも中央アジアを植民地とし，原綿を栽培するようになる。18世紀末からイギリスでは中国茶の輸入が激増したが，インド産アヘンを中国に密輸し，綿製品をインドに輸出するという三角貿易が成立した。砂糖は先にみたように新大陸の輸出品であったが，イギリスは1764年自国領以外からの砂糖に高関税をかけて，アメリカでの独占販売を企て，アメリカ独立の原因をつくった。

こうして帝国主義本国が工業製品，植民地が原料作物栽培という分業体制ができあがる。原料作物栽培は，非常に安価な労働力でおこなわれ，不等価交換によって，本国の工業化が進められた。しかし，イギリスの労働者の生活も決してよくなかった。1840年リヴァプールの職工・労働者・召使の家族の死者の平均年齢は15歳であった。

1870年ころ，ドイツ，アメリカ，フランスでも工業が発展を始め，帝国主義時代に入る。

工業生産の発展

20世紀の100年に，生産力はかつてなかったほど発展した。工業の基礎である粗鋼生産は，1880年の440万トンから1920年7250万トン，50年1億8960万トン，82年6億4500万トンと100年で147倍となった。これを支えたエネルギー資源は，石炭，石油，天然ガスなどの化石燃料である。鉄道，自動車，航空機の発達によって，地球は著しく狭くなった。20世紀の最後の10年にはＩＴ革命によって，情報は瞬時に世界に通じるようになった。

今日もっとも重要なエネルギー源である石油は初めは灯油として利用されていた。機械による石油の採掘は1859年にアメリカ東部で始

まり，60年50万バレル，61年200万バレルと急激に生産をのばし，65年には集貨のためのパイプライン網がはじめて敷設された。ロシアのバクー地方でも70年代に採掘が始まり，ヨーロッパ市場での販売競争のなかで，アメリカのスタンダードのシェアが圧倒的となった。20世紀に入ると，電灯の普及で灯油の消費は減り，代わって折から普及し始めた自動車のガソリンや，工場での燃料用重油に移った。

石油の生産は，アメリカ，ロシアのバクー地区から，1930年代には中東に移り，ソ連ではウラル，西シベリアへと移った。現在はカザフスタンやカスピ海に油田が発見されている。

石油は燃料としてばかりでなく，化学工業の原料としても重要であり，膨大な埋蔵量があるとみられる中央アジア地域の動向は，国際政治上からも注目される。

地域経済組織

工業生産の発展とともに，国の枠が生産力の大きさに適合しなくなり，国を超えた分業が形成され，発展する。それは初めは，緩やかなものであったが，次第に国境を越えた再生産がおこなわれるようになり，地域的国際組織が形成される。

アジアにおける緩やかな結合の例として，ＡＳＥＡＮをあげたい。

東南アジア諸国連合（ＡＳＥＡＮ，The Association of Southeast Asian Nations） 加盟国の人口において世界最大の地域経済組織であり，簡略で緩やかな組織形態をとっている点がきわだった特徴である。他の国際組織や国と，ＡＳＥＡＮ自体が，条約締結の当事国となることはない。中心的な機関は外相による年次閣僚会議で，経済閣僚会議も77年に制度化された。

1967年8月の第1回閣僚会議共同コミュニケ（バンコク宣言）によって創設された。その署名国は，インドネシア，マレーシア，フィリピン，シンガポール，タイの5カ国で，84年にブルネイが，

95年にヴェトナムが，97年にラオスとミャンマーが，99年にカンボジアが加わり，現在10カ国である。その構成国は，人口の規模，民族構成，政治体制などの多様性できわだっている。

もともとは，ヴェトナム戦争のなかで，欧米との協力による経済発展によって，社会主義諸国の介入に対抗することを主旨としていた。しかし80年代のNICs，それに続くNIESの経済成長によって，第一次産品依存から脱却，生産・輸出の多様化を達成し，民間活力の活用，市場原理の徹底，資本の自由化，輸出志向の経済政策を進め，現在はヴェトナムも含み，貿易額においてもEU，NAFTAに次ぐ地域組織に発展した。

1997年のタイのバーツ暴落に始まる通貨危機は，インドネシア，マレーシア，フィリピン，シンガポールへと広がり，ASEAN諸国の経済に打撃を与え，停滞が続いたが，現在回復の兆しがみられる。

アジア太平洋経済協力会議（APEC, Asia Pacific Economic Cooperation）　1989年11月の第1回閣僚会議によって，アジア太平洋地域の政府間経済協力のために創設され，本部はシンガポールにおかれているが，組織としては緩く，加盟国の権利義務などの定めのない，自発的な協力枠組みである。

ASEAN加盟国のうちの6カ国とオーストリア，カナダ，日本，韓国，ニュージーランド，アメリカを原参加国とし，その後中国，メキシコ，ロシアなどが次々に加わり，台湾も参加している。

北米自由貿易協定（NAFTA, North American Free Trade Agreement）　1992年12月に，アメリカ，カナダ，メキシコの間で調印され，94年1月に発効，発足した。域内総生産において巨大な自由貿易地域である。

主目的は域内の貿易と投資の自由化であって，関税連合ではない。これは累積債務を負ったメキシコが，外資導入などの自由化

によって経済政策を転換したことをきっかけとし，アメリカが，ヨーロッパやアジアに対抗しようとして形成した。賃金格差の縮小によるメキシコからアメリカへの不法入国者の流入の減少，メキシコの政治的安定による直接投資の増加を期待して創設したものである。

2001年5月には，アメリカ大陸全体の自由貿易圏への発展を確認している。

社会主義的国際分業の試み

ソヴェト政府は，広大な多民族の旧ロシア帝国の領域で，資本主義とは違った原理で，計画的に分業体制を実現しようとした。そのさい，各地域も，資金調達や有資格労働者養成などの面でロシアの援助を受けながら工業建設をおこない，地域として工業と農業のバランスのとれた経済構造をつくって，住民の生活水準を引き上げつつ，分業体制をつくろうとした。

第二次世界大戦後東欧に社会主義が拡大すると，1949年1月，ソ連，チェコスロヴァキア，ハンガリー，ブルガリア，ポーランド，ルーマニアの6カ国を原加盟国として経済相互援助会議（コメコン）を発足させ，62年6月「社会主義国際分業の基本原則」を決定，71年7月には「コメコン加盟国の協力のいっそうの深化と改善・社会主義経済統合の発展の総合プログラム」を採択した。加盟国も東ドイツ（1950），モンゴル（62），キューバ（72），ヴェトナム（82）と拡大した。

「総合プログラム」は，次のように定めている。「コメコン加盟国の経済的・科学＝技術的協力の深化と改善，社会主義的経済統合の発展は，加盟国の共産党・労働者党と政府によって意識的・計画的に規制される，社会主義的国際分業，各国経済の接近と現代的な高能率な構造をもつ国民経済の形成，各国経済発展水準の漸次的接近と平準化，経済

と科学＝技術の基本的諸部門における深い安定した結合の形成，これらの国の国際市場の拡大と強化，商品＝貨幣関係の改善，等の過程である」（『経済相互援助会議基本文書集』第 1 巻，モスクワ，露文，1981：32.）。

社会主義的経済統合の特徴

玉木令仁は，資本主義などそれまでの協力形態と異なった経済統合の特徴を 6 点に整理しているが，簡単にまとめてかかげておきたい。

1. 各国の部門構造を相互により深く関連させるように再編成し，それぞれ有利な生産に集中させる
2. 統一電力系統「ミール」のような国際的企業が増大し，そのため共同投資・労働力の共同利用・共同輸送体制・銀行などの創設が問題となる
3. 協力過程管理の新しい方式の採用，国民経済計画の調整だけでなく，さらにきめの細かい主な部門についての共同計画化，長期特別計画が作成される
4. 協力の重心が流通から生産・科学＝技術・基本建設に移行している
5. 統合が貿易協定の締結から，投資計画・生産計画の配分，生産の特化などへと広がり，協力が総合化する
6. このような経済過程は，政治過程にも新段階を画する

（玉木，町田：108-109.）。

社会主義的経済統合の概念

「諸民族経済の絡み合いが進展し，国際化された規模における単一の再生産過程が形成されるような国際化の段階のみが，経済統合の基礎を構成する」（ツァゴロフ：299-300.）。

この統合は，社会主義的国際分業の深化，生産諸力の国際化の諸過

程を基礎とするとともに、経済的諸過程の国際分野における計画的組織の諸要素の発展を意味するものである。このことは、社会主義的統合の実在的経済的内容が国際的規模での労働の社会化にあることを意味している。

コメコンは、東欧の共産党政権の崩壊を承けて、ソ連より一足早く1991年6月、解体の議定書に調印し、7月にはワルシャワ条約機構政治機構も解体し、各国はEU、CSCE（全欧安保協力会議）、NATOなどへの加盟を望み、一部は実現している。ソ連も91年12月に解体し、バルト3国以外は、独立国家共同体（CIS）というかたちで緩やかに結合しているが、社会主義的統合ではない。

ソ連・コメコンの評価はこれからであるが、一つの実験として、今日の状況の対案として、ここに述べた。

3 民族と宗教、言語

宗教の役割

近代にいたるまで、宗教は国民をまとめるために利用され、支配の手段となっていた。少数民族には、支配民族の宗教が強制されることが多かった。教育にも宗教組織が関わりをもった。

1998年、キリスト教徒は19億7418万人、イスラム教徒11億5511万人、ヒンドゥ教徒7億9903万人、仏教徒3億5627万人、ユダヤ教徒1431万人等である。キリスト教徒は、カトリック、プロテスタント、東方正教等に分かれている。いま、キリスト教とイスラムとの関係を文明の衝突と表現する哲学者もいるが、教義として対立するものであるとは思われない。対立があるとすれば、イスラムの地域が欧米に政治的・経済的に支配されているために起こった現象と考えるべきであろう。

ソ連は唯物論の共産党が政権をとり、信教と無神論宣伝の自由と教

会の国家からの分離を掲げたが，ロシア正教会はソヴェト政権を認めなかったため，激しく対立した。その後は共存状態にあったが，ロシア正教は根強く民衆の信仰を維持し，ソ連解体後信者をのばしている。イスラムは，割礼，埋葬式のような若干の慣習や生活と強く結びついており，教義を強く信じる者がどのくらいになるか，はっきりとしない。ソ連の論者は，「伝統的イスラム地区における最も生活力の強い過去の残りかすの一つは，宗教の殻をまとってあらわれた民族主義的見解・信念である」とし，その形態を，1.民族的制限，狭量，民族的エゴイズムの奨励，2.自民族の功績・価値の賛美と自慢，3.民族的特殊性・民族的価値と見せかけての民族的孤立性と不信に導くような反動的慣習・伝統の奨励と擁護，4.過去の理想化・自民族の歴史の社会的矛盾のごまかし，5.民族的心理・民族の自覚の役割と意義の過大評価，他民族の民族的感情への冷淡さと民族的特殊性の無視，の5点に整理した（フィリモフ：79.）。これはソ連ばかりでなく，一般性のあるまとめのように思われる。

　民族主義，排外主義の発生の原因は，他国の大国主義にも求められるが，自民族の指導者層の態度にあることもある。指導者が大国・大民族に卑屈で，自民族の権利を守らず，正当な要求もせずに，自分の層の利益ばかりを追求していると不満が蓄積され，民族主義として爆発する。

言語と文字

　宗教の伝道は，言語や文字の普及の動機となった。たとえば，ロシアでは東方正教（ギリシア正教）を伝道するため，ギリシア文字を基礎としたロシア文字（キリル文字）がつくられたのである。イスラム圏では，コーランの暗唱がおこなわれ，それぞれの地域で使用されている言語や文字は教えられていなかった。やがて初等教育では読み書きの口語教育をおこなおうというジャディディズムのイスラム革新運

動が起こる。

　西欧列強が，他の大陸や地域を征服し，植民地としたとき，キリスト教を伝道し自分たちの言語や文字を広めた。そのためにラテンアメリカでは，スペイン語，ポルトガル語が使用されるようになり，インドでは英語が普及した。19世紀半ばまでの西欧では，文明をになう能力のある優等言語と，その他の劣等言語とがあり，後者は放棄されなければならないという通念があった。言語はそれぞれ固有の価値の体系であって対等であるという考えは，近代言語学によってはじめて得られたのである。言語は，それぞれの民族の思考の仕方と結びついた独自のものである。ソ連では，それぞれの民族の言語は尊重しようとしたが，文字はロシア文字に基づいてつくり，ロシア語は共通語とした。

　こうして，世界では，英語，フランス語，ドイツ語，ロシア語，中国語，スペイン語など共通語的ないくつかの言語の使用が広まっている。一方では，少数民族の言語は，自然に消滅しつつある。

4　諸民族の移動と混住

アメリカとロシア

　人の移動は人類の歴史とともに始まったが，大規模になったのはヨーロッパが拡大した近代以降である。アメリカ合衆国，カナダ，オーストラリアは，先住民以外は移民によってつくられた国である。ラテンアメリカ諸国はイタリア，スペインからの移民の入植を進めてきた。

　アメリカは，南北戦争後の急速な経済発展のなかで労働力を引きつけ，1860～1900年に1400万人を受け入れ，人種のるつぼ（メルティング・ポット）といわれてきたが，最近では文化的・言語的にも融合しないグループも多くなり，サラダ・ボウル論が生まれている。

　民族を単位として移動をみると，もっとも目立つのはユダヤ人の場

合である。もともとロシア西部に住んでいたが、17世紀半ばウクライナ解放戦争のなかで、ポーランドの支配と結びついたユダヤ人商人が憎まれたことに始まり、19世紀には1881年アレクサンドル2世暗殺の犯人にユダヤ人がいたことから、零細な手工業者・商人であったユダヤ人に対するポグロム（集団的略奪・暴行）が起こり、政府はこれに乗じて定住地の制限を強めるなど抑圧政策をとった。1897～1914年の期間だけで150万人のユダヤ人がロシアを去り、その7割がアメリカに移住した。ソ連では、1959年に226.8万人で11番目の民族であったが、79年181万人となり、ペレストロイカ、ソ連解体期の反ユダヤ感情の高まりを避けて多くがイスラエルへ移住し、いまは100万人を切っている。

ロシア・ソ連からは、ユダヤ人の他に、ロシア人、ウクライナ人、バルト諸民族、アルメニア人、グルジア人などカフカスの諸民族が国外に移住したが、ロシアに移住してきた民族はない。逆に16世紀以降、ロシアは陸続きのシベリア、カフカス、中央アジアを併合し、ロシア人、ウクライナ人の農民や労働者が大量に移住、現地の少数民族と混住した。

ソ連期とくに第二次世界大戦後、工業化によって都市化し、1959～90年に都市住民の比率は、47.9％から66.0％となり、百万都市は、モスクワ、レニングラード、キエフの3都市から24となったが、これらの大都市ではとくに民族の混住が進んだ。

現在「先進国」は、人口の自然増加率が下がっており、移民や外国人労働者によって労働力を補っている。たとえばカナダは、年々大量の移民を受け入れており、トロント、モントリオール、バンクーバー等の大都市では移民が増加している。

アメリカにおけるエスニック問題

アメリカ人は、WASP（White Anglo-Saxon Protestant）と略称され

る西欧・北欧出身のプロテスタントが中核をなし，のちに移住してきた人々は，そこに同化して形成されてきた。しかし，1960年代「エスニック・リバイバル」のなかで，多数派による少数派の抑圧が批判されるようになった。それは，「現代アメリカ社会が抱える諸々の問題について，エスニック（人種や民族）の観点からの再検討を提起したものであると見てよいであろう」（明石：3.）。

　まず，インディアンについて，1788年の憲法では，連邦議会下院の議員定数および連邦の賦課する直接税の算出の基礎になる各州の人口は，「自由人の総数をとり，課税されないインディアンを除外」するとされ，大部分のインディアンは，外国人扱いされた。

　また黒人も，憲法の同じ項目で，各州の人口を算出するについては，「自由人以外のすべての人数の5分の3を加算」する，とされ，黒人奴隷は，南北戦争まで，「5分の3」扱いであった（明石：55-56.）。

　インディアンは，1960年55万人から90年196万人と急増しており，その3分の1は，大都市の貧困層をなしている。黒人の地位は，公民権闘争を経て，かなり向上したが，依然として差別は続き，92年4月のロサンゼルス暴動を引き起こした。都市化のなかで，黒人の都市集中が進み，その比率は首都ワシントンをはじめ大部分の都市で急速に高まり，たとえばデトロイトでは4分の3以上を占めるようになった。

　メキシコから流入するスペイン語系住民も増加しており，英語を習得せずスペイン語で生活を続けている。黒人，ヒスパニック，アジア系住民の人口は，30年後には総人口の過半数を占めると予測されている。

ロシア極東の朝鮮人の強制移住

　1937年，日本の本格的中国侵略が始まった後，極東地方の朝鮮人は根こそぎ中央アジアに強制移住させられた。日本軍がシベリアに侵

攻した場合，利用されることをおそれたためと思われる。

1923年，沿海県の朝鮮人10万6817人のうち，ロシア国籍をもつ者は3万4559人であった。24年8月，沿海県の全農民が保有する403万デシャチナ（1デシャチナ＝1.092ha）のうち，朝鮮人は4万3095デシャチナしかもたなかった。

1937年8月21日，9月28日の党・政府決定「極東地方国境地区の朝鮮人住民の移住について」で10月3日までに7万8000人が移住，結局極東地方全域から10月25日までに17万1781人が移住した。（岡奈津子『世界民族問題事典』：735.）

ソ連の朝鮮人は，1926年都市に10.5％しか居住しない農村民族であったが，79年には78.0％の都市民族となった。ユダヤ人98.8％に次ぎ，ロシア人74.4％より多い。

朝鮮語を自民族語とする朝鮮人は，70年68.4％，89年49.5％と急減している。

大戦前・中・後の少数民族強制移住

スターリンはドイツと戦うとき，ソヴェト・ナショナリズムあるいはロシア・ナショナリズムに訴えた。そのさい，一時ドイツ軍に占領された地域の少数民族に対しては，それを利用してソ連から分離・独立しようとしたとして，自治共和国などを解体して，根こそぎ中央アジアやシベリアに強制移住させた。これは，ロシア・ナショナリズムの裏側である。

すなわち1941年9月には，ヴォルガ沿岸のドイツ人，43〜44年には，チェチェン人，イングーシ人，カルムイク人，カラチャイ人，メスフ人，45年にはクリミアのタタール人が追放された。これらの民族は，57年以後名誉回復されたが，もとの居住地への帰還や自治共和国の回復を認められないままになった民族もある。

40年代に強制移住させられた人々は，301万1108人にのぼる。

主な強制移住民族の人口動態は，次表の通りである。

	1926〜39	1939〜59
カルムイク（人）	1.8（％）	-21.1（％）
カラチャイ	37.6	7.4
バルカル	28.2	-0.7
チェチェン	28.1	2.6
イングーシ	24.3	15.1
ドイツ	31.9	-7.3
朝鮮	109.5	72.1
カザフ	-21.9	16.8

　この大戦前，大戦後には東ヨーロッパでも大規模な民族的入れ替えがおこなわれた。

　ソヴェト政権は，民族自決権の承認という原則に基づいて，ロシア帝国を民族的に再組織し，地域的に構成共和国，自治共和国，自治州，自治管区などに分け，民族的な自決，自治を尊重しようとし，経済的，社会的な格差の是正に努めてきた。たとえば大学進学率は，どの民族もほぼ同じ水準に達した。この過程で諸民族の接近（スブリジェーニエ）が進み，やがて単一のソヴェト民族へと融合（スリヤーニエ）するであろうとされてきた。しかし，実際には，強引なロシア化もおこなわれて反感を買ったようであり，またロシア側の政策もあって，91年に解体にいたった。解体後，国を形成できないような少数民族の条件は悪くなっており，また自分の名称共和国等の外に住む民族も，現在住む共和国にアイデンティティをもてないでいる。12の旧構成共和国は，いまのところＣＩＳという形で緩やかな結合を保っている。

　20世紀は，諸民族の大規模な移動と混住の世紀であった。これを，その典型ともいえるカザフスタンについて考えてみよう。

カザフスタンの例

 カザフスタンは,旧ソ連の構成共和国のなかでも多民族性においてきわだっている。しかも名称民族であるカザフ人が,1939年には37.8%,59年30.0%であり,40.0%,42.7%を占めるロシア人より少なかった。これは,30年代前半定住化・集団化を嫌ったカザフ人がシベリアや中国領へ逃れ,あるいは家畜を殺したために餓死し,カザフスタンにおける人口を実に49%も減らしたためである。その後カザフ人人口は自然増加率が高いことによって次第に回復し,89年の人口調査ではロシア人を追い抜いた。ソ連解体後は,ロシア人のロシアへの大量移住や他地域からのカザフ人の帰還によって半数を超えている。しかし,カザフスタンがここに住む多くの民族の国であることにはかわりはない。

 カザフ人は,1989年カザフスタンに654万人,ソ連にあわせて814万人,中国にも100万人以上住み,最近まで遊牧していた民族としては,世界でもっとも多い。16〜17世紀にカザフの名で知られており,18〜19世紀にロシアに征服された。

 その領域は,CIS諸国ではロシアに次ぐ広さをもっており,それぞれが特徴をもち,社会的・経済的な条件の異なる,かなり自給自足的な5つの地域に分かれている。地域によって民族的構成も異なり,国境外の隣接する地域と密接な関係をもっており,解体する可能性をはらんでいる。統一国家の形成が最大の課題である。

 ロシア革命から今日までに,その領域を大きく変動したばかりでなく,首都もオレンブルク,キジルアルヴァト,アルマ・アタと変わり,いまはナザルバエフ大統領の強い意向で北部のアスタナに移転した。アスタナのある北部はロシア人の方が多い。セミパラチンスク郊外には,ソ連時代核実験場があったが,日本の核廃絶運動と連帯し,廃止した。国内に配備されていた核兵器もすべて撤去し,核をもたない国となった。

カザフスタンは，銅，亜鉛，鉛などの非鉄金属の埋蔵量ではＣＩＳ諸国で１，２を争うほか，鉄，石炭等の資源にも恵まれている。独ソ戦のなかでのロシアからの工場の疎開を始まりとし，戦後重工業化がおこなわれた。重工業はモスクワの全連邦省の管理下におかれたので，カザフスタン経済に対するロシアの支配が強化されることになった。また工業労働者として大量のロシア人が移住してきた。また独ソ戦期には，対独協力の罪を負わされた多くの少数民族の強制移住先となったため，多民族性が著しく強まった。

　1986年12月の，カザフ共産党第一書記クナエフを汚職などのかどでロシア人のコルビンに変えたことをきっかけにおこったアルマ・アタでの「暴動」は，民族問題が「解決済み」とされていたソ連社会・学界に大きな衝撃を与えた。独立後クナエフは，これは民族主義的な蜂起などではなく，民主主義の萌芽であると書いている。ともあれ，民族地域で起こった，最初の住民の意思表明であった。この後，ソ連ではナゴルノ・カラバフ，バルト沿岸諸国で，住民の意思表明がおこなわれたのである。

　1991年12月，カザフスタンは独立を宣言し，はじめての住民投票によって，ナザルバエフが大統領に選ばれた。93年1月には憲法が採択され，多様性のなかの統一を民族政策の標語として，カザフ人を中心とするカザフスタン民族の形成，新たなアイデンティティの実現の試みが始まる。ナザルバエフは，95年憲法制定，首都移転など，大統領の権限を度はずれに強め，99年1月の選挙でさらに7年の任期を確保し，2000年7月には「初代大統領法」によって退任後の指導力も保障されたが，中央アジアのウズベキスタンやトルクメニスタンに比べれば，情報公開，言論の自由など最小限の民主主義の条件を守ろうとしているように思われる。

　独立後カザフ人への従属を望まず，将来に不安をもつロシア人が，1999年までに170万人以上ロシアへ移住した。95年のアンケート

調査では、ロシア人で自分をカザフスタン国民と考える者は9.6％に過ぎず、ソヴェト国民と思う者は27.1％である。ドイツ人も60万人以上ドイツなどに移住したが、移住先のない少数民族にとって問題は深刻である。中国、モンゴルからのカザフ人の移住があったとはいえ、都市を中心に人口が91年1696万人から99年1495万人へ200万人以上減少した。ＧＤＰは98年に90年の45.3％となったが、就業人口も急減し、サービス業が12.2％から58.0％となった。石油は欧米や日本の投資によって開発が始まっているが、最大の課題は、資源開発に偏ってしまった経済の工業回復による復興と発展である。

中央アジア5カ国では、独立直後ロシア文字をラテン文字に変えると決議されたが、ウズベキスタンをのぞきカザフスタンなどでは、ロシア文字のままで、テレビ、出版などのメディアによるロシアの影響は依然として大きい。

ヨーロッパのトルコ人

ヨーロッパについては、トルコ人について記しておきたい。西欧諸国は、1961年以降、労働力不足を補うため、トルコと協定を結んで移民を受け入れたが、70年代以降募集を打ち切られると難民として流入し、さらに80年代以降はクルド人難民が入り、これまでに合わせて350万人に達している。ドイツでは不況のなかで、トルコ人を排斥するネオナチの運動が起き、2001年9月11日のテロ以降、入管体制の強化と新移民法制定がおこなわれた。トルコでは96年にイスラム勢力を支持層とする繁栄党（98年に違憲解党）が連立政権の首班となったが、これには西欧のトルコ人の後援があった。

5章 グローバル化のなかの経済

1 農業と食糧問題

農業のはたらき

　農林業は，無限の太陽エネルギーを利用して植物と動物を生産する。農業の主要な生産手段である土地は，もしこれを合理的に耕作すれば永久に使用することができる。さらに農林業は，工業と違って，自然の生態系のなかで生産・再生産をくり返し，その物質代謝の過程で緑の自然を保存し，流水を調節し，空気を浄化する。人類はその生存を保つ上に食糧を必要とするだけでなく，自然と国土を保つためにも農業と林業を必要とする。(大島：200.)このような環境保全の役割は，農産物の価値をしのぎ，また生活にゆとりとうるおいを与えるものである。

　農業の評価は，狭い意味での経済的価値ばかりでなく，生態環境，社会・文化的価値を含めて総合的におこなわれなければならない。

世界の食糧需給

　19世紀には先進工業国は後進農業国から食糧を輸入していたが，第二次世界大戦後は工業国から途上国に輸出されている。途上国では医療の発達などによる人口爆発と農業生産の発展の遅れによって，食糧不足となっているが，他方では工業国の食生活は豊かになり，飽食の時代といわれている。食肉用家畜飼料を含めた1人あたりの年間穀物消費量は，アメリカでは700kg以上であるが，途上国には

150kg 以下のところもある。

　1998〜99年，世界の穀物生産は，18億4470万tであった。うち小麦（1979〜81平均）は全穀物栽培面積の32%，2.4億haを占め，収穫量は4.4億tで，ソ連は平均9200万t，アメリカ6600万t，中国5800万t，インド3500万t，フランス2200万t，カナダ2000万t，トルコ1700万t，オーストラリア1400万tである。

　この40数年間に生産量は2.7倍，単位面積あたりの生産量は2倍となった。

　その他，トウモロコシは1.3億ha，4.2億t，米は（1977〜81平均）1億4382万ha，3億8896万tで，内訳は，中国3552万ha，1億4061万t，インド3933万ha，7703万t，タイ863万ha，1672万t，日本249万ha，1466万t，インドネシア882万ha，2764万t，パキスタン・バングラデシュ1211万ha，2461万tである。

日本の穀物自給率27%

　現在の穀物輸出国アメリカ，カナダ，オーストラリアのうち，アメリカは最大である。ここでは，穀物メジャーと呼ばれるコンチネンタル，カーギルなどの巨大穀物商社が，穀物を集め，相場を立て，船で運んでいる。第二次世界大戦後の1945〜49年，アメリカは世界の小麦取引の半分を供給し，日本やヨーロッパへの食糧援助をおこなった。これによってパン食に親しむようになった国の多くは，小麦栽培に適さなかったので，以後それを輸入せざるをえなくなった。「第二次大戦後のアメリカのように，敗戦国の食習慣まで変えてしまったのは，歴史上あまり例を見ない。日本人の小麦食品といえば，それまではめん類に限られており，1946年，ダグラス・マッカーサー将軍が，この占領国家に小麦を輸入しはじめた頃は，小麦パンはまだほとんどなじみのない食品だった。当時，その小麦は，学童や民間人の栄養補給のため，そのほとんどがパンとされた」（モーガン：163-164.）。

日本の 1998 年の穀物自給率は 27％に過ぎなかった。品目別にみると，米 95％，小麦 9％，豆類 5％などである。その他，野菜 84％，果実 49％，肉類 55％，鶏卵 96％，牛乳・乳製品 71％，魚介類 66％，砂糖類 32％などとなっている。

　このように自給率が低いのは，農地面積が 1961 年から 98 年までに 609 万 ha から 491 万 ha へ縮小したことなどによる農業生産の低下，自給率の高い米の消費が 65 年の 1 人あたり 112kg から 97 年 67kg へと食生活の欧米化によって減ったことなどがあげられる。ちなみにこの期間に肉の消費は 9kg から 31kg へ，油脂類の消費は 6kg から 15kg へ増大した。これに伴って，飼料用穀物の輸入は，597 万 t から 1650 万 t へ増大している（『朝日新聞』2000.2.26）。

　1999 年 7 月に「新農業基本法」が採択され，食料・農業・農村政策審議会は，2000 年 3 月にカロリーベースの食糧自給率を長期的には 50％以上，当面 10 年の目標値を 45％と決定した。60 年の供給熱量自給率は 79％であったが，98 年は 40％，2010 年の農水省予測は 37〜38％である。97 年の主な先進国の供給熱量自給率は，フランス 139％，アメリカ 132％，ドイツ 97％，イギリス 77％等で日本はとくに低いことがわかる。

　1993 年 12 月に，7 年越しのウルグアイ・ラウンド農業交渉は最終合意文書を採択して終わった。そこでは農産物は輸入数量制限や禁止，あるいは可変課徴金などをやめ，原則として関税化することになった。日本はこれにより，6 年の猶予期間を経て 99 年 4 月米の関税化に踏み切った。日本では米の生産過剰のため 71 年から作付制限と転作による生産調整，すなわち減反がおこなわれており，98 年は 35％の減反となっている。このようなときに輸入制限をやめ関税化してもいいのだろうか，米はほんとうに高いのか，アメリカの米はほんとうに安いのか，自由化したら，はたして日本人の食べる十分な米が確保できるのだろうか，といった基本的なことについて，よく調べ考え

ておくべきであろう。

　米を主食とし，水産物，畜産物，野菜，果実など多様な副食物をとる日本の食生活は，バランスがとれているとして，脂肪をとりすぎる欧米で注目されている。このような日本の食生活についても，見直してみる必要がある。

　農業専従または農業を主とする農業従事者は，1960〜99年に1196万人から384万人へと急減し，しかも老齢化しているが，これで日本の農業は維持できるのであろうか。地域の条件に合わせての多様化，都市に近い兼業地帯では，有機農業による食糧自給や花の栽培，小家畜飼育も考えられるであろう。日本では，米の単作経営で，複合経営が見られないことも，問題としてあげられる。基盤整備事業も，複合経営を破壊してきた。この点も検討する必要がある（飯沼：80.）。さらに工業との複合経営もありうるのではないであろうか。

日本農業の競争力

　日本では，養鶏のような施設利用型分野は競争力があるが，土地利用型分野では圃場が狭く分散しているため，大規模経営ができず，生産性が低い。これは山が多いという自然条件と零細所有が多いという社会的条件によるのである。これらの点は，集落，グループ，農協，市町村公社などによる経営の組織化によって解決していくことも必要であろう。

　2001年には，違った条件からも，脅威が表面化した。すなわち，一部の農産物輸入が激増したため価格が下がり，たとえばネギの輸入は2000年に1997年の25.4倍となり，価格が98年の65％に下がった。そのため，2001年4月に，ネギ，生シイタケ，イグサの3品目について，セーフガード（緊急輸入制限措置）を発動したが，輸出元の中国が日本の自動車に対する高関税で対抗しようとし，結局12月に日本のセーフガード正式発動回避と中国側の報復関税中止で

合意した。中国の労賃の低さも，日本農業への新たな脅威としてあらわれたのである。

食料安全保障

　アメリカ，カナダなどの穀物供給国の農業の労働生産性は非常に高いので，日本に限らず，世界の大部分の国の農産物は，価格の面で競争できず，自国の農業を衰退させている。食料は人間にとって，一日も欠くことのできないものであり，しかも次にあげるように供給は決して安定しているわけではない。最低限は自国で確保できるようにしておくことが必要である。

1. 途上国での急激な人口増加と，食料消費の高度化による飼料穀物需要の増加が予想されること。
2. 中国，インドなど人口超大国，旧ソ連，東欧における食料生産の不安定性が見込まれること。
3. 地球環境問題からの生産制約，耕地拡大の困難などのため，これまでのような生産増加が見込めないこと。
4. 国際的な需給調整機関がなく，食料を政治的戦略物資に位置づけている国もあること

（『イミダス2002』：256.）

水産物

　日本と中国は，漁業生産では世界できわだっている。1998年の日本の漁業生産量は，668万t（6.7％）で，中国4447万t（44.5％）に次ぎ世界第2位である。両国の間の東シナ海，日本海は乱獲の海といわれるくらいであったが，2001年6月に発効となった日中新漁業協定によって，国連海洋法条約にのっとったルールができた。韓国との協定は，1999年1月に発効している。なお，94年11月に発効し，日本は96年6月に批准した国連海洋法条約では，沿岸国は200カ

イリの排他的経済水域の設定を認められている。99年の日本の水産物自給率は57％で、資源管理体制の整備が求められている。

2 資源と工業化

工業化とエネルギー資源

　工業の基礎である粗鋼の生産は、1880年の440万tから1982年6億4500万tと100年で147倍となった。急激な工業化は、資源の争奪を伴ったが、これまでの工業化をになってきたいくつかの資源とくにエネルギー資源について今日限界がみえている。粗鋼の場合は、石炭となるが、全体としては、20世紀世界の工業化を支えてきたエネルギーは石油であった。

　とくに日本の石油への依存度は高く、1998年の一次エネルギー総供給構成のうち51.1％を占めている。なお、石炭は17.7％、天然ガス12.5％、原子力16.8％、水力1.9％であった。

　石油の回収可能な量は、約2兆バレル（3000億kl.琵琶湖の水量の11倍＜瀬木：202.＞、『イミダス2002』：851.によると2.2兆バレル）で、すでに7000バレルは消費しており、あと20〜50年で枯渇する計算である。

　化石燃料としては、天然ガスや石炭があり、とくに石炭は石油に換算して24.5兆バレル、メタンハイドレート（メタンが高圧下で水と結びつきシャーベット状になったもの。日本近海にも埋蔵しているクリーンなエネルギー源である。）も膨大な量がある。しかし、これらの化石燃料は、扱いが難しく、炭鉱事故、ガス爆発などの安全性の問題や、酸性雨や温暖化といった環境問題がある。そこで、期待されたのが原子力である。

原子力発電の発展

1951年にアメリカがはじめて成功，ソ連は54年に実用規模のオブニンスク発電所（5000kW）を運転開始，50年代のうちに仏英米が商業規模の原発の稼働を始めた。その後大型化が追求され，70年代後半には100万kW級の原発が相次いで運転を始めたが，すでにそのころから撤退が始まった。

そのきっかけとなったのは，1979年3月にアメリカのスリーマイル島原子力発電所の冷却材喪失による炉心の溶融事故で，86年4月のウクライナのチェルノブイリ原発事故は，ヨーロッパにも放射能が及び，衝撃を与えた（参照　本章4　環境問題と永続的発展）。

現在欧米諸国は撤退あるいは中小型炉の導入に向かっているが，日本はなお150～170万kW級の大型炉の建設をめざしている。また，米仏が放棄した高速増殖炉については，95年12月もんじゅ（28万kW）が試運転時に事故を起こし，現在停止中である。また，2001年3月，国際熱核融合実験炉（ＩＴＲＥ）の日本への誘致を原子力委員会のＩＴＥＲ懇談会が報告している。これは費用1兆円のうち，立地引き受け国が7～8割を負担しなければならないもので，保険金，掛け金のわからないまま保険をかけるようなものであるという反対がある。

再生可能エネルギーの開発

太陽熱・光，水力，風力，海洋（波浪，潮流，海流，海水の温度差），バイオマス（農林・畜産・水産資源や産業廃棄物，都市の廃棄物，汚泥）といった太陽エネルギー，地熱エネルギー，潮汐エネルギーなどを再生可能エネルギーと呼ぶ。これは，資源枯渇の心配がなく，環境への影響が小さく，安全というメリットがある。

資源の有効利用，再利用，再生可能エネルギーの開発利用はどうしても必要であり，日本では，2000年5月に循環型社会形成推進基本

工業化の再検討

このような努力とともに、工業化そのものの限界も考えなければならなくなっている。「持続可能な社会に向けて、企業経営は大きく変化している。・・・経済成長がなくても、雇用が確保されるような経済を目指すには、労働市場の弾力化、生涯学習の推進、生産性上昇の成果を労働時間の短縮に向けることなどが重要になる」(堀内行蔵「政策は『ゼロ成長』前提に」『読売新聞』2000.9.27) という発言もあるが、とくに工業国にとっては考えるべき提言であろう。

日本の工業化

日本の場合を振り返ってみると、幕末は、手工業中心、絹織物などで問屋制家内工業が発展したが、明治時代には殖産興業政策がとられ、綿糸紡績業を中心とする軽工業がまず建設され、日露戦争後は鉄鋼業、造船業など重化学工業が育成された。第二次世界大戦後は、財閥解体、資本と経営との分離、朝鮮戦争の特需によって復興、続く1955～73年、高度経済成長期には機械・金属・化学が、欧米の先進的技術の導入と改良、戦後改革による内需の高さ、最新鋭の技術と良質の労働力の結合を基礎として成長した。

しかし、1973, 79年、オイル・ショックによって、素材産業、鉄鋼・化学・窯業土石・紙パルプが停滞、自動車・電気機械・一般機械、家電製品・工作機械等の加工組立産業が発展し、産業構造が大きく変化した。この過程で赤字国債も蓄積され、2001年度末現在の公債残高の累積額は、388兆6596億円にのぼる見込みである。

同時に日本的経営システムの転換が始まり、行政、社会保障、金融システムの対応が求められている。

企業内では、言論・表現の自由を守ることによって労働者の基本

的人権を確立し，年功序列制・終身雇用制・企業集団を解体して日本的労使関係を変えることが求められている。2002年1月の雪印食品事件のような企業ぐるみの犯罪は，労働者を一個の人格として扱っている場合には起こりえないはずであろう。

20世紀は全体として資本主義の世紀であった。資本主義は利潤を目的として生産をおこなうためにもっとも合理的な体制を打ち立て，めざましい工業化を達成した。しかし，資本主義世界全体として，ここ30年は不況から脱することができず，生活と労働条件の押し下げ，環境保護や福祉を犠牲にするような「柔軟性」を求められている。すなわち，体制として行き詰まっており，根本的な構造改革が必要と考えることができよう。とくに一層の工業化が望めない段階では，分配の平等が課題となるであろう。資本主義である限り，修正が加えられても，利潤追求という本質のところで人間のあるべき姿との矛盾は避けられないようにも思われる。

3 IT革命とグローバリゼーション

IT革命

1990年代，パーソナル・コンピューターの機能が高度化し，ＬＡＮのようなネットワーク接続によって，より高度で複雑な作業ができるようになった。もともとアメリカで軍事用に開発されたインターネットが民間に解放され，情報化はさらに進んだ。アメリカはパソコンなど情報技術に基づく産業部門の成長によって，90年前後の不況から脱することができた。90年代後半には，インターネットが全世界に拡大し，携帯電話の発達・普及と相まって，情報交換は世界的に瞬時におこなわれるようになった。

あらゆる情報の蓄積が可能になり，コンピューターの演算処理能力，スピードの増大によって，科学と金融技術が飛躍的に発展した。新た

な価値，理念の下に，これまでの社会のシステム自体が構造的に変化しつつある。このようなIT革命は，これまで独立・分断していたシステムの結合を促し，グローバリゼーションを推し進めることになった。

新しい世界

　定額料金制と均一料金制という2つの特徴をもつインターネットの普及は，距離や位置が意味をもつ地理空間を消滅させた。すなわち，それは電話と違って料金は時間や距離に関係せず，5分しか使わなくても1日中使用しても同じである。また，東京在住の人にメールを送っても，ロンドンまででも，同じである。これによって企業の立地条件はまったく変わることになる。

　規模の大小は情報通信でカバーされるため，大きいほど有利ということはなくなり，速いことが重要となった。人々が直結し，中間管理層は必要なくなり，階層組織が崩れ，イニシアチブは生産者から消費者に移りつつある。

　このような変化は産業革命に匹敵するものであるが，統治機構，経済構造，研究体制，ジャーナリズムを揺るがし，多くの否定的影響も引き起こしている。

アメリカの挑戦

　冷戦終結後アメリカは，情報通信技術が安全保障の要であると考えた。1992年にクリントンは，サイバーフロンティアの開拓を訴え，今日ではサーバー（ネットワーク・システムの根幹として情報を蓄積し，端末側のクライアントと機能を分担する）の出荷台数は，コンパック，デルコンピュータ，IBM，ヒューレット・パッカード，サン・マイクロシステムズと世界の4分の3以上がアメリカの5社によって独占されている。

これには国防予算の削減を軍事技術の民間解放によって償おうという方針があった。インターネットは，1964年に原理が開発され，69年から実験が開始された通信システムで，軍の通信に使われていたが，88年から民間に転用されたものである。そのさい，特許権侵害に懲罰的な関税を課すとか，特許にしないことが常識であったものに特許を認める等，知的財産権を守る政策もとった（月尾嘉男「ＩＴ革命のカラクリ」『学士会会報』834号）。

日本の対応について

1990年には，ＮＴＴが日本中の家庭とオフィスに光ファイバー網を張り巡らす計画を発表するくらい進んでいた。しかし，その後のバブル経済の崩壊，ＮＴＴの分離・分割などの事情のために遅れてしまった。

日本は，自動車，電機，機械など比較優位をもつ輸出加工型製造業を基礎とし，その他の産業を堅固な規制システムと価格支持政策で擁護し，護送船団方式による金融システムによって重点的な資金配分をおこない，産業を育成すると同時に，金融機関を補完，保護してきた。官僚と業界団体は一体となって，業界中心の政策を形成してきたのである。

しかし，ＩＴ革命とグローバリゼーションによって，このような日本型システムを打ち砕かれた。輸出加工型産業の競争力は失われ，金融システムも危機に陥った。

日本では，2000年11月に高度情報通信ネットワーク社会形成基本法（ＩＴ基本法）が定められ，2001年3月には，それに基づいてe-Japan重点計画が決定された。そこには，世界最高水準の高度情報通信ネットワークの形成，すべての公立学校のインターネット接続，電子商取引の促進などがうたわれている。ＩＴによって経済を活気づけ，生活を豊かにしようとしている。

このような方策と同時に、日本でもっとも大切なのは、考え方の変革、すなわち意識改革と構造改革である。

グローバリゼーション

1990年代の冷戦の終結とソ連・東欧における社会主義体制の崩壊、中国などにおける市場経済の導入は、IT革命と相まって、世界的な規模の経済活動を活発化し、政治・経済に革命的な変化をもたらした。すでに成長していた多国籍企業の活動は、いっそう広がり、国際的な資本の移動が進み、国家の境界はますます低くなった。

個人、企業、団体などさまざまな行為体が、国内の範囲を超えて広く国際的に合理的な選択を求めて行動しようとして地理的に広い市場やネットワークが発展し、また個々の立場がそのダイナミズムから影響を受けるようになるプロセスをグローバリゼーションという。

そのさい、規格や手続きを標準化することによって、合理的選択を求める相互作用を容易にし、簡素化し、またそのリスクを最小化しようとするが、国際的に認められたものをグローバル・スタンダードという。国際標準化機構（ISO）など公的な機関によって認められてその機能を獲得する場合と、市場での競争力によって事実上国際標準となる場合があるが、後者をデファクト・スタンダードという。

グローバリゼーションは、世界経済ばかりでなく、世界政治にも決定的影響を与えており、それに即応して国際関係は急速に変貌しつつある。

情報化社会の危険性

グローバル化のために、文化の多様さが失われ、発展がなくなった面もある。警戒しなければならないのは、国際的な規模での情報操作である。

まず、アフガニスタン報道で批判されているように、重要な情報が

政府・軍によって隠され，操作されている。一見情報があふれているようであるが，実際には限定され，しかも断片的で，真の全体像はわかりにくくなっているともいえよう。第二次世界大戦期よりももっと巧妙な情報統制社会が実現しているのかもしれない。

大岡昇平の次の警告も重要である。「社会の情報化がすすむにつれて言論の果たす役割は大きく，体制側にとって統制が必要になって来る。戦時中と同じように御用学者がまた発生する。彼らは論理ではなく，ただことばを飾るだけの修辞学によって管理社会を弁護する」(大岡：128.)。

4　環境問題と永続的発展

地球環境問題

科学技術の発達と生産力の発展は，IT革命ばかりでなく，もっと広範な地球環境問題を引き起こした。1988年には冷戦が終わり，ソ連外相シェヴァルナゼは演説で「核」から「環境」への転換を主張し，92年6月国連地球環境サミットでは「リオ宣言」などが採択され，97年12月の「京都会議」では，温室効果ガスの排出量削減などを定めた京都議定書が採択された。

「地球環境サミット」では，

1. 砂漠化と森林の減少
2. 酸性雨問題，国際河川・国際内湾の汚染
3. 地球温暖化
（1）人口の増加／緑の喪失／都市化
（2）工場公害／農薬／薬害／大気汚染／騒音・振動・悪臭・ヒートアイランド・光害／水質汚濁／土壌汚染・地盤沈下／遺伝子組み替え／環境ホルモン
（3）CO^2／オゾン層の破壊

と総括的に問題が取り上げられ整理された。

今後は循環型経済社会，循環と共生の地域づくり，ライフスタイルの革新が必要であるが，これはとくに生産力の発展した「先進諸国」に求められている。

環境と南北問題

すなわち，世界人口の20％を占めるに過ぎない「北」が，金属資源の3分の2と，エネルギーの4分の3を消費しているからである。

ここに，南北問題とは，単に国民1人あたりのGDP比という金銭の問題としてではなくて，そのような経済段階の社会で展開される，権力行使のあり方，人権概念，社会的権威と国家統合，民主化の様式，などという構造的な問題として存在するのである。(米本：175.)

すなわち，「地球環境問題」という形で，環境破壊の責任を世界全体に押しつけることによって，「南」の経済発展を制限することになりかねないのである。

その他に湾岸戦争，ユーゴ空爆にみられるように戦争は環境を汚染する。

ソ連の環境問題

ソ連は，社会主義国として，環境問題には模範的に対応できるし，また実際にそうしてきたといわれてきた。しかし，体制崩壊後明らかにされた実態は必ずしもそうでなかった。体制とともに自然条件も日本と対照的であったこの国を取りあげよう。

ソ連では生産力の無限の発展に疑いをもたず，楽観的であった。このような考え方の下に，重工業化と粗放的な農業経営，巨大な運河やダム建設，中央集権的な経済管理がおこなわれてきた。これに対して，1966年，バイカル湖汚染についての作家ショーロホフ発言があり，77年にはブレジネフ憲法18条に環境保護条項がおかれ，住民・

科学者の運動も広がった。そのなかで86年，チェルノブイリ原発事故が起こり，河川転流計画は白紙に戻された。

シベリアの河川転流計画とは，カスピ海の水位が1970～90年に2.6mも低下し，海面下28.5mとなったので，オビ，エニセイなどの河川の水の一部をカスピ海に転流させようという壮大な計画である。しかし，ダム建設による広い土地の水没，地下水の流れの破壊，土壌の塩性化，北極海への淡水流入の減少による影響などを理由とする科学者の反対もあり，中止された。

バイカル湖では，動物性プランクトン，溶存酸素，低い水温が湖水の清浄さを保障していたが，1950年代末に建設されたバイカリスクセルロース・製紙コンビナート，湾岸農業の発展，ウラン・ウデの生活排水などのため，危機にさらされた。

中央アジアのアラル海は，1970年代の6万6644haから90年代には半分近くに縮小した。これは，大規模な灌漑溝建設による綿花栽培の拡大と非効率的な水利用によるアムダリア，シルダリア両河からの流入量の急減（1960年代55万km^3から5万km^3へ）によるものである。その結果，塩分が濃くなったことによる魚類の死滅と漁業の壊滅，化学肥料と農薬の飛散による住民の健康の悪化，気候への影響が起こり，さらにカザフスタンでは，96年北部を切り離し残そうとして建設したダムが99年に決壊，ウズベキスタンでは，カラカルパキスタン住民の生活環境の悪化という民族に絡む問題を引き起こしている。島でおこなわれていた生物兵器実験動物の沿岸地域への移動も心配されている。トルクメニスタンもカラクム運河によってアムダリアの水を大量に利用しており，保全のためには中央アジア5カ国の協力が必要である。

日本の環境問題

日本では，四日市ぜんそく，イタイイタイ病，新潟水俣病，熊本水

俣病の4大公害訴訟が，1971年から72年にかけて結審した。このころ，市民がよい環境を享受する権利として，環境権という概念が使われ始めた。

　四日市訴訟は，全国で起きている大気汚染を問題にした点で一般性があり，因果関係に厳密な立証を不要とし，被告の共同不法行為を認めた点で画期的であった。その後自動車排気ガスについての尼崎公害訴訟が2001年に結審，自動車と工場排煙による複合大気汚染の名古屋南部公害訴訟は，2001年に和解した。いま大気汚染について，国と自動車メーカーの責任を問う東京大気汚染公害訴訟の結果が注目されている。東京都では，2001年，環境確保条例で，独自のディーゼル車の規制を始めている。温室効果ガスの排出削減を目的として，化石燃料に対して炭素の含有量に応じて課税する炭素税の導入も考えられる。

　イタイイタイ病では，カドミウムとの因果関係の認定における疫学的方法を支持し，被害者救済の立場で判決がおこなわれた。また水俣病裁判では，チッソの企業責任が認められた。1971年には環境庁が発足し，この前後に，公害関係法規が成立し，産業廃棄物，食品公害，騒音，振動，低周波大気振動，温排水などさまざまな公害への対策がおこなわれ始めた。

　今日では，光化学スモッグ，酸性雨，富栄養化による赤潮，アオコの発生，生殖異常を起こす環境ホルモン，ダイオキシンなど，人口が過密で急速な工業化がおこなわれた日本は，環境問題では世界に先行している面があり，いま工業化が進んでいる中国などへの公害対策の技術移転などが求められている。

　公害企業を海外に立地する公害輸出や，国境を越える大気汚染の問題など，国際的対応もせまられている。

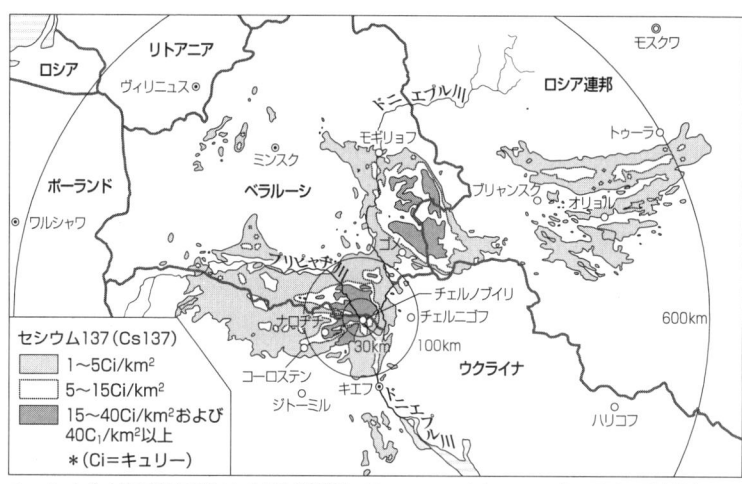

5章 グローバル化のなかの経済 173

チェルノブイリ原発事故による放射能汚染（ヤロシンスカヤ，A.，和田あき子訳『チェルノブイリ極秘』平凡社，1994より作成）

凡例：セシウム137（Cs137）
- 1〜5Ci/km²
- 5〜15Ci/km²
- 15〜40Ci/km²および40Ci/km²以上
*（Ci=キュリー）

1991年の湾岸戦争時，海に流出した原油にまみれて死んだ水鳥
（PANA通信社提供）

製紙工場の廃液と排出物におおわれた田子の浦（1970.7.）
（毎日新聞社提供）

地球核汚染

　大きな汚染源として核がある。1945年8月6日に広島にウラン235の,続いて8月9日長崎にプルトニウム239の原爆が投下された。このプルトニウム239は,天然ウランの主成分であるウラン238に中性子をあてると生成するもので,半減期は2万4100年,肺にとりこむ許容量は0.0016マイクロキュリー（4000万分の1g）と非常に毒性の強いものである。1kgは1兆人分の許容量にあたる。

　アメリカ・ハンフォードのプルトニウム製造工場の汚染状況は冷戦後はじめて発表された。それによってアメリカは,ヨーソ131の意図的放出実験をおこなったが,それは南北350kmに拡大して予定の100倍近くの放射能漏れがおこり,周辺でガン患者が激増した。

　マーシャル諸島では,67回の実験がおこなわれた。ブラボー実験では,ヒロシマの1000倍のエネルギーが放出され,ロンゲラップ島の住民が被爆,検査は続けたが治療は一切しなかった。村長の息子のレコジ君は1歳で被爆,15歳で甲状腺異常,19歳で死亡した。細かなカルテが残されているが,親にはまったく知らされなかった。

　アメリカは,土と骨を世界中から集めてストロンチウム90の量を研究し,核実験による汚染状況をつかんでいた。

　ソ連でも,秘密にされていたが,放射能汚染の問題はいくつか起こっていた。すなわち,テーチャ川には,1949～56年,プルトニウム抽出に伴う高レベル放射性廃液の一部が放出され,下流のオビ川流域にいたる広い沿岸地域が汚染され,300万キュリーにも上った。また,1957年,ウラルのチェリャビンスク北部の現マヤーク工場の放射性廃液貯蔵容器の冷却装置が故障し容器が爆発,内部の高レベル放射性廃棄物が周辺に飛散し,2万3000km^{2}以上が0.1キュリー/km^{2}に汚染された（参照　Z.メドヴェージェフ『ウラルの核惨事』）。

　その他,セミパラチンスクとノーヴァヤ・ゼムリャ島の核実験場汚染,1989年のノルウェー北方での核魚雷装備の原子力潜水艦の

1685 mの海底への沈没事故などがある。ロシアには余剰プルトニウムが750t あるといわれている。

核汚染は、爆弾の開発・実験ばかりでなく、原子力発電によっても引き起こされている。年代順に記すと、1979年3月28日、アメリカのニューヨークの近くのスリーマイル島原子力発電所事故では冷却材が喪失し、炉心の半分以上が熔け落ちた。86年4月26日、ソ連ウクライナ共和国キエフ北方のチェルノブイリ原発4号炉爆発事故では、直後31人が死亡し、少なくとも66万人に健康被害がでた。40万人が避難し、甲状腺ガンの子供1000人以上、ロシア人の事故処理作業者30万人のうち3万人が身体障害者となり、すでに5000人以上が死んだ。現在発電所を覆っている石棺は危険な状況で、隙間の拡大と屋根の落下により再び放射能が飛散する恐れがある。北側に接するベラルーシは、国土の23％が汚染され、人口の5分の1の200万人に影響がでている。

1995年12月8日、日本でもプルトニウム増殖炉もんじゅのナトリウム漏洩事故があったが事故隠しがおこなわれた。97年3月11日、東海再処理工場の爆発事故で放射能が漏洩した。さらに99年9月30日、東海村の民間ウラン加工施設ＪＣＯで国内はじめての核分裂反応が連鎖的に続く臨界事故が起きている。

1998年2月、フランス政府は高速増殖炉実証炉スーパーフェニクス廃炉を決定。この直後の10月、ドイツで社会民主党と90年連合、緑の党の連立政権誕生、原発廃止へ進んだ。

循環型の経済社会の形成

環境問題は、政治・経済・社会の構造的変化とともに人類の基本的な生存を左右する問題である。世界の人口の2割が、エネルギーの8割を消費するという不均衡は、南北問題でもある。それは、世界銀行・ＩＭＦおよびＧＡＴＴの自由貿易体制に対する批判を意味し、Ｎ

ＧＯグループの立場への転換を必要とする。

　古沢広祐は，永続的社会のための４つの価値として，経済，環境，公正，多様性をあげ，ここで公正のなかでは，現存世代間の公正（南北問題）と将来世代との世代間の公正の２つをあげている。多様性の価値は，先に述べた食糧・農業問題に主に関係する（古沢：43-44.）。

　ＮＧＯの「消費とライフスタイル」の条約では，６つのＲが提起されている。すなわちRevalue（生活の質，人間関係，創造性，文化・芸術・精神性，自然・声明への敬意などの価値の再評価，問い直し），Restruction（人間の基本的欲求の充足，環境・社会的コスト，参加と平等など社会のシステムの再構築），Redistribution（水，食糧，空気，土地，その他資源，生産・消費のあり方などの見直しと再分配），Reduce（過剰消費，長距離運搬などの削減），Reuse（簡素，永続性を基本とする有効利用と，再利用），Recycle（循環型の社会の実現）である（古沢：36.）。

　1999年度『環境白書』は，20世紀の教訓・新たな世紀の持続的発展に向けた環境メッセージとして，次の７項目をあげている。

1. 環境問題から得た教訓を共有し，自省とともに伝承していく。
2. 環境問題の複雑な原因構造に適合した根元的な対策を複合的に実施していく。
3. 国際的なイニシアチブの発揮と，適切な環境協力の推進により，望ましい国際秩序の形成に尽力していく。
4. 生物多様性という概念で自然環境を保全していく。
5. 人間の与える負荷と自然環境の許容量を踏まえて共生をはかっていく。
6. 循環を基調とし最適生産・最適消費・最小廃棄型の経済社会への構造変革を図っていく。
7. 各主体間の適切な役割分担と積極的な参加により環境保全の内在化を進めていく。

　　　　　　　　　　　　（平成11年版『環境白書・総説』：63-75.）

第 III 部

民主主義と平和

ヴェトナム戦場のアメリカ兵（PANA通信社提供）

> 折口信夫が平気でシンガポール攻落を祝う歌をつくることができたという，こういう問題だ。ぼくは折口信夫と日本学術会議において討論して，この点批判したことがある。
> そうしたら，かれはわれわれ学者というものは弱いものであって，軍部には抵抗できなかった，と言うので，彼は慶応の関係者だろう・・・折口君は慶応の教授でありながら，福沢諭吉の慶応の記章，あのペンの記章を，ペンは剣よりも強いということを信じていないで慶応の教授をしていたのか，とぼくは言わざるをえなかったのだ。ここに，実践と遊離した学問，大衆と遊離した学問，つまり早く言えば人民とは関係のない学問の問題がある。あるいは，人民と関係はなくはない，人民を救うための学問だ，と言うのだが，それは人民にサジでなにかを食わせるような学問だ。
>
> （羽仁五郎『現代とはなにか』，日本評論社，1969：62.）

1章 国際連合とNGOの発展

1 外交上の慣例の形成

対外政策と外交交渉

　外交（diplomacy）には，対外政策と外交交渉という2つの意味があり，現在は前者は国民が決定し，後者は玄人に任せられている。交渉を公開でおこなうのは不利になることがあり難しい。しかし，対外政策の決定は公開の場でおこなわれ，結ばれた条約は公表されなければならない。第一次世界大戦まで，条約は秘密に結ばれ，隠されていた。対外政策の決定と外交交渉はもっぱら政府と外交官によっておこなわれていたのである。そこには外交（交渉）慣行（diplomatic practice）が形成されたが，初めにその歴史をさかのぼってみよう。

外交の歴史

　外交は国家間でおこなわれるものであるが，ギリシアではそれに似たものがポリスの間で生まれた。ポリス相互には敵対的感情もあったが，すでに部族の枠から脱し，ギリシア人全体の共同利益という観念も形成されていた。

　ローマでは，国際的な平等や協力よりもローマの覇権の下での秩序と規律が中心で，国際関係は植民的・行政的であった。しかし，市民法（ローマ市民間），万民法（市民と外国人），自然法（全人類に共通）といった概念も生まれていた。ローマ帝国末期のビザンツ帝国では，1. 夷てき同士の抗争をかき立てて弱める，2. 金や甘言で辺境部族や

種族の友好を購う，3.異教徒をキリスト教に改宗させる，などの外交的手段が発達した。

　西ローマ帝国の滅亡から約1000年間は，外交は存在しなかったともいえるが，そのなかでイタリア都市国家の間で外交関係に似たものが存在し，職業外交官が活躍した。その経験はマキアヴェリ（1469〜1527）によって，『君主論』（1513）などにまとめられた。かれは，政治的統一によって新しい秩序を形成するためには，何よりもまず狐（策略）と獅子（武力）の二役を演じうる君主が必要であるとし，政治技術論をつくるとともに，政治倫理を伝統的倫理から解放した。

　またグロティウスは『戦争と平和とに関する法について』（1625）で，「国際法」の考え方を確立した。かれは，戦争自体の合法性を問題とし，正戦論で正しい戦争がありうるとした上で，個々の戦闘行為の規制を問題にする法規について論じている。そこでは毒の使用や背信行為，休戦や戦時禁制品などを論じ，戦争それ自体を認める一種の代償としているのである（筒井：55.）。このような国際法の考え方の影響は着実に広まった。

　15世紀以降ヨーロッパ諸国間で外交がおこなわれるようになるが，そこには理論的に次の2つの流れが生まれた。

1. 軍事的政治的階級制度に基づく理論で，国家的な威信，地位，席次，豪華さを競う。「武人的あるいは勇将的」理論で，他の手段による戦争ともいえ，交渉の目的は勝利である。
2. 通商上の接触から生じたよりブルジョア的な考え方で，宥和，若さ，妥協，信用を重んずる。「通商的あるいは商人的な」理論で，平和的通商を助長，妥協，互譲を重んずる（ニコルソン：16.）。

　17世紀半ばから19世紀初めにかけて，ウェストファリア平和会議（1645〜48），ユトレヒト会議（1713〜14），ウィーン会議（1814〜15）を通じて，外交的手続き（席次，作法，儀礼）が確立した。

外交官の資質

当時の外交官は，1. 特命全権大使，2. 君主あるいは国家元首に派遣された特別差遣使節・全権公使，3. 同様に君主に派遣された弁理公使，4. シャルジェ・ダフェール（charge d'affaires 代理公使，信任状は外務大臣へ）の4つに分けられた。大使は君主の代表とみなされたので，共和国である合衆国大使は100年以上大使より下の階級の代表のみを差遣していた。18世紀まで，外交の共通言語はラテン語であったが，18世紀半ばまでに，フランス語が公式用語として確立し，1918～19年のパリ講和会議では英語がフランス語と同等の権利を与えられた。理想的外交官は，神学，古典，数学，語学に堪能で，詩の趣味をもち，家柄がよく，金持ちで，立派な風采をもっていることが条件とされた。特殊な国の場合，容姿端麗な美青年であることや，多量の酒を飲み干す能力などが要求されることもあった。現在の外交官が求められる資質は，1. 誠実さ（不正直は卑小さと才能の乏しさを示す），2. 正確さ（知的，道徳的な正しさ），3. 平静（すべての熱狂，道徳的憤怒などを慎む，機嫌良く，忍耐強い），4. 謙虚，5. 忠誠，などで，普通の人間に要求されるものと同じであろう。

カリエールの外交官論

「大使とは，外国で自国に有利なように嘘をつく目的で派遣されたまじめな人間である」（17世紀初頭，ヘンリー・ウォットン），外交とは，「独立国家の政府間の公式関係の処理に知性と機転を適用すること」（アーネスト・サトウ）などの発言もあるが，フランスのカリエール（1645～1717）は『外交談判法』（1716）で，常駐使臣制度の効用，交渉の方法として，誠実さ，嘘をつかないことの大切さ，外交官を独立の専門職業として確立させることの3点を説いた。

「ぺてんは，すべての正しい人からみて，いやしむべきことである。仮にそれほどまでに軽蔑すべきではないとしても，交渉家として考

えてみなければならないのは，一生の間には，一回だけではなく，何回も交渉ごとを扱うであろうし，嘘をつかない男だという定評ができることが彼にとっての利益であり，この評判を，彼は本物の財産のように大切にすべきであるということである。というのは，こうした評判があれば，今後行う他の交渉が容易になり，彼のことを知っているどこの国へ行っても，彼は尊敬を以て喜んで迎えられるからである」（カリエール：29.）。

「交渉家は，軽々しく約束をしてはならないが，一旦約束したことは几帳面に実行しなくてはいけない。人は，断られた場合よりも，約束が守られないことに対して，一層はげしく腹をたてるものである」（117.）。「長ばなしを好む者が，同時に思慮分別に富む人間でもあることは，稀である」（148.）。

現代の外交

ここに書かれている外交官の資質などは，基本的には現在も通用する。1985年にだされた国際儀礼（プロトコール）についての文献で挙げられている基本的な考え方は，次の通りである。思いやり，共同生活のルールの遵守，レデイ・ファースト，細かいことを気にし過ぎないこと，常識，融通性をもって規則を運用，そこの慣習の尊重，相互主義，経験者の意見の尊重，沈着冷静な判断と振る舞い，誠実さ（寺西：序章）。

現在では外交は君主でなく国民のものとなっており，しかも国家の役割は昔ほど大きくない。対外貿易は国でなく民間でおこなわれており，情報収集を含め在外公館がになっていたことの大部分を民間がおこなうようになったため，国の外交の比重は低下し，大使の役割は小さくなっている（参照　末永徹「外務省は必要か」『中央公論』2001.1.）。

ゾルゲ事件

ここで，今日の外交について述べるとき欠かすことのできない情報

機関の役割についてふれたい。ソ連赤軍第4本部に属し，1933年に『フランクフルター・ツァイトゥング』紙特派員として来日，駐日ドイツ大使の信頼を得たリヒアルト・ゾルゲと，朝日新聞社員で中国問題の専門家として37年に第1次近衛文麿内閣の下で嘱託を務めた尾崎秀実は，41年10月に逮捕され，44年11月に処刑された。かれらは，日本の対ソ戦争防止のために活動し，41年6月のドイツの対ソ攻撃の予知，9月の太平洋戦争開戦にかんする御前会議決定などをソ連に通報した。その発覚は，日独政府に大きな衝撃を与えたが，日ソ間の平和の維持に果たした役割は大きかった。

かれらの活動は，通常の外交活動ではないが，ソ連外交にとってその意義は重要であった。このような，他国の政治，軍事，産業にかんする情報を秘密に収集，伝達，交信し，それらに基づいて分析，評価を加え情報（intelligence）を作成する活動を専門的におこなう機関を諜報機関，あるいは情報機関という。

これらの活動を組織的におこない始めたのはプロシアのフリードリヒ大帝で，ビスマルクはそれを受け継ぎ，19世紀末までにヨーロッパ各国が導入した。

20世紀を通じて情報機関は各国で質量とも発達した。

KGBとCIA

情報機関のなかでも世界最大といわれたのはソ連のKGB（ソ連国家保安委員会）である。ロシア革命直後の1917年12月に「革命ならびに破壊活動鎮圧全ロシア非常委員会」（「チェーカ」）が，初代委員長をジェルジンスキーとして設置された。19年にコミンテルンが生まれると，ソ連の対外諜報活動は，各国の共産主義者に拠るようになった。22年チェーカは廃止，内務人民委員部（NKVD）に国家保安部（GPU）がおかれ，23年人民委員会議（内閣）直属の合同国家保安部（DGPU）と変えられたが34年廃止，NKVDの一部局とし

て国家保安総局（GUGB）がおかれ，36年に長官となったエジョフの下で大粛清がおこなわれた。41年以後いく度かの組織替えを経て，54年に閣僚会議に付属する国家保安委員会（KGB）が創設された。その外国での主な機能は，情報収集，謀略活動，潜入浸透・破壊などで，最大50万人の職員を擁した。ソ連共産党書記長となったアンドロポフ，現ロシア大統領プーチンも，もとKGB長官である。

アメリカの中央情報局（CIA）は，はじめての統合的情報機関として1947年に創設され，対外情報収集と隠密作戦を統括し，多くの政府の転覆活動をおこなった。チリのアジェンデ政権を倒したクーデタもCIAの工作であることが明らかになっている。長官は，国防総省，国務省，財務省，エネルギー省の情報部門および連邦捜査局など13の政府情報機関を監督する中央情報長官を兼任する。

情報機関は，情報を独占し，操作して，世論をつくることさえおこなって，政治的統制ができないような大きな権力をもつようになり，対外政策ばかりでなく，国内政治を左右しかねなくなっている。

外交用語

主な用語については，ニコルソンの『外交』に説明が付されているが，ここにいくつかを記しておきたい。

条約（Treaty）　文書による多国間，2国間の国際的合意で，その他に，協約，協定，取極，規約，議定書，決定書，宣言，交換公文，暫定協定，憲章などがあるが，効力は同じである。議定書（Protocol）は，条約に付属し，条約の内容にかんして補足する文書を指すことが多く，条約とは別に署名，批准されるのが普通である。

全権委員の間で合意に達すると，条約文の採択と認証（条約文の公式の確認行為）がおこなわれ，条約文の原本に署名（調印）する。これで効力が発生する簡易方式の条約と批准を必要とする批

准条約がある。立法府の承認手続きが必要で，最近では受諾，または承認という同意表明がおこなわれる。立法府の承認を経ないで締結されるものは行政協定と呼ばれる。アメリカ上院は，第一次世界大戦後のヴェルサイユ条約を批准しなかった。

1969年の「条約にかんするウィーン条約」(「ウィーン条約法条約」)で，条約の締結，効力，順守，適用，解釈，無効，終了などにかんする慣習国際法の規則が法典化された。さらに86年には「国と国際組織との間及び国際組織の間の条約法にかんするウィーン条約」が結ばれた。

協定 (Agreement) としては，1945年2月，スターリン，ローズヴェルト，チャーチルが結んだヤルタ協定が有名で，ソ連の対日参戦の条件として千島列島などの譲渡を約束した。

共同宣言 (Joint Declaration)・共同声明 (Joint Communiqué) 一般に議会の承認は必要としないが，1956年の日ソ国交樹立に関する共同宣言にさいして，鳩山首相は国会の批准を求めた。72年の日中共同声明も有名である。

その他，若干の用語をあげる。

アグレマン 大使あるいは公使を派遣するとき，派遣される国の政府に承認されることが必要であるが，正式に求める前に，打診するのがならわしである。

ペルソナ・グラータ 大使または他の使節が，派遣相手国政府に我慢のならないほど不快な人物になったとき，かれはペルソナ・グラータ（好ましい人物）でなくなったといわれる。これは，かれの召還を要求するに等しい。

代理大（公）使 大使または公使が休暇をとるとき，すぐ下の参事官または一等書記官にその職務の執行を委任する。この場合アグレマンは一切必要ない。ある外国政府に対する不快を示したいときは，代理大（公）使が長い間おかれる。

外交特権 外交使節団の人々は，公式に居留する国で一定の特権と特典とを与えられる。それは，長ばかりでなく，スタッフ，かれらの妻や家族にも与えられる。それらは，身体と住居の不可侵，現地の税や刑事・民事裁判権の免除といったような特典を含んでいる。

外交上の病気 政治家または交渉者にとって，ある儀式または会合に欠席することが都合のよいことがしばしばある。そのさい，病気を口実にする。

犯罪人引き渡し ほとんどすべての国の間で実施されている犯罪人引き渡し条約の下では，外国に逃亡する犯罪人は，その犯罪が犯された国に引き渡される。政治的犯罪は適用範囲に入らない。政治的亡命者は，ひとたび逃亡に成功すると，亡命権（asylum）を与えられる。

最後通牒（Ultimatum） 時々戦争宣言を意味するようにみなされるが，それは誤りで，しばしば，交渉が決裂する前のたんなる言い納め（the last word）である。それは普通，もし満足のゆく回答が一定の時日までに得られないならば，ある諸結果を伴うであろうという書面通告の形をとる。

2 国際連合の設立と発展

平和と国際機構設立

第一次世界大戦末期の1917年11月，ソヴェト・ロシアは，最初の布告「平和について」で，続いて18年1月，アメリカ大統領ウィルソンは「14カ条」で，秘密外交の廃止を訴えた。これによってただちに外交交渉が全面的に公開されたり，議会で具体的な内容について議論されるようにはならなかったが，政府は，外交政策について世論の支持をうることが必要となった。また新聞，ラジオや映画の普及

によって,少なくとも対外方針の決定については,広く議論されるようになり,そのなかで,国際機構設立の機運も高まってきた。ソヴェト・ロシア政府は,19年3月に結成されたコミンテルンを通じて,世界の労働者・農民や諸民族に対する働きかけを始め,これも国際政治に影響を与えるようになった。

　1920年1月に国際連盟が創設されると,これは諸国の外交活動の場となった。しかし,国際連盟は,アメリカが加盟せず,ソ連が加盟した34年にはすでに日本,ドイツが脱退しており,本来の役割である国際平和機構としては発展できなかった。

国際連合の創設

　第二次世界大戦中の1941年8月,ローズヴェルトとチャーチルは,大戦および大戦後の重要問題について,領土不拡大,民族自決,国際的安全保障制度の確立などをうたった大西洋憲章を発表し,42年1月には26カ国が,この憲章をもとに連合国共同宣言を発した。

　1944年8〜10月,ダンバートン・オークスでの米英中ソ交渉を経て,45年4月25日〜6月26日のサンフランシスコ会議で国際連合憲章が作成,調印され,10月24日に発効し,発足した。その前文には,次のようにうたわれている。

　「われら連合国の人民は,われらの一生のうちに2度まで言語に絶する悲哀を人類に与えた戦争の惨害から未来の世代を救い,基本的人権と人間の尊厳及び大小各国の同権とに関する信念をあらためて確認し,正義と条約その他の国際法の源泉から生ずる義務の尊重とを維持することができる条件を確立し,一層大きな自由の中で社会的進歩と生活水準の向上とを促進すること,並びに,このために,寛容を実行し,且つ,善良な隣人として互いに平和に生活し,国際の平和及び安全を維持するためにわれわれの力を合わせ,共同の利益の場合を除く外は武力を用いないことを原則の受諾と方法の設定によって確保し,すべ

ての人民と経済的及び社会的発達を促進するために国際機構を用いることを決意して，これらの目的を達成するために，われらの努力を結集することに決定した」。

こうして，現実性を備えた唯一の世界的連合体が発足した。

普遍的な国際機構

1945年10月24日の発足時の加盟国は51カ国であったが，99年には188カ国へと増大した。安全保障理事会の勧告に基づいて総会が3分の2の多数決ですべての国の加盟を認める。発足後10年間は，米ソ両陣営が，互いに相手側が勢力を増すことを妨げようとして牽制しあい，日本は51年の独立後もソ連の反対で加盟できなかったが，55年の東西間の妥協による16カ国一括加盟の後，翌56年の日ソ国交回復後認められた。60年にはアフリカ諸国の独立に伴って加盟国が急増した。

このような加盟国の普遍性，活動分野の総合性のいずれにおいても，世界史上はじめての世界的機構である。

日本は，国連中心の外交を唱え，分担金もアメリカに次ぎ世界第2位となっている。

国連の組織

国連の主な機関には，下のようなものがある。

総会　全加盟国によって構成される主要審議機関。その勧告には世界の世論としての重みがある。重要問題は，3分の2，その他の問題は単純多数で決定。会期は，9月の第3火曜日から12月半ばまでで，その他に特別総会，緊急特別総会がある。総会は1国1票制をとっている結果，分担金の少ない国々が多数派として主導権を握っているとする不満もみられる。米議会から，分担金に応じた票数に変える要求がだされたこともある。

安全保障理事会 平和と安全の維持について主要な責任をもつ機関。15 カ国によって構成される。うち，アメリカ，イギリス，中国，フランス，ロシアの 5 カ国は常任理事国，他の 10 カ国は 2 年の任期で総会が選出する。実質事項にかんする決定には 5 つの全常任理事国の同意投票を含む 9 票を要する。棄権は拒否権とはみなされない。日本の常任理事国入りも，問題となっている。

経済社会理事会 54 カ国で構成する。毎年 18 カ国ずつ総会が 3 年の任期で選出する。

国際司法裁判所 オランダのハーグにおかれ，15 人の裁判官で構成する。同一国籍の裁判官 2 人を選出できない。任期は 9 年で再選されることができる。当事国の一方は，相手国が裁判所の判決に示された義務を履行しない場合，安全保障理事会に対し，判決を実施するための措置を決めるよう求めることができる。

事務局 その仕事は，平和維持活動の管理，国際紛争の調停，経済的社会的動向調査，人権や開発に関する研究報告，情報提供，国際会議の開催など多岐にわたる。職員と事務総長は，国連に対してのみ責任を負う。事務局は，内部監査部，平和維持活動局など 5 つの部・室からなる。国連の予算は 1998 年 25 億ドル強で，日本は，アメリカの 25％に次ぐ 18％を負担しており，職員は 226 ～ 305 人だせるはずであるが，104 人しかだしていなかった。2002 年は 19.669％であるので，職員の面でもっと寄与できるはずである。

　事務総長は，安全保障理事会の勧告に基づいて総会が任命する。国連広報局によれば「事務総長はその行政に責任を持つ事務局の主席行政官 (Secretary) であると同時に，国際社会の意思を代表するスポークスマンおよび具現者 (General) でもある。事務総長は平和のために発言し，平和のために行動しなければならないが，国連を構成する大国や地域グループの関心事を慎重に考慮に入

れなければ，事務総長の努力は失敗に終わるであろう」(広報局：17.)。

国連ファミリー

  国連事務局　国連の諸計画および基金，および専門機関を国連ファミリー(「国連システム」)と総称する。これらの機関は自身の予算と管理機関をもち，自身の基準や指針を設定する。

  国連の諸計画および基金のうち主なものを次にあげる。

  国連児童基金（UNICEF＝ユニセフ，United Nations International Children's Emergency Fund）　子供のためだけに働く唯一の国連機関で，「児童の権利に関する条約」の枠組みのなかで，子供の保護，生存，成長をはかる。職員は6200人，133カ国で働いており，84％は開発途上国である。

  国連貿易開発会議（UNCTAD，United Nations Conference on Trade and Development）　とくに開発途上国の貿易と経済開発を加速させる目的で1964年に設立された。

  国際連合大学（UNU，United Nations University）　国連と人類の生存，開発，福祉の緊急を要する地球規模の問題について，調査，研究，大学院レベルの研修，研究成果の普及をおこなっている。1975年に活動を開始した。本部は東京におかれている。

  その他，世界食糧計画（WFP），国連人権高等弁務官事務所，国連難民高等弁務官事務所，国連軍縮研究所などがある。

  専門機関としては，主のような機関がある。

  国際労働機関（ILO，International Labor Organization）　1919年に設立され，46年に国連の最初の専門機関となった。ここでは，政策作成にあたって，政府，使用者，労働者の代表が平等の発言権をもっている。

  国連食糧農業機関（FAO，Food and Agriculture Organization of

the United Nations) 特別計画の下に緊急食糧危機に対する準備を助け，また必要に応じて救援物資を提供する。平均して年間およそ1800件の現地プロジェクトを実施している。

国連教育科学文化機関（UNESCO, United Nations Educational, Scientific and Cultural Organization） ユネスコの活動計画は，平和の文化と人間開発および持続可能な開発を促進することを目的としている。

世界保健機関（WHO, World Health Organization） 保健の分野で世界的な指針を与え，加盟国政府と協力して保健計画の立案，管理などを強化し，適切な保健技術，情報，基準を開発，普及させることを任務とする。

世界銀行グループ（World Bank Group） 国際復興開発銀行，国際開発協会，国際金融公社，多国間投資保証機関の4つの機関のグループである。

国際通貨基金（IMF, Internatinal Monetary Fund）：1946年設立，国際通貨体制を支える国連専門機関の一つ，44年にアメリカ・ニューハンプシャー州ブレトンウッズの国際会議で設立が決められたので，戦後の国際金融体制をブレトンウッズ体制と呼ぶ。71年8月のドルの金交換性停止をきっかけとして，主要通貨が変動レート制に移り，多くの先進国が必要資金を国際金融市場で調達するようになったため，融資を途上国に移している。94年のメキシコ，97年のアジア諸国の通貨危機のさい，融資したが，そのプログラムがかえって通貨危機を深刻化する場合がある。

国際原子力機関（IAEA, International Atomic Energy Agency） 1957年設立され，原子力の平和利用について科学的，技術的協力を進める世界の中心的政府間フォーラムとして活動している。

世界貿易機関（WTO, World Trade Organization） 戦後の世界貿易の自由化と発展を支えてきた関税貿易一般協定（GATT, 1947

年調印）のあとをうけ，95年1月に発足した国際貿易の中核機関。貿易にかんするルールを定め，その実施・運用をおこない，新たな課題を検討する。2001年7月末現在142カ国・地域が加盟する。
PKOについて，簡単に触れておきたい。

国連平和維持活動（PKO，Peace-Keeping Operation）　紛争の拡大防止や休戦協定履行監視，または選挙監視のため，加盟国が自発的に提供した要員を国連が編成し派遣するもので，紛争当事国の同意を前提に派遣されるのが原則である。国連憲章第7章の軍事的強制措置でも，第6章の紛争の平和的解決手続きでもなく，第7章が機能しないために，実際の慣行を通じておこなわれてきたため，憲章には明文の規定はない。

国連軍

違法な武力行使をする国に対しては，国連が全体として制圧するという集団安全保障体制をとっているが，国連自体が常備軍をもつにはいたっていない。国連憲章第43条では，安保理と加盟国の間で兵力等の提供にかんする特別協定を結ぶことになっていたが，合意がえられず，本来の国連軍はつくられていない。

国際レジーム

レジームとは，ある問題にかんして関係国（もしくは関係主体）が集まっている緩やかなグループの枠組みで，例として，1975年にヘルシンキ宣言という合意に達した欧州安全保障協力会議（CSCE，現OSCE：Organization for Security and Cooperation in Europe）があげられる。これには東西陣営の35カ国が加わっていたが，安全保障，経済協力，人権についての合意のうち，東側諸国は初め人権問題について十分に守らず，定着しなかった。結局，ソ連のペレストロイカ後の89年に新たな規範を設定し，決定の手続きを強めた（岩崎：120.）。

国連の機関ではないが、ここに記した。

3 非政府組織（NGO）の発展

国連とNGO

　国連憲章第71条（非政府組織）は、「経済社会理事会は、その権限内にある事項に関係のある非政府組織と協議するために、適当な取極を行うことができる。・・・」と定めている。

　国連は1996年に、国連NGO協議制度を設け、国連がNGOのもつ専門的知識と能力を利用するために、一定の資格要件を満たすNGOに経済社会理事会と関連専門機関と協議する地位を与えている。2001年7月現在、その地位にあるNGOは2049である。

　NGO（非政府組織, Non-Governmental Organization）という用語は、国連憲章ではじめて用いられ、次のような特徴をもつ。1. 会則を有し、代表をもつ、2. 政府機関でない、3. 利潤の追求や利益の配分をしない、4. 独立の意思決定をもつ、5. ボランタリーな要素をもつ。

NGOの発展

　このような組織は、赤十字国際委員会や国際オリンピック委員会のように、人道的救済事業や文化交流のため早くから存在した。その数は、第一次世界大戦直前135程度、1920年214、30年375、第二次世界大戦直前400である。

　第二次世界大戦後1950年代はパグウォッシュ会議等が重要であるが、60年代にはアムネスティ・インターナショナルなど途上国の援助、人権擁護などの活動をおこなう組織が増えて1200～2800となった。

　1970年代には、環境問題、エネルギー問題などの分野に広がり2800～1万2000となり、80年代以降は、国家や国際組織と対立、接触、提携とその活動は多彩となり、数も3万に達した。グリーン・

ピース，国境なき医師団などはよく知られている。

　1974年には，先住民の組織である国際インディアン条約会議が，ＮＧＯとして国連の諮問機関に認定された。

　最近の活動はめざましく，1997年の対人地雷全面禁止条約採択にさいしては，専門知識の面で大きく貢献し，これを推進した千に及ぶＮＧＯの集合体，地雷禁止国際キャンペーンは，97年のノーベル平和賞を受けた。

　日本では欧米に比べてその組織と活動の規模は小さいとはいえ，東南アジアで大量の難民が発生した1970年代末から急速に発展し，2000年9月には国際的な緊急援助を政府機関や企業等と協力しておこなうジャパン・プラットフォーム（Japan Platform，ＪＰＦ）が設立された。日本の場合の資金源の一つとして91年度に始まった郵便貯金の利子の20％を寄付する「国際ボランティア貯金」がある。その額は，99年には11億8024万円である。外務省は94年5億円を補助し，96年からＮＧＯ外務省定期協議会を発足させた。

国際協力強化のために

　ＮＧＯの活動は，国を単位とする国際連合の活動をたんに補足するだけでなく，その本質において，国連に先んじるところもある。それは，援助の側面をもつ活動について，とくにいえよう。たとえばアムネスティ・インターナショナルは，身体の自由，言論の自由の侵害について調査をおこなって情報を提供し，人権委員会に上程して，そこでの審議を促している。人権侵害の当事国は，それを隠そうとするが，ＮＧＯは，国境を越えたネットワークを通して情報を入手する。この情報の収集，提供によって，国際機構では，国家が作成に参加した人権基準の履行が促進される。また，各種の人権条約の草案作成に関与する場合もある。

　このような貢献は，人権の分野だけでなく，紛争の防止，環境の保

護,開発,軍縮など多岐にわたっている。

　ＮＧＯは,国益に左右されず,専門知識の正確さ,客観的な事実調査,基準の公正な適用,世論の効果的喚起を通して仕事を進める。自発的な個人や団体からの寄付によるだけでは収入に限界があり,組織の継続性も保てないという困難がある。

　2002年1月のアフガニスタン復興支援国際会議へのＮＧＯの参加に絡んで,もともと外務省の主導でつくられたＪＰＦの代表が出席を拒まれるという事件があった。ＮＧＯは政府と違い,民間の自由な目で活動することに存在意義があるので,政府の統制にはなじまない。

　ＮＧＯによる協力は,小規模のお互いに顔の見える活動が多いが,中田正一は,この人をだすことを高く評価し,政府事業の青年海外協力隊の仕事について次のように書いている。「教えられたり,教えたり,毎日のように現地の問題にぶつかり,異質の社会の中でもみにもまれる。2年間の悪戦苦闘の中で,人間がひとまわりもふたまわりも大きくなり,たくましく強靭になり,どこへ出しても通用するであろう国際人としてのパスポートをもらって帰ってくる。こういうのが,協力の名に値する。まず人が出て行く。技術は適正技術が主体,そして協力の過程で人が変わってゆく,こちらの人も,あちらの人も。2年間みっちり現地での教育をうけて帰ってくる。そして,それらの人を通して日本の社会もまた変わってゆく」(中田:212-213.)。

2章 人権と民主主義

1 軍備と人権，民主主義

戦艦武蔵の渡辺清の生活

　沈没前の戦艦武蔵で考えたことを水兵として生きてきた渡辺清は，次のように記している。

　「思えばあっけない一生だった。この世に生まれて一九年，その間まだこれという楽しみも喜びもなかった。むろんしあわせといえるようなものもなかった。母のたもとをひいていたころの甘い思い出をのぞけば，あとは戦争にまつわる索漠とした思い出だけである。戦争をぬきにしては考えられない窮屈な，かわいた生活だけがそこにあった。とりわけ海軍に身をおいてからは，四角四面の殺風景なデッキの中で，混棒と罰直におののきながら，一日として心のやすまる日はなかった。一日として存分に手足をのばしたこともなかった。むろん心から笑ったこともなかった。くる日もくる日も，身を焼くような屈辱と羞恥と苦痛の連続だった。そして今にして思えば，それもこれもすべて今日のこの場所につながっていたのだ。結局おれは戦火のなかに消えていくように運命づけられていたのだ。

　でも，人間がふたたび生まれかわってこられるものなら，おれはこんどこそ戦争のない，平和な，誰もが屈託なく明るく笑って暮らせるような，そんな世の中に生まれてきたい。そしてあらゆる意味で自分をまっすぐ伸ばせるような，生き甲斐のある充実した生活をこの手で創りだしてみたい」（渡辺：266-267.）。

人権と平和

ここに引用したように,軍隊のなかには人権はない。それは,序章に引用したカントのことばの通りであろう。

人権には,自由権的諸権利,社会権的諸権利,参政権がある。

日本国憲法は,戦争の放棄とともに,第3章「国民の権利及び義務」で,基本的人権の享有(第11条)をはじめとして,さまざまな権利を保障している。また前文では,「われらは,全世界の国民が,ひとしく恐怖と欠乏から免かれ,平和のうちに生存する権利を有することを確認する」と定めている。このことは,戦争の放棄と人権が密接に結びついていることを示している。

国内における人権の尊重,国際的な民主主義の尊重は平和と結びついている。

日本国憲法前文は「政治道徳の法則は普遍的なものであり,この法則に従ふことは,自国の主権を維持し,他国と対等関係に立たうとする各国の責務であると信ずる」としているが,国際的にも,1948年12月には世界人権宣言が国際連合第3回総会で採択され(12月10日は世界人権デー),66年12月には国際人権規約が採択された。これは,1.経済的,社会的及び文化的権利に関する国際規約(A規約),2.市民的及び政治的権利に関する国際規約(B規約),および3.市民的及び政治的権利に関する国際規約の選択議定書,および89年12月採択の4.死刑廃止議定書からなる。

日本は,この国際人権規約は,78年5月にようやく調印,79年6月に批准したが,選択議定書,死刑廃止議定書には調印していない。

国連の定める人権条約

国連総会によって人権の普遍的な尊重と順守を促進する義務が各国に負わされ,その内容は,世界人権宣言に明らかにされている。

さらに国際人権規約や個別的人権条約によって,保護すべき人権の

内容が具体化されている。とくに国際人権規約（B規約）では人権委員会が設置され，条約違反の人権侵害に対し，他の加盟国や被害者個人の通報・申し立てによって審査する道が開かれるようになった。なお，個別的人権条約としては，採択順に，難民の地位に関する条約（51年7月採択，日本での発効は82年1月），人種差別撤廃条約（65年12月採択，日本・96年1月），女子差別撤廃条約（79年12月採択，日本・85年7月），拷問禁止条約（84年12月，日本・99年7月），児童の権利に関する条約（89年11月，日本・94年5月）があり，93年6月には世界人権会議でウィーン宣言及び行動計画が採択された。また関連するものとして，ジェノサイド条約（集団殺害罪の防止及び処罰に関する条約，1948年12月国連第3回総会採択，51年1月発効，日本は未加入）も重要である。

国際人道法

武力紛争時における人権保護を定めた国際法規を国際人道法と総称する。戦時における傷病者，難船者，捕虜，敵国の管理下にある文民の保護を定めたジュネーヴ条約は，1863年，国際赤十字が創設された翌年の64年に作成され，第二次世界大戦後には，1949年に「戦争犠牲者保護4条約」となった。さらに77年に国際武力紛争と非国際武力紛争について2つの追加議定書が作成された。

国際刑事裁判所

1999年におこなわれた，ユーゴに対するNATOの「人道的介入」，つまり攻撃は「普遍的人権思想」によって正当化された。すなわち，それまでの国際法からみれば明白な「侵略」だったことを，普遍的人権の名目でおこない，国際法の新しい先例をつくった。93年に安全保障理事会が設置したICTFY（旧ユーゴスラヴィア国際刑事裁判所）が「国際社会」に受け入れられ，ほとんど批判されていなかった

ことが、NATOの攻撃をやりやすくした。「人間が、個人を強制する権力・権限をもって、民衆のコントロールから遠く離れている所にあって、絶対に正しい倫理を代表しているといわれている組織を設立することは、今までの人類の歴史を見るとわかるように、非常に危険なことである」(ラミス：83.)。個人を強制する権限をもつ国際機関は、少なくとも国連の総会の承認と加盟国の批准がないと、恣意的な権力になる恐れがあるという例である。

これに対し、1998年7月にローマで採択された規程に基づく国際刑事裁判所は、特定な国だけでなく大国も含めてすべての国を公平に監視することになっている。またこの条約によって遡及法だけでなく、裁判所自体が設立される以前のことで人を告訴することが禁止されている。これらはみな大きな前進であり、すみやかな発足が望まれる。

2 基地と人権、沖縄問題

沖縄基地の現状

沖縄では、軍備と人権、民主主義の侵害の結びつきが、米軍基地の問題を通じて集中的に示されている。沖縄には現在、基地、訓練場など在日米軍の施設の75％があり、在日米軍兵力の63％が駐屯し、沖縄本島の18％が米軍施設に占拠されている。沖縄の米兵の60％、1万5000人は海兵隊であるが、この任務は日本防衛ではない。冷戦が終わったにもかかわらず、基地の維持・強化を図ろうとする「日米安保の再定義」と時を同じくして起こった1995年9月の3人の米海兵隊兵士による少女暴行事件後、沖縄では、10月には8万人の県民総決起集会が開かれるなど、基地の整理・縮小を求める世論が一挙に高まった。人権が犯されているのは子供だけではなく、騒音や環境など住民全体である。米軍の作戦行動によって、戦争に巻き込まれることがあれば、日本全体の問題となる。

1996年9月8日の住民投票では67％が縮小を支持した。それより先4月に橋本龍太郎首相は，海兵隊普天間飛行場の返還についてアメリカの合意を取り付けたが，代替の航空基地をキャンプ・シュワブ沖海上に建設することについて地元の名護市が97年の住民投票で拒否した。

沖縄では，基地地主の地代と，基地従業員の賃金を日本政府が支払っている。政府は経済振興策も約束，98年11月の県知事選挙では代替基地の沖縄県内移設を公約した稲嶺恵一が当選した。ただし，稲嶺知事が公約した使用期限15年という条件について，アメリカ側は議論の余地なしの態度であり，日本政府も知事や岸本名護市長の意向を重く受け止めるとはいっているが，対米交渉を積極的に進めようとはしていない。2000年7月，沖縄でサミットが開かれ，01年6月政府は普天間の軍民共用代替基地3工法8案を提示した。

沖縄の現状は，日本国憲法第9条の空洞化と日本の軍事化の進展を映す鏡である。

沖縄の歴史

沖縄の歴史はそのまま日本近現代史の批判となる。

琉球は，東アジア海上交通の要衝として周辺諸国との友好を維持し，1609年に薩摩藩によって武力征服された後も，明，清への朝貢を続け自立性を守ってきたが，明治政府は1872年琉球王国を琉球藩として外務省の管轄下におき，74年台湾に漂着した琉球人の殺害に対する報復を名目として台湾に出兵，79年には軍隊と警官の圧力の下に琉球藩の廃止と沖縄県の設置を布告し，国王に首里城を明け渡させた。これを琉球処分と呼ぶ。1903年ようやく人頭税を廃止し，12年にはじめて帝国議会に代表を迎えた。

第二次世界大戦では末期の1945年4月1日，54万8000人の米軍が，1500隻の艦船で沖縄本島中央部西海岸に艦砲射撃の後上陸，2日に

は本島を南北に分断した。日本側兵力は12万人で武器は貧弱であった。沖縄戦は，敗戦を覚悟していた政府が国体護持のために取引材料として打った捨て石であった。6月23日，牛島司令官らが自決し，作戦は終わった。沖縄ではこの日を「慰霊の日」としている。この戦いでは作戦が優先され，日本兵による住民の自決や住民の相互監視が強要され，悲惨を極めた。日本は18万8136人を失ったが，うち兵士6万5908人，沖縄出身軍人軍属2万8228人，戦闘参加者5万5246人，一般住民推定3万8754人で，米軍の死者も1万2520人であった。

　戦争直後，米軍部は沖縄を要塞化することによって日本を非武装化しようとしたが，まもなく日本再軍備推進に転換する。しかし，より自由な作戦行動を保障するため，1952年の日本独立後も沖縄を信託統治下においた。50年代後半から60年代初めにかけて，日本の基地は4分の1に減ったが，沖縄では2倍となった。ヴェトナム反戦運動の高まりのなかで，沖縄では即時無条件返還の運動が高まり，68年には初の公選主席に革新の屋良朝苗主席が選ばれ，軍政が対応できなくなるなかで，72年5月15日，施政権が日本に返還された。しかし，このとき，日本全体の基地の整理・統合がおこなわれて沖縄に基地が集中され，核兵器を持たず，作らず，持ち込ませずという71年5月に衆議院で確認された非核三原則に反し，有事における核持ち込みも秘密のうちに取極められていたのである。日本本土の米軍基地を縮小することによって、安保や自衛隊への国民の支持を強めようとする意図もあった。

　本土復帰後日本政府は，米軍に用地を提供するため，使用料を平均6倍に引き上げたほか，協力謝礼金を支払って地主と賃貸借契約を結んだ。現在政府は，基地地主2万9000人に年間800億円の地代を支払い，また基地従業員8400人の賃金も負担している。

　日本国民の沖縄への関心は冷え，半ば見捨てられた「第3の琉球処分」といわれる状態が続いていた。自衛隊の配備も進められ，

1978年には在日米軍への財政的支援も拡大された。そのなかで、87年6月21日嘉手納基地包囲の「人間の鎖」が成功、89～90年「慰霊の日」の休日廃止反対運動があり、90年革新の大田昌秀が知事に選ばれた。

沖縄の将来

戦後の経過は、年表に示した通りであるが、21世紀初めのいま、新しい動きが起こっている。

2000年4月17日、沖縄県民は、「沖縄民衆平和宣言」で、「4年前の今日、すなわち1996年4月17日、日米安保共同宣言が発せられました。この宣言は、東西冷戦を前提につくりあげられた軍事同盟である日米安保体制が冷戦終了後も必要であると『再定義』し、その強化の必要性を強調しています。・・・」と、沖縄に犠牲を押しつける政策の継続に抗議し、人権と民主主義、平和を守る決意を表明した。

2001年初めには、沖縄米軍の最高幹部が部下への電子メールで稲嶺恵一知事らを「頭の悪い腰抜けども」と中傷したことが問題となった。知事は、謝罪に訪れたヘイルストン4軍調整官に、「一番大事なのは五六年の歴史を私も、県民も、そしてあなたも背負っていることだと思う。沖縄はマグマの上に乗っている」と述べたということである（『朝日新聞』2001.2.9）。

年表　沖縄の近現代史

1609.	幕府、島津家久に命じ、琉球を征服
1872.	琉球国王尚泰を琉球藩主とする。琉球処分（～81.）
79.	琉球藩を廃し、沖縄県設置
99.	奈良原繁知事、土地整理実施（～1903.）
1909.	県制施行、第1回県会議員選挙
12.	衆議院議員選挙法施行

「沖縄が他府県同様に県会を運営し，市町村を運営し，国会へ代表を送り，日本の１県として名実ともなうようになったのは 1910 〜 21 年のことである」(比嘉春潮)

20 年代		ソテツ地獄
45.	3.26	米軍，慶良間島に上陸
	4. 1	沖縄本島上陸
	6.23	組織的戦闘終了（慰霊の日）
46.	1.29	総司令部（ＧＨＱ），北緯 30°以南の諸島を日本の管轄権から分離
52.	4. 1	琉球中央政府発足
	4.28	サンフランシスコ条約発効（屈辱の日）
53.12.24		奄美群島返還日米協定調印
55.	9. 3	由美子ちゃん事件（米兵の幼女暴行殺害事件）
56.12.26		那覇市長選，人民党瀬長亀次郎当選（57.11.25 瀬長市長追放）
58.	8.23	通貨，軍票からドルに切替え（9.16 実施）
68.11.10		初の公選主席に野党の屋良朝苗当選
72.	5.15	沖縄施政権返還，沖縄県復活
	6.25	県知事選，屋良朝苗（革新）当選
75.	7.20	沖縄国際海洋博覧会（〜 76.1.18）
77.	5.15	公用地法期限切れ
87.	9.20	海邦国体夏季大会（〜 23, 10.25 〜 30 秋季大会）
	10.26	「日の丸」焼却事件（93.3.23 知花被告に懲役 1 年）
92.11. 9		首里城復元，一般公開
93.	4.23	全国植樹祭，天皇・皇后初の沖縄訪問
95.	9. 4	米兵による少女暴行事件
	9.28	大田知事，代理署名拒否を表明

```
  96. 4.12    橋本・モンデール会談で普天間基地の返還合意
2000. 7.21    沖縄サミット（〜23）
  01. 6. 8    政府，代替基地（軍民共用）の3工法8案を提示
```

総力戦と女性・子ども

　沖縄戦でもそうであったが，第二次世界大戦とそれ以後，戦争は女性と子どもにとくに大きな負担と犠牲を強いるようになった。アフガニスタンにかんするテレビ報道で，爆撃のために気の狂った幼児が放映されていたが，これを大祖国戦争のソ連の場合についてみよう。

　ソ連のコルホーズ（生産農業協同組合）は，1945年1月には，軍と工業に労働能力のある住民の38％，1350万人を割いた。女性，子ども，老人，一時的には都市住民が農作業に動員された。コルホーズでの女性労働力の比率は，40年の54％から43年78％へ，ソフホーズ（国営農場）では34％から64％へと増えた。41年から43年までに男性のコルホーズ農民は，1684万人から402万人へと4分の1以下となり，女性の負担が大きくなった。このような事情は，日本でも同様であったが，ソ連ではそれが厳しい労働義務と罰則によって徹底された。

　1942年4月の決定によって，たとえば綿作地帯では全体として，コルホーズ員家族の12〜16歳の未成年者の最低義務を50作業日以上とし，未成年者に労働手帳を交付した。罰則は次のように厳しいものである。「コルホーズの労働能力者で，正当な理由なく農業労働期間別最低義務作業日の労働をサボタージュした者は，人民裁判所の裁判に付し，6カ月以上のコルホーズの強制労働を課し，労働賃金の25％以下を控除してコルホーズの利用に供する。労働能力者で最低義務作業日の労働をしなかった者はコルホーズから脱退したものとみなし，コルホーズ員の諸特権を剥奪し，住宅付属地を失った者とみなすようコルホーズに勧告する」（参照　木村『歴史評論』No.515：29.）。

　このようなかたちで，女性や子どもが，戦争遂行に欠かせない役割

を果たすようになり，それを通じて，男性中心であった国際関係を左右するようになった。

　現在の周縁化されたジェンダーのつくる国際関係について，進藤栄一は，「女性を不可欠の労働力とする（バナナ Banana のような）換金輸出作物と（ビーチ Beach に象徴される）ツーリスト産業に加え，軍事基地（ベース Base）と基地経済化で価値剥奪される女たちを視座にいれながら，それら 3 つの B をもって」象徴させることができ，その蔭で売買春がもっとも安易な生計手段として広がり，重債務（Debt），乱開発（mal Development），環境劣化（Envilonmental Degradation）という 3 つの D が相互に連動しあってつくりあげているとする。このような世界は，アフリカ，ラテンアメリカからロシア，東欧を経て，南アジアや東南アジアへ広がり続けており，男性中心の国際関係学の根元的組み替えを求めている（進藤：224-226.）。

　今日の「北」においても，就業，教育その他いろいろな面で，女性は周縁にあり，市場経済のなかで不利な条件にある。日本では，2001 年 12 月の雅子妃女児誕生を機に，皇室典範を改正して女性天皇をという声も報道されている。天皇制とジェンダーの問題について考えるための重要な問題提起となりそうであるが，これは君主制，王制をとっている国にも通ずる指摘であろう。

3章 軍備と軍縮の現状

1 日本の軍事力

世界第2位の軍事費

　1999年の日本の軍事費は，第1位アメリカ2599億ドルに次ぎ，第2位511億ドルとなっている（『イミダス2002』：373. これはドルの換算レートによって若干移動する）。80年代には8位から10位であったが，86年以降の急速な円高によって，87年には米ソに次ぎ第3位になり，ソ連の解体により第2位になったわけである。

　2001年現在の自衛隊の兵力，軍事力は，次のようなものである。

　陸上自衛隊は，現員14万8676人，戦車1050両，自走砲620門，航空機504機をもつ。海上自衛隊は，現員4万4227人，主要艦艇142隻（37.4万t），航空機207機，艦艇の主力である対潜水艦戦用艦艇の能力はアメリカに次ぎ，掃海部隊の機雷除去能力も世界有数である。航空自衛隊は，現員4万5377人，航空機468機，戦闘機，地対空ミサイルによる要撃戦闘能力は，イスラエルなどとならぶ世界最高水準といわれる（363. なお参照，防衛庁『平成13年版日本の防衛』）。

　2001～05年度の次期中期防衛力整備計画は，25兆1600億円（0.7％増）と決定されている。情報RMA（Revolution in Military Affairs；軍事革命）という概念を打ち出し，センサー情報による戦場認識を基礎とする戦力発揮をめざしている。災害時には，消防，警察を補う。

　日本の軍事力は，単独であるわけでなく，在日米軍（日本駐留米軍部隊）によって補われている。日本には，米軍最大の燃料・弾薬貯蔵

施設があり，野戦基地の性格が強い在韓基地に対し，対低強度紛争戦略的根拠地として機能している。在日米軍司令官は第5空軍司令官が兼務している。2001年9月現在，陸軍1787人，海軍5496人，海兵隊1万9682人，空軍1万3194人，合計4万159人で，海兵隊は有事即応態勢にある。

安保条約50年

2001年は日米安全保障条約締結50周年であった。その第5条（共同防衛）には，「各締約国は，日本国の施政の下にある領域における，いずれか一方に対する武力攻撃が，自国の平和及び安全を危うくするものであることを認め，自国の憲法上の規定及び手続に従って共通の危険に対処するように行動することを宣言する」と定め，第6条（基地許与）では，「日本国の安全に寄与し，並びに極東における国際の平和及び安全の維持に寄与するため，アメリカ合衆国は，その陸軍，空軍及び海軍が日本国において施設及び区域を使用することを許される」としている。ここに定める「極東」の範囲について，政府は，「フィリピン以北，韓国を含む日本周辺」と説明しているが，横須賀の第7艦隊や沖縄の第3海兵遠征軍は世界どこにでも出動できる態勢を整え訓練を積み，実際に出動しており，事実上自由使用を容認している。核持ち込みについても，事前協議の対象となっていないようである。

1976年11月に「防衛計画の大綱」が決定され，その直後国防費ＧＮＰ１％枠が閣議決定された。78年11月に日米間で合意された「日米防衛協力のための指針」いわゆるガイドラインでは，日米が共同して戦争をおこなうための準備が示されて安保が突出するようになり，81年7月には対馬を含む西日本で本格的な3軍統合演習がおこなわれた。86年2月には，初の日米共同統合指揮所演習が，10月末には北海道および本州東部海空域を舞台として日米共同統合実動演習がおこなわれた。

日本はまた 1979 年からホスト国支援として，在日米軍施設，区域に対する整備費と日本人従業員の一部労務費負担をおこない，「思いやり予算」と呼んでいる。戦域ミサイル防衛（TMD）では，日米共同技術研究に踏み込んでいる。

2　核兵器の蓄積と拡散

最初の核兵器

1945 年 7 月 16 日，アメリカは原子爆弾の実験にはじめて成功，8 月 6 日広島に，9 日長崎に投下した。広島のものは 12kt，長崎は 22kt であったが，以後の核兵器の大型化，蓄積と拡散はすさまじく，20Mt（メガトン）のものもある。

原子爆弾は，アメリカに続き 1949 年にソ連，52 年イギリス，60 年フランス，64 年中国がそれぞれ実験に成功，98 年にはインド，パキスタンも実験し，イスラエルも核兵器をもっている。水爆は，52 年にアメリカ，53 年ソ連が実験に成功した。

運搬手段としてのロケットは，1957 年 8 月，ソ連が大陸間弾道弾の開発に先手をとり，直後 10 月にスプートニク 1 号，11 月には犬を乗せた 2 号を，さらに 61 年 4 月にガガーリンの乗った宇宙船ヴォストーク 1 号を打ち上げ，地球 1 周に成功したが，その直後の 5 月，就任したばかりのケネディ大統領は，10 年以内に人間を月に送り，無事に帰還させると約束し，58 年設立のアメリカ航空宇宙局（NASA）が，69 年 7 月，月面着陸に成功した。これらの打ち上げに使用されたロケットは，核弾頭の運搬手段として利用できる。

軍事偵察衛星も，1959 年アメリカがディスカバラー 1 号を，ソ連は 62 年にコスモス 1 号を打ち上げた。

米ソ両大国は，核と運搬手段の開発と生産を競争で進め，2001 年現在の蓄積は下記のように膨大となった。これは人類をいく度も絶滅

させることができる量であり，正気の沙汰ではない。

このような核軍備の実態をできるだけ多くの人々に知らせることは，核軍縮の第1歩であろう。

米ソ核戦力の現状
＜アメリカ＞
　ＩＣＢＭ（大陸間弾道弾）射程5500km以上
　　発射台総数　550　核弾頭　2000発（1発170〜335kt）
　ＳＬＢＭ（潜水艦発射弾道ミサイル）　1456発
　爆撃機　1750発
　非戦略核戦力　320発
　その他の戦術核兵器の核爆弾　1350発
＜ロシア＞
　ＩＣＢＭ　3540発
　ＳＬＢＭ　1576発
　ＡＬＣＭ（空中発射巡航ミサイル）　790発　　　総計　約6000発
　　　　　　　　　　　（豊田利幸「新世紀に核廃絶の実現を」『軍縮』2001.1.）

ミサイルには，潜水艦発射の弾道ミサイル，低空の巡航ミサイルがあり，中距離ミサイルとしては複数弾頭（ＭＩＲＶ）がある。ロシアの大陸間弾道弾ＳＳ18は，1基で10個の弾頭，潜水艦のものは1基14個の弾頭をもつ。

研究開発人口の2割50万人が研究費の40％を費やして，開発を進めていたが，ソ連では解体によって多くの関連研究者が失職し，一部は他国に移ったといわれている。

このような研究の進展によって，核兵器と運搬手段の生産は，技術的に難しくなくなり，経済的にも費用がかからなくなった。

また，精度，即応能力，小型化・軽量化の向上など，技術改良は進

んでいるが、すでにずっと以前から、人類を絶滅できる規模をもっており、これ以上の研究は必要なくなっているということもできる。またこれ以上の生産は無駄ともいえよう。

アメリカは、1983年に戦略防衛構想（SDI、いわゆるスターウォーズ構想）を打ち上げ、軍拡に突破口を開こうとしたが、ソ連解体後の95年、ミサイル防衛計画（NMD, National Missile Defense program）を決定した。これには、ボーイング、ロッキード・マーティン、TRW、レイセオンが参加している。

2001年1月、ブッシュ大統領は、ミサイル防衛を最優先する政策を固め、障害となるABM条約やCTBT条約を廃棄あるいは死文化している。

3　資本主義体制と軍事産業

軍部と軍事産業

「軍部は売り手にとってもっとも有利な条件で、毎年数百億ドルの支出をおこなうことによって、私的企業にたいする理想的な買手の役割を演じる。もともと軍需品の生産に必要な資本設備の大部分は、転用がきかないものであるから、その費用は多くのばあい、最終生産物の価格にふくめられる。したがって、軍需産業には、事実上、危険がない。それにもかかわらず、許される程度の利潤率は、神秘的な危険にたいする寛大な利幅をふくんでいる。そして軍需調達担当将校はしばしば退役後、軍需産業に高給で雇われることを期待しているという事実は、かれらが納入業者と取引をおこなうばあいの厳格な態度をめったに助長しない」（バラン：252.）。

軍事産業に利害関係をもち、それを積極的に発展させようとする政府、官僚機構、軍部、政界、財界、さらに学界を含めた集団を、軍産官学複合体という。第二次世界大戦後、冷戦のなかで軍事技術は著しく進

歩し，とくに1960年以降の核軍備競争のなかで，航空機，ミサイル，エレクトロニクス，核技術など尖端部門では研究開発費を政府が負担するようになった。生産した兵器も高額となり，政府予算による支出の増大のために複合体は影響力を行使し，ますます肥大化し，国内経済を軍事化させる。この分野は，機密が多く，競争がないため無駄が多くなる。

既存軍事産業では設備投資が怠られ，必要な兵器の供給ができず，受注残が増え，また設計，生産に必要とされる最新技術を利用できず，軍への納入が拡大できなくなる（大森：224.）。そのため軍事産業の消長は非常に激しい。アメリカの軍事産業のペンタゴン（国防総省）受注額上位3社は，1989年から98年に，マクドネル・ダグラス，ゼネラル・ダイナミクス，ゼネラル・エレクトリックから，ロッキード・マーティン，ボーイング，レイセオンと変わった（広瀬：38-39.）。

政府と軍事産業

軍事技術の急速な進歩とともに兵器は多様化し，規模を拡大したが，これに伴って軍事産業は，政府予算に依存して大規模となり，経済のなかでの比重を高め，政治的発言権を強めた。これによってますます，軍事予算を増大させ，経済構造をゆがめ，情報の公開を妨げるようになる。その弊害は，国内ばかりでなく，武器輸出を増大させることによって，途上国の軍備競争を促し，武力衝突を多発化させる。

軍産官学複合体は，第一次世界大戦期に発達し，その抑制が必要なことが自覚されていた。1919年の国際連盟規約の第8条5項は，「連盟国ハ，民業ニ依ル兵器弾薬及軍用機材ノ製造カ重大ナル非議ヲ免レサルモノナルコトヲ認ム」と定めている。

アイゼンハワー大統領は，1961年1月の辞任演説で，巨大な軍事機構と兵器産業が連結して，社会に有害な影響を与えていると警告した。その後米ソの軍備競争のなかで，航空宇宙，ミサイル，エレクト

ロニクス，核技術などの分野で尖端技術の開発と生産が進み，その過程で，軍産官学複合体は，いっそう大きくなった。

このような状況のなかで，軍縮を唱える言論が抑圧され，民主主義が空洞化する危険も大きくなる。

ソ連のような社会主義諸国でも，共産党，軍部，官僚，軍事産業による軍産官学複合体が生まれていた。

アメリカの通常兵器産業

湾岸戦争，ユーゴ空爆，アフガニスタン攻撃を通じて，アメリカは，通常兵器においても，質と量両面において突出していることを示した。これらの戦争のなかで，蓄積された兵器を使用しつつ，その性能を高めてきたことも明らかである。

アメリカの国防予算は 1989 年には 3000 億ドルを超えたが，冷戦終結によってまもなく縮減が始まり，軍事産業は受注減に対応するため，外国への兵器輸出を増やそうとした。世界の巨大兵器メーカー 10 社のうち 9 社はアメリカの企業である。兵器メーカーは，紛争拡大を利益としており，政府の外交政策と離れて，自由に輸出をおこなってきた。93 〜 95 年の 3 年間の軍事製品の輸出企業の筆頭は F 16 戦闘機などのロッキード・マーティン社で 57 億ドル，2 位は F 15，F 18 等の戦闘機のマクドネル・ダグラス社が 45 億ドルである。上位 6 社で 4 分の 3 を占める（広瀬：122.）。日本への輸出に絡んで 72 年にはロッキード事件，79 年にはグラマン事件が起こった。

1998 年のペンタゴンの契約額は，ロッキード・マーティン社 123 億ドル，ボーイング社 109 億ドル等である。石油メジャーは軍事産業と深くつながっている。

日本では，1967 年 4 月，佐藤栄作内閣の時，武器輸出 3 原則を定めた。それは，1. 共産圏，2. 国連決議で武器輸出を禁止されている国，3. 国際紛争の当事国，への輸出を認めない，というものである。

その後，76年2月，三木武夫内閣は，上の3原則に加え，上に定めた地域以外でも，憲法，外国為替および外国貿易管理法の精神に即し，武器輸出を慎む，武器製造関連設備の輸出は武器に準ずる，としている。

日本の機械産業は国際競争力があり，近年航空宇宙産業が急成長している。三菱重工業，川崎重工業などの他，トヨタ自動車，本田技研なども参入しつつあり，2000年度の航空機産業の防衛需要比率は，63.9％になっている（『イミダス2002』：178.）。

4章 反戦と平和の運動

1 反戦と平和の運動の発展

「戦艦大和の最期」

「出撃気配の濃密化ト共ニ，青年士官ニ瀰漫セル煩悶，苦悩ハ，夥シキ論争ヲ惹起セズンバ止マズ・・・第一線配置タル我ラガ命スデニ旦夕ニ迫ル　何ノ故ノ死カ　何ヲアガナイ，如何ニ報イラレルベキ死カ・・・『一体ソレハ，ドウイウコトトツナガッテイルノダ　俺ノ死，俺ノ生命，マタ日本全体ノ敗北，ソレヲ更ニ一般的ナ，普遍的ナ，何カ価値トイウ様ナモノニ結ビ付ケタイノダ　コレラ一切ノコトハ，一体何ノ為ニアルノダ』・・・

自ラ死ヲ選ビタルニ非ズシテ，死，ワレヲ捉エタルナリ　カクモ安易ナル死ナシ　精神ノ死ニ非ズシテ肉体ノ死ナリ　人間ノ死ニ非ズシテ動物ノ死ナリ・・・

唯々トシテ死ニ屈シタルニ非ズヤ　特攻ノ美名ニカクレ，死ノ掌中ニ陶酔セシニ非ズヤ　然リ　他ナシ，薄行ノ故ナリ　ワレ日常ノ勤務ニ精励ナリシヤ　一挙手一投足ニ至誠ヲ尽クセシカ　一刻一刻ニ全力ヲ傾ケシヤ　ワレコレラスベテニ過怠ナリキ」(吉田，平野：309，356.)。

この「戦艦大和の最期」を書いた吉田満は，「真の反戦は，戦争の性格や平和の条件の判断をこえて，絶対平和の立場に立つものでなければならない。正義の戦争ならば支持し，不正義の戦争には反対するという立場が，過去も現在も有力であり，第二次世界大戦の骨格も，

正義の側に立つ連合国の当然の勝利として捉える見方が大勢であったが，戦後史の三〇年は，この見方の正当性を裏付けていない」(吉田：48．) と，「絶対平和」の立場を主張している。

戦闘体験と反戦

　戦艦武蔵で戦った渡辺清は，次のように記録した。「それまでのおれの戦争の知識といえば，せいぜい雑誌の口絵か写真，それにもっともらしい戦場美談ぐらいなものだった。そこにはおどろの死の恐怖も，苦しみも，血の臭いもなかった。なにもかも童話の世界のように美しく華やかで，死ですらそこでは妙に明るかった。そしておれはそれを早とちりに戦争そのものだと思いこんでいたのである。それにまわりの大人たちや学校の先生でさえ，戦争の真実については，なにも教えてくれなかった。教えてくれたことはただ一つ，『国のために死ね』・・・だがそのさかしらな幻影も教訓も，最初の砲弾の一発でみじんに砕けてしまった。大人たちや，ものを教えることを職業とする先生が教えてくれなかったことを，一発の砲弾が教えてくれたのである。そしてその時になって，あのもっともらしい職業美談も，極彩色の雑誌の口絵も，すべては虚構にみちたおぞましい砂の城だったとわかったのである。・・・おれは今日，たくさんの人間が苦しみ，たくさんの人間の血が流れ，たくさんの人間が死んでいくのを見た。そしてその死は，おれが娑婆で考えていたような『勇ましい』ものでもなかった。『立派なもの』でもなかった。『美しいもの』でもなかった。みんな踏みつぶされたボロ布か虫けらのように死んでいった。その死は一様に醜く無残だった」(渡辺清：204-205．)。

　外国の例をあげよう。「陸軍にとって最も恐ろしいのが大砲および迫撃砲の攻撃だった。その理由は，ひとつにはその爆発音が耳を聾するすさまじさであったことと，もうひとつ，肉体の受ける損傷が——時には肉体が完全に消滅し，あるいは無数の小さな赤いしみとなって

飛び散ってしまうこともある —— 弾丸よりもっとひどいことである。弾丸に当たって死ぬのは『きれいで，外科的なもの。しかし砲弾は身体をバラバラにし，しかも周りの者に正気を保てないほど精神的苦痛を与える』とスレッジは言う」（ファッセル：434.）。「ドイツの一般国民は，兵士の死体が四散することも，首がもげることも，内臓がはみ出すことも，何台もの戦車に轢かれてベニア板のように平らになることも，一切知らされないままだったのである。・・・ドイツ国民が読まされる物語は豪胆と不屈と善意と快活の，まさにおとぎ話であった」（447.）。

社会主義者の立場

1889年結成の第二インターナショナルに結集した西欧の社会主義政党は，戦争を労働者の利益に反するものと考えるようになり，ここにはじめて反戦・平和の運動が組織的・大衆的基盤をもち始めたが，第一次世界大戦にさいしては，徹底的に反戦を貫くことはできなかった（第Ⅰ部1章参照）。

ロシアでは1917年初め，兵士の反戦気分が高まり脱走が急増したが，銃後でも工業，運輸の混乱のために生活が苦しくなり，社会秩序は崩壊し始めた。ストライキ，デモが激しくなるなかで，やがて鎮圧を拒否した軍の反乱が一挙に広がり，ロマノフ王朝の専制は終わり，臨時政府が成立した。臨時政府とソヴェトの多数を占めた党派は，この二月革命によって戦争の性格が変わり，共和制を守る戦いになったという祖国防衛主義の考え方にたった。政府は，「ミリュコーフ覚書」によって，連合国に戦争継続を約束した。

あくまで反戦を貫いたのはボリシェヴィキだけになったが，この問題についてレーニンは，資本家の政府に向かって帝国主義的であることをやめよというのは幻想に過ぎない，領土併合の放棄といった約束はまったく嘘であると主張した。祖国防衛主義の信奉者に対しては，

「かれの個人的な願望が問題ではなくて,大衆的,階級的,政治的なもろもろの関係と条件,戦争と資本の利益及び国際銀行網との結びつき,等々が問題なのだということを,くりかえしくりかえし説明しなければならない。・・・資本の権力を倒さなければ,国家権力が別の階級,すなわちプロレタリアートに移らなければ,(植民地争奪の)帝国主義戦争からぬけだすことはできないし強制的でない民主主義的な講和をかちとることはできない」(レーニン『全集』24:42.)と説いた。

ここに階級の問題と平和の問題を結びつけたロシアの共産主義者の基本的な立場が表現されている。この立場が修正されるのは,1956年のソ連共産党第20回大会におけるフルシチョフ・テーゼである。それは,社会主義国の存在,世界の労働運動の発展,諸民族の発言権の強まりによって,両体制の平和共存,世界戦争防止の可能性,社会主義への議会を通じる移行の可能性が生まれた,というものであった。

平和五原則とバンドン会議

その少し前の1954年6月,周恩来とネルーは,中国とインドの関係ばかりでなく広く国際関係を規制する原則として,次の5つを声明した。すなわち,1.領土主権の相互尊重,2.相互不可侵,3.内政不干渉,4.平等互恵,5.平和共存,である。これは,これまでの勢力均衡という国際関係のあり方に対する批判であった。ネルーはまた,集団安全保障という概念に対して集団平和という構想や平和地域の設定という思想を示し,「積極的中立主義」という方向も提示した。

1955年の4月,インドネシアのバンドンで,世界史ではじめて,アジア・アフリカ諸民族の会議が開かれ,日本,中国などアジア15カ国,中東8カ国,アフリカ6カ国,計29カ国の代表が集まり,「世界平和と協力の促進に関する共同宣言」(バンドン10原則)を決議した。その後62年に中印国境紛争が起き,65年にアルジェで開かれる予定であった第2回会議は,アルジェリアの政変のために流れるとい

原水爆禁止運動

　第二次世界大戦は、原爆の投下とソ連の参戦による日本の降伏によって終わったが、1954年3月日本のマグロ漁船第五福竜丸が太平洋のビキニ環礁でアメリカの水爆実験による死の灰をあび、乗組員が被爆し、無線長・久保山愛吉が死亡した。

　「明日の入港を喜び、機関部員室に来てばかな話に花をさかせていた川島が何げなく頭をかいた。瞬間手についてきた毛。何だろうと引っぱってみてゴッソリ。『あれ、毛がぬけるぞ』居合わせたみんなで引っぱってみた。持っただけゴッソリぬけてくるが根がついていない。『どれ』と私も引っぱってみた。なるほど。可哀そうに川島はべそをかいて『よせよ』と逃げ出した。明日は入港だというのに、左の耳の根元から二寸ぐらい上は、みんなに引っぱられて大きくはげてしまった」（久保山愛吉「絶筆　死の床にて」、鶴見：348-349.）。

　この事件は日本国民に大きな衝撃を与え、原水爆禁止の署名運動が、たちまち3200万に達し、1955年8月に広島で第1回原水爆禁止世界大会が開かれた。以後毎年世界各国から代表を集めて大会が開かれるようになったが、これは反戦・平和運動がかつてない大衆的基盤をもったことを意味し、戦後の日本国民の世界平和への最大の寄与ということができよう。

　世界大会の少し前の1955年7月にだされた「ラッセル・アインシュタイン宣言」も人類という観点の必要性を訴え、反戦・平和の機運を高めた。

「核の冬」の提起

　1983年に「核の冬」という問題が提起され、米ソ保有の核の0.8％が都市に対して使用されただけでも、地球の気候や生態系が著しく

攪乱され，全面的に使われた場合には，戦争に加わらない国も含め，人類絶滅にいたる可能性があることが，はじめて明らかにされた。

核爆発で，ちりや煙が8〜16kmの対流圏上部まで吹き上げられると，地面に落ちるまでに数週間あるいはそれ以上かかり，成層圏に達すると1年かそれ以上留まり，地上は昼夜を問わず真っ暗になり，気温は15〜40℃下がる。「核の冬の計算が予測している温度に照らして考えると，一年のうちのどの季節に戦争が起こったとしても，事実上すべての作物の収穫が1年間にわたって失われるのが，ほとんど避けられないことが分かります」（ロワン=ロビンソン：87.）。たとえ核戦争の直接の打撃から生き残ったとしても，寒さや飢餓に対処できず，権力機構の混乱，水，下水，交通の破壊，疫病の広がり，医療の崩壊，心理的ストレスのために，人類は滅びていくであろう。これにはそれほどのことにはならないと計算する反論もある。

ハーマン・カーンが，核戦争では，アメリカの人口の3分の1の死亡程度の損害は覚悟しなければならない，と書いていることについて，ロワン=ロビンソンは，知能の高い人間がなぜ平気で，このような計算ができるのか，ほとんど想像することさえできない，と非難している。

いま必要なのは，普通の人間の感覚を取り戻すことである。1945年8月，広島，長崎への原爆投下と終戦のニュースを聞いた日本本土に向かっていた米艦の乗組員の間では，喝采も歓声も起こらなかった。「こんなことをしてはいけない。都市を全滅させたり，女子供たちを殺してしまってはいけない。これは戦争じゃない。人殺しだ」これが乗組員たちの意見であった，と友人であるその軍艦の将校から聞いた話としてノエルベーカーが書き留めている（ノエルベーカー：序文4.）。

「核の冬」の予測は，米ソの指導者に衝撃を与え，平和運動に新たな根拠をもたらした。

2 ヴェトナム戦争,湾岸戦争と世論

マクナマラ回顧録

　アメリカにとってヴェトナム戦争は,非常に大きな経験であった。ケネディ,ジョンソン政権の国防長官で,ヴェトナム戦争さなかの68年2月に退職したR. S.マクナマラは,95年に出版した回顧録で,この戦争は誤りであった,とし,失敗を犯した理由を12点にまとめているが,そこで注目されるのは次の2点である。

　「a. アメリカは,通常のタイプとちがう,きわめて強い動機を持った人民の運動と対決したさい,アメリカの持つ近代的でハイテクを駆使した装備,兵力,それに軍事思想の限界を当時 —— そのあとも同じですが —— 認識していませんでした。われわれはまた,自分たちとまったく異なる文化を持つ人たちの心からの支持を獲得する任務に,軍事技術を切り替えていくことにも失敗しました。

　b. 行動が開始され,予想外の出来事が起きて,計画したコースから余儀なく外れたあと,われわれは国民の支持をつなぎ止めておくことができませんでした。その理由の一部は,何が起きているのか,なぜこんなことをしているのかを,国民に十分に説明しなかったためです。・・・一国の最も深いところに潜んでいる力は,軍事力ではなく,国民の団結にあります。アメリカはこれを維持するのに失敗したのです」(マクナマラ：430-431.)。

　ヴェトナム戦争では,54万3400人を投入し,5万8191人を失った。その後アメリカは,湾岸戦争,ユーゴ空爆,アフガニスタン攻撃と,3つの戦争を主役として遂行した。しかし,できるだけ地上軍兵士を投入しないということのみを教訓とし,ここにあげたマクナマラの2点についての反省は少ないようである。

　ヴェトナム戦争は,アメリカの国内に学生の反戦運動をまき起こ

したが,フランスの学生反乱,中国の文化大革命も無関係ではなく,1968年に始まる日本の大学紛争もこのような国際関係のなかで起こったものであった。

　日本の基地は,この戦争の出撃,兵站・補給,修理,訓練,医療,慰安,通信,スパイの基地として使用された。経済的にも特需を得た。しかし,国民の支持はなかったように思われる。井上清は,「政府の支持する戦争に国民の圧倒的多数が反対するということは,わが国の歴史では,これがはじめてである」(『文芸』1965.9.: 33.)と書いている。

　国民の支持を得ないまま,アメリカを支援するという形は,湾岸戦争からアフガニスタン攻撃まで続いており,関与の仕方も曖昧なままである。

湾岸戦争

　湾岸戦争は1990年8月2日,10万のイラク軍が突如クウェートを制圧,フサイン大統領が8日に併合を宣言したことによって始まった。国連安保理は11月29日に,イラクが91年1月15日までに完全撤退しなければ加盟国に武力行使を含むあらゆる手段をとることを認める,との決議を採択し,1月17日に米軍を中心とする多国籍軍がイラク空爆を開始,2月24日には地上戦にかかり,3月3日,イラクが停戦条件を全面的に受諾して終わった。54万人28カ国の多国籍軍による6週間の戦闘中の投下爆弾量は8万8000t,イラク死傷者10〜15万人,捕虜17万人,多国籍軍死傷者445人,行方不明37人,捕虜6人であった。イラク人死者20万人,その後の経済制裁による死者100万人ともいわれる。

　アメリカにとってこの戦争は,「10年余にわたる軍備拡張の成果の一大実験」で,「1000ないしそれ以上の核兵器の配備」もおこなわれ,「イスラエルとの関係の新展開を図りつつ」,「厳重な報道管制」のもとにおこなったものであった(藤田:284-287.)。

中山弘正はブッシュ，フサイン双方を批判し，「『剣を取る者は剣で滅びる』とのみことばは，剣を取る者には，自分の心の中に築いてしまった壁によって，相手が『人間』であることすらすでに見えなくなっていることを示している」と書いた（中山：300.）。

　多国籍軍の攻撃については，経済制裁の効果も見極めず武力に訴えたこと，アメリカが独断でとりしきり国連がこれを容認したことが批判されている。アラブの知識人の間には，アメリカの石油利権の確保とこの地域における支配権の樹立のためであるとの非難があり，アジア諸国の世論も好意的ではなかった。フサイン大統領は地位を維持しており，目的は達せられなかったという意見もある。

　日本はアメリカの要求によって総額130億ドル，1人あたり1万円強を支出し，掃海艇を派遣したが，外交が属国的であるという批判と，他方ではあまりに無方針で受け身的であるという非難があった。

日本の市民の訴え

　この湾岸戦争のとき，鶴見俊輔，沢地久枝，宇都宮徳馬，吉川勇一ら有志が『ニューヨーク・タイムズ』紙（1991.3.18）に全ページ意見広告「国際紛争は武力では解決できない。憂慮している日本の市民からの訴え」をだした。この広告に対してアメリカ人の賛否の意見が寄せられ，それに対する返答もだされた。その一つを紹介する。

　「湾岸戦争は国際的な警察行動だったのか　　　石田雄

　今回の湾岸地域での軍事行動は，アメリカ軍兵士への殺害に対する直接的対応ではありませんでした。イラク軍によるクウェートへの軍事侵攻は実際にありましたが，この国際的不正義を軍事作戦によらずにただし得たはずだと信ずる理由があります。こう言うと，みなさんの中には，もしも経済制裁が効果を生むまで国際社会が待っていたなら，クウェートではもっと多くの人々が殺されたかもしれないという反論をされる方がいるかも知れません。しかし，私としては，将来の殺人

の可能性についてのこうした仮定が，イラクの非戦闘員の殺戮を不可避とする軍事作戦を正当化する十分な理由になり得るとは思えません。

　正しい秩序を回復するという目的があっても，一般市民の中に死傷者を出す恐れのある火器の使用には，制限がなければなりません。

　湾岸戦争での軍事協力がなかったという理由で，われわれは非難されるべきではありません。国際紛争解決のための非軍事的手段を追求して日本政府がもっと活発に動くようにはさせ得なかったのですが，私たちは民間レベルでは，この方向に沿った努力をしてきています。」

ＮＡＴＯ軍のユーゴ空爆

　その後アメリカ軍による武力行使としては，1999年3月24日〜6月3日に，1万回以上おこなわれたＮＡＴＯ軍によるユーゴ空爆がある。コーエン米国務長官によると，「ミサイル，爆弾の合計2万3000のうち35％は精密誘導システムを使用した。空爆により，ユーゴの最新鋭戦闘機，地対空ミサイルの8割以上，弾薬製造能力の3分の2，石油精製能力のすべてに加え，コソボ自治州内の火砲の5割以上，装甲車両の3分の1以上を破壊した。またベオグラードで7割，セルビア共和国全体で35％の電力供給を絶った」「すばらしい出来」であった（『世界』1999.10.：167-168.）。ユーゴ側発表では民間人の死者1200人，ＮＡＴＯ側発表では兵士死者5000人とされている。

　これはミロシェヴィチ大統領のセルビア側が，国家主権の侵害を理由に，和平合意後のＮＡＴＯ軍主体の平和維持軍の駐留を認めなかったためおこなったものである。ＮＡＴＯ軍は，ユーゴが他国を侵略していたわけではないのにコソヴォの自治回復という名目で空爆した。空爆は，国連の決議を経ていない，ＮＡＴＯ域外の国家に対する攻撃であり，日本政府も正式には認めていない。

　このような，冷戦終結後の一連のアメリカを中心とする欧米の行動は，

『ニューヨーク・タイムズ』に掲載された湾岸戦争反対の意見広告（1991.3.18）

旧ユーゴスラビア構成国

アフガニスタンの州

平和を強固にしたというより，むしろ 2001 年 9 月 11 日のテロの根本的原因の一つとなったように思われる。一時的に「墓場の平和」を達成したとしても，長期的な真の平和のためのよい手段とはとうてい考えられない。

3 科学者の役割と研究・教育体制

ユートピアニズムとリアリズム

　ユートピアということばは，一面では理想を，他面では空想を意味する。リアリズム，現実主義は，これに対することばである。しかし，現在の国際関係をみると，真のリアリズムは，ユートピアニズムに限りなく接近しており，とくに戦争と平和の問題では，戦争がリアリズムであるとは考えにくくなった。それは人類の歴史を終わらせることになるからである。また，核戦争にいたらなくても，湾岸戦争やユーゴ空爆，アフガニスタン攻撃のような欧米の行動は，平和実現のための現実的な道でなく，むしろ逆であるように思われるからである。

　E. H. カーは，第二次世界大戦が始まった 1939 年，『危機の二十年』で，国際政治の危機を検討するさいに，ユートピアとリアリティの対立について書いたが，そのときとは違った段階にきているのである。

　カーは，ユートピアとリアリティとの対立は，また理論と実際との対立と符合し，政治における理論と実際の対立は，「知識人」と「官僚」との対照において具体的に表現される，とした。それらの対立は，さらに，急進と保守との対立，左派と右派との対立となってあらわれる。ユートピアとリアリティとの対立は，政治と倫理との関係について異なる考え方をとることに根ざしている。「ユートピアンは，政治とは独立のものとして倫理基準を立て，それに政治を従わせようとする。リアリストは，事実の価値の他に基準となる価値を認めることは

倫理的にできないのである」(カー：53.) とまとめた。

　ルソーとカントは，戦争は君主が自身の利益のためにおこなうのであって，人民のためではないのだから，共和政体のもとでは戦争はおこらないはずであると考えていたようである。また教育の普及は平和をもたらすであろうという見方もある。これらは，世論や人間性についての楽観的見方に立っている。現在のわれわれは，戦争が一時的にせよ世論を熱狂させ，好戦的指導者の支持を高めることを知っている。ユートピア的な思想をもった知識人のリアリズムこそが必要になったというべきであろう。

核兵器の登場と科学者
　第二次世界大戦前には，国際関係に対する知識人の発言は，少数の作家に限られていた。たとえば，トルストイやロマン・ローランの反戦・平和の発言はよく知られている。しかし，とくに自然科学の研究者にとって，戦争や平和の問題は，専門の研究とは無縁であった。たとえば，日露戦争のおこなわれていることをまったく知らないで，研究に没頭していたことが，むしろあるべき学者の姿として語られさえしたのである。

　しかし，核兵器の登場とともに，まずその開発に従事した核科学者が，その責任を強く意識するようになった。かれらは核兵器の恐ろしさを一番よく知っていて，それがもたらす結果を自覚していたからである。

　1955年7月9日に哲学者のバートランド・ラッセルと原子物理学者のアルバート・アインシュタインは宣言を発表し，階級や民族といった観点にかわる人類という観点の必要性とともに，科学者の社会的責任がそれまでと違ってきたことを強く訴えた。

　宣言の初めには，「私たちがいまこの機会に発言しているのは，あれこれの国民や大陸や信条の一員としてではなく，その存続が疑問視されている人類，人という種の一員としてである」と述べ，核爆弾に

よる戦争の被害を「一般大衆はいまでも都市が抹殺される位に考えている」，しかし「もし多数の水素爆弾が使用されるならば，全面的な死滅がおこる心配がある」，ここには「人類に絶滅をもたらすか，それとも人類が戦争を放棄するか」という避けがたい問題が提出されている，と警告した。

諸科学の調和ある発展

これに応えて1957年7月にカナダのパグウォッシュで開かれた第1回の科学者の会議では，あらためて，核兵器に代表される科学の発展に危惧が表明され，科学者の社会的責任や諸科学の調和ある発展が強調され，科学が平和のために協力すべきことが訴えられた。

1958年9月ウィーンの第3回会議は，科学者の責任について次のように声明した。

「私たちは，科学の未曾有の発達によってもたらされた危険と潜在能力についての広い理解を国民の間に広めることにより，国民の教育に貢献することが，すべての国の科学者の責任であると信ずる。・・・とくに教育は，人間関係のあらゆる形態の改善を強調し，戦争と暴力のいかなる賛美をもとりのぞかなくてはならない。・・・物理学，化学，生物学，心理学などすべての分野の科学はますます軍事的開発と絡んできている。・・・今多くの国々で科学が享受している絶えず増大する物質的支持は，それが直接間接を問わず，おもに国の軍事的強さの，また軍拡競争におけるその成功度にたいする重要性によっている。このことは，科学をその真の目的，すなわち人類の知識を増大し，すべての人々の利益のために人間の自然のもろもろの力に対する支配を促進するという目的からそらしている」（湯川：199-200.）。

この声明から40年後の今日，核兵器の「進歩」と配備が，格段に進んだばかりでなく，科学研究全体の発展のゆがみは著しく大きくなっているように思われる。そのゆがみの自覚と是正は，科学・技術の

問題，大学などの研究・教育体制の問題として，いっそう緊急のものとなっている。

軍産官学複合体

　第二次世界大戦後の冷戦のなかで，軍事技術は著しく進歩し，とくに1960年以降の核軍備競争のなかで，航空機，ミサイル，エレクトロニクス，核技術など尖端部門では研究開発費を政府が負担し，かつ強力な方向付けや統制をおこなうようになった。生産した兵器も高額となり，政府予算による支出の増大のために，軍産官学複合体が影響力を行使し，ますます肥大化する。このため，国内経済が軍事化するばかりでなく，研究体制も軍事化する。

　後者については，前述したように，1957年以来の科学者のパグウォッシュ会議もくり返し指摘し，科学者がこの問題に関心をもつことを訴えている。

　なお吉岡斉は，科学技術システムの歴史的転換が，1870年代，1930年代，1990年代の3回あったとしている。すなわち，1870年代には，科学技術の「制度化」が始まり，研究開発活動を恒常的におこなう組織体が整備され，それを維持する物質的な基盤が社会に備わり，それを専門的に進める職業集団が成立した。1930年代の転換は，科学技術の「体制化」で，国家による科学技術動員体制の成立と特徴づけられる。これに対し，1990年代の転換は，「国際管理化」と特徴づけられ，核エネルギーと航空宇宙，それとかかわる核融合や高エネルギー物理学のような基礎科学が斜陽化し，国民国家の役割が，グローバルな公共利益，なかでも持続可能な世界の構築と維持という目的の追求と変わったので，その方向に脱皮する必要が生まれている，とする（吉岡斉「科学技術システムの歴史的転換」『神奈川大学評論』38号，2001.3.）。

日本の研究・教育体制

戦後，日本の新制大学では一般教育として教養課程がおかれ，専門教育に入る前に，社会科学，人文科学，自然科学の単位をそれぞれ必修として課した。これは，研究や仕事が専門分化するなかで，各個人が広い教養をもって全人的に発達することと同時に，それぞれの分野でバランスをもった判断ができる人材を育成しようという主旨である。

「ただ技術のみで立たんとする者は，一種の芸人にすぎない。・・・これからは，技術において優秀なばかりでなく，人間として教養のある文化人，しかも熱烈な科学的精神を抱きながら，自覚して行動する人でなければなりません」（小倉：149.）。1950年の小倉金之助のこのことばは，新教育の理念であった。

また研究体制としても，各分野がバランスをもって発展しうることが大切である。そのためには研究者の組織が，長期的・総合的な視野の下で，自主的に人事や予算を決定しうることが必要である。研究の成果がすぐには社会に還元されないような基礎的な分野や専門分野もある。

軍拡競争のなかで，各国とも，軍事科学の分野に高額の予算を投入したため，他の分野との間に不均衡が生まれている。ソ連が崩壊した後に，多数の核科学者が失業したが，これもゆがみの結果ということができよう。また，とくに自然科学系分野では高額の設備投資と研究費が必要であり，産学共同は推進すべきであるにしても，特定の産業と結びつきのない分野にも，研究費を保障しなければならない。

教育における教師・国民・政府

初等・中等教育においても，教師の自主的な研究・教育の保障が出発点である。この分野は，戦後大改革がおこなわれたが，戦前からの連続性が大きく，さらに逆戻りの力が強く働いているように思われる。

たとえば，教科書検定によって，1982年の「文部省告示第151号」

の検定基準の一部改正まで，戦時中の中国，韓国に対する日本の行動に「侵略」という用語を使えず，「進出」などと書き換えを強制されていた。それが学習指導要領に即していないという理由によってである。学習指導要領は当初は教師のための手引きとして書かれたものであったが，58年以降法的拘束力をもつとされ，それを基準として検定がおこなわれてきた。教科書検定について家永裁判が続けられてきたことはよく知られているが，この問題の本質について，遠山茂樹は次のように述べている。「教科書の記述に教育上の配慮が必要であることは，いうまでもない。私が反対しているのは，教育と学問とは別のものだ，教育の名において，学問の成果を教える自由，真実を明らかにするために必要な学問の自由をおかしても良いという，文部省側の教育観・学問観についてなのである」（遠山：248-249.）。

1999年の「国旗・国歌法」成立によって，学校での「日の丸」掲揚，「君が代」斉唱の強制がいっそう厳しくなった。しかし，この法律によって，掲揚，斉唱が義務化されているわけではなく，強制の根拠は，教科書検定と同じく学習指導要領である。このような教育課程の細目にわたる公権力の介入は，教師の教育実践を妨げ，教育の効果を減殺するものである。

「教員をストレイト・ジャケット（精神障害の疑いのある人などに着せる皮革製の手足が動かなくなるほどきつい狭窄衣）から解放することが，日本教員民主化の第一歩であり，目的である」という1946年のアメリカの教育使節団の報告は，いまも適切である（羽仁『自伝的昭和史』：167.）。

第二次世界大戦直後，マーク・ゲインは，ある校長に対するインタビューで，「（教師たちが）民主主義の観念を日本の青年に教えることができると考えているかときいたら，彼は確信をもって答えた。『もちろん。東京からの命令の来次第』」と記録している（マーク・ゲイン，上：58.）。また教師をこのようにしたいのであろうか。

4 全面的完全軍縮への歩み

国際法における戦争放棄条項

　1928年8月にパリで調印された不戦条約第1条では,「締約国ハ,国際紛争解決ノ為戦争ニ訴フルコトヲ非トシ,且其ノ相互関係ニ於テ国家ノ政策ノ手段トシテノ戦争ヲ放棄スルコトヲ其ノ各自ノ人民ノ名ニ於テ厳粛ニ宣言ス」と定めている。この全3条の簡潔な条約には,当時の独立国の大部分60カ国が調印した。日本政府は,このなかの「人民ノ名ニ於テ」の字句が帝国憲法に合わないとして,日本国に限って適用されないとの了解の下に批准した。しかし,日本は31年9月,満州事変によってこの条約を最初に破り,不戦の合意を破綻させたのである。

　1970年10月の国連総会で決議された友好関係宣言では,冒頭で,「総会は・・・1. つぎの諸原則を厳粛に宣言する。国家は,その国際関係において,武力による威嚇または武力の行使を,いかなる国家の領土保全または政治的独立にたいするものも,また国際連合の目的と両立しない他のいかなる方法によるものも慎まなければならないという原則」と記している。

　そして不戦条約から50年後の1978年6月の第1回国連軍縮特別総会は,「効果的な国際管理の下における全面完全軍縮を目ざした国際軍縮戦略の基礎を置くことを決意」したとして採択した最終文書の序文で,「国際関係における武力の行使を放棄し,軍縮のなかに,すなわち現存レベルの軍備の削減に始まる漸進的だが効果的なプロセスにより,安全保障を求める時がきている」と述べ,第5項(全面完全軍縮,平和・安全・経済的社会的開発)で,国連加盟国は,全面完全軍縮がもっとも重要であり,平和,安全,経済的社会的開発は不可分であるというその人民の確信を十分に知っており,したがって,それに

応じる義務と責任は普遍的なものであることを承認している、とし、軍縮の目標、方法、計画について細かく定めている。

これらの条項は、日本国憲法の精神と一致し、相互に補完するものである。

軍縮協定は、厳しい査察、検証、管理の体制を前提とする。しかし、これはすでに開発、所有している国の優位を固定することになる。たとえば、1946年アメリカが提案したバルーク案は、アメリカの核独占をもたらすことになるとして、ソ連の反発をかった。したがって、全面完全軍縮がもっとも現実的ということになるのであるが、それにいたる道筋として、自発的に徐々に軍縮を進めていくという、アメリカのオズグッドの「緊張緩和への段階的・相互的イニシアチブ」が求められる。

軍縮の歴史

本格的な軍縮についての最初の規定は、1919年6月に調印された国際連盟規約第8条（軍備縮小）である。その第1項は、「聯盟国ハ、平和維持ノ為ニハ、其ノ軍備ヲ国ノ安全及国際義務ヲ協同動作ヲ以テスル強制ニ支障ナキ最低限度迄縮少スルノ必要アルコトヲ承認ス」と定める。この後、海軍については、1922年2月のワシントン条約、30年4月のロンドン条約が結ばれたが、ヒトラーの出現などによって、まもなく廃棄、失効した。

通常兵器については、1868年11月に署名されたサンクト・ペテルブルク宣言があるが、そこには、「文明の進歩はできる限り戦争の惨禍を軽減する効果をもつべきであること、戦争中に国家が達成するために努めるべき唯一の正当な目的は敵の軍事力を弱めることであること、そのためにはできるだけ多数の者を戦闘外におけば足りること、すでに戦闘外におかれた者の苦痛を無益に増大し又はその死を不可避ならしめる兵器の使用は、この目的の範囲を越えること、それ故、そ

のような兵器の使用は人道の法則に反すること，を考慮し，」と述べられている。1899年7月に署名され，1900年9月に発効したダムダム弾禁止宣言（外包硬固ナル弾丸ニシテ其ノ外包中心ノ全部ヲ蓋包セス若ハ其ノ外包ニ截刻ヲ施シタルモノノ如キ人体ニ入テ容易ニ開展シ又ハ扁平ト為ルヘキ弾丸ノ使用ヲ禁スル宣言），最近のものとして，1981年4月署名，83年12月発効の特定通常兵器条約（過度に傷害を与え又は無差別に効果を及ぼすことがあると認められる通常兵器の使用の禁止又は制限に関する条約）がある。日本は，96年5月に改正された付属議定書2（地雷，ブービートラップ及び他の類似の装置の使用の禁止又は制限に関する議定書），95年10月に採択された議定書4（失明をもたらすレーザー兵器に関する議定書）も，97年5月に国会承認した。

毒ガスについてはすでに1899年7月に調印され，1900年9月発効した毒ガスの禁止に関するハーグ宣言（窒息セシムヘキ瓦斯又ハ有毒質ノ瓦斯ヲ散布スルヲ唯一ノ目的トスル投射物ノ使用ヲ各自ニ禁止スル宣言），25年6月調印，28年2月発効したジュネーヴ毒ガス議定書（窒息性ガス，毒性ガス又はこれらに類するガス及び細菌学的手段の戦争における使用の禁止に関する議定書）がある。日本は，後者については70年5月にようやく国会で承認し，批准書を寄託した。

化学兵器，生物兵器，環境兵器については，1969年12月の国連総会の化学・生物兵器禁止決議，72年4月調印，75年3月効力発生の生物・毒素兵器禁止条約（細菌兵器＜生物兵器＞及び毒素兵器の開発，生産及び貯蔵の禁止並びに廃棄に関する条約，日本は82年6月に批准），93年1月に調印され，97年4月に発効し，日本も同日批准した化学兵器禁止条約（化学兵器の開発，生産，貯蔵及び使用の禁止並びに廃棄に関する条約），77年5月に調印，78年10月に発効，日本は82年6月に加入書を寄託した環境改変技術禁止条約（環境改変技術の軍事的使用その他の敵対的使用の禁止に関する条約）などがある。最後の条約の環境改変技術は，第2条に，自然の作用を意図的に操作すること

により地球(生物相,岩石相,水圏及び気圏を含む)又は宇宙空間の構造,組成又は運動に変更を加える技術,と定義されており,了解事項として,地震,津波,地域の生態学的均衡の破壊,天候(雲,降水,各種のサイクロン及び嵐)の変更,気候の変更,海流の変更,オゾン層の変更,電離層の変更が例示されている。

これらの禁止条約は,検証制度がないと実際の効果は減殺される。法的拘束力をもたせるためには,国連機関などの権限の強化が必要である。また強国が率先して禁止のイニシアチブをとらなければならない。たとえば生物・毒素兵器禁止条約は,アメリカが運用検討会議に参加せず,炭疽菌などは実質的には野放しである。

核兵器についての国際司法裁判所の勧告的意見

上に述べてきたような,通常兵器,化学・生物・環境兵器に比べ,はるかに残虐な核兵器の禁止は,まだ実現していない。

国連総会では,1961年11月にすでに,核兵器使用禁止を決議しているが,国連の常任理事国である核をもつ大国の意思に反した条約を結ぶことは不可能である。しかし,世界保健機関総会と,国連総会は,それぞれ93年5月と94年12月に,国際司法裁判所に勧告的意見を求める決議をおこない,95年10月から11月にかけてWHO代表と22カ国の代表に対して口頭審理をおこなった上で,96年7月勧告的意見(核兵器の威嚇又は使用の合法性に関する国際司法裁判所の勧告的意見)を提出した。

日本は政府代表の他,平岡敬広島市長,伊藤一長長崎市長が口頭陳述をおこなったが,「傍聴した各国の平和運動家たちも非常に感動し,両市長の陳述によって法廷内の雰囲気が変わったといい,その後に登場して核兵器違法の陳述をした各国の政府代表らを勇気づけ,自信をもって違法の陳述をしたように見えたという」(池田真規「世界法廷での広島・長崎市長」『軍縮』1996.6:59-60.,平岡市長の口頭陳述の一部

は第Ⅰ部3章61-62.)。

　国際司法裁判所の勧告的意見は,「核兵器の威嚇または使用は,武力紛争に適用される国際法の諸規則,そしてとくに人道法の原則及び規則に,一般に違反するであろう。しかしながら,国際法の現状及び裁判所の有する事実の諸要素を勘案して,裁判所は,核兵器の威嚇または使用が,国家の存亡そのもののかかった自衛の極端な事情のもとで,合法であるか違法であるかをはっきりと結論しえない(7票対7票,裁判所長のキャスティング・ボート)。厳格かつ効果的な国際管理の下において,すべての側面での核軍縮に導く交渉を誠実に行いかつ完結させる義務が存在する(全会一致)」というものとなった。

米ソの核軍縮

　1980年代半ば,ソ連のゴルバチョフ政権によって,ソ連の核兵器廃絶の原則論とアメリカの検証・査察による信頼醸成の主張の対立がやわらぎ,若干の進展がみられ,西欧における危機感の高まりが,この機運を熟させた。87年に米ソ間で調印された中距離核戦力条約(ＩＮＦ条約)は,その結実であった。これによって91年までに中距離核ミサイルの全廃が実現され,相互的イニシアチブの発揮によって,冷戦終結の始まりが画された。続いて91年7月には,戦略核兵器の削減を定めた第1次戦略兵器削減条約(ＳＴＡＲＴ１)がブッシュ・ゴルバチョフの間で調印されたが,93年1月には,ブッシュ・エリツィンの間で,戦略核弾頭をさらに半減,3000～3500個に制限する第2次戦略兵器削減条約(ＳＴＡＲＴⅡ)が調印された。

　核実験禁止については,1963年に,米ソ英間で大気圏内,宇宙空間,水中の核実験を禁止した部分的核実験禁止条約(ＰＴＢＴ)が調印された。この後68年に核不拡散条約(ＮＰＴ)が,調印され,70年に発効し,96年には国連総会で包括的核実験禁止条約(ＣＴＢＴ)が採択された。

核兵器はあまりにも破壊力が大きく危険なため，これまでは使用されず，政策との関連性がなくなったともいわれている。しかし，いったん大国間で武力衝突が起きた場合には，通常兵器の範囲で抑制することは難しいであろう。双方とも相手が先に核を使用するのではないかと恐れるからである。安定した平和は，全面完全軍縮の下でしかありえない。

核廃絶の国際世論の強まり

国連総会では，非同盟諸国が1994年に，核軍備の削減・撤廃の原則的決議を提案し始め，それに対し日本は核軍備の不拡散と管理に力点をおく「究極的核兵器廃絶」決議をくり返し提案している。

2000年9月初めミレニアム・サミットで始まった第55回国連総会では，5月の第6回核不拡散条約（NPT）再検討会議で採択された，アメリカや中国を含む核兵器国による「自国の核軍備の全面的な廃棄を達成するとの明確な約束」をもりこんだ決議が，賛成154カ国，反対3カ国，棄権8カ国の圧倒的多数で採択された。提案国はスウェーデンである。この決議は，CTBTの早急な署名・批准や兵器用核分裂物質の生産を禁止するカットオフ条約の2005年までの締結を呼びかけ，ジュネーブ軍縮会議に核軍備撤廃を担当する適当な補助機関を即時設置するよう訴え，この機関での多国間の核軍縮交渉の開始を求めた。

前回反対であった米英は賛成，棄権であった中国も賛成，反対であった仏ロは棄権した。非同盟諸国決議が，核廃絶を求める内容であるのに対し，日本の提案は，核軍備・不拡散には言及し，軍縮会議のなかに補助機関を設置して撤廃に向けた交渉をおこなうため作業計画に合意するよう呼びかけており，圧倒的多数の賛成は得たが，2001年中の作業開始を求める文言はなく，迫力を欠いている。

NPTには，187カ国が調印しているが，インド，パキスタン，

イスラエル，キューバは，核兵器国 5 カ国の核軍備保有を認める一方，他の非核兵器国を差別して保有を禁止する不平等条約であるとして加盟していない。そのためＮＰＴ再検討会議の最終文書の採択をうけて，国連総会が核兵器国による核軍備撤廃のたしかな約束を確認する決議を採択したことは，法的な拘束力はないにしても，廃絶の約束が普遍性をもったことを意味している。

ミサイル防衛計画を進めるアメリカに対し，ロシア，中国，ベラルーシは，1972 年調印の対弾道ミサイル制限（ＡＢＭ）条約の順守を求めており，フランスをはじめＮＡＴＯ加盟国の多くも批判的である。

2000 年の決議は，核兵器廃絶が圧倒的多数の諸国の賛同する目標として定着する上で貢献した。反対した 3 カ国のうちインドとパキスタンは，核廃絶に原則的には賛同している（参照　藤田俊彦「2000 年国連総会の核兵器関連決議について」『平和文化研究』第 24 集，2001.）。

年表　戦後軍縮

1953. 8.12　ソ連，最初の水爆実験
　54. 3. 1　米，ビキニで水爆実験
　55. 4.18　バンドンでアジア・アフリカ会議（〜24）
　　　7. 9　ラッセル・アインシュタイン宣言
　　　8. 6　原水爆禁止第 1 回世界大会
　57. 7.11　第 1 回パグウォッシュ会議
　　　8.26　ソ連，ＩＣＢＭ実験成功
　59.11.20　国連総会，全面完全軍縮に関する 82 カ国決議採択
　61. 9. 1　ベオグラードで第 1 回非同盟諸国首脳会議（〜 6）
　63. 8. 5　米英ソ，部分的核実験禁止条約調印
　64.10.16　中国，原爆実験に成功
　66. 1. 5　ハバナで 3 大陸人民連帯会議（〜15）
　68. 6.18　国連総会，核不拡散条約（ＮＰＴ）採択

72.	5.26	対弾道ミサイル制限（ＡＢＭ）条約調印
75.	7.30	全欧安保協力会議（ＣＳＣＥ）首脳会議
	8.13	５カ国，ヘルシンキ宣言，最終文書に調印
78.	6.30	国連軍縮特別総会第１回，４最終文書を採択
79.	6.18	米ソ首脳，ＳＡＬＴⅡ条約など４文書に調印
83.	4.23	レーガン大統領，戦略防衛構想（ＳＤＩ）発表
87.12. 8		米ソ首脳，欧州中距離核（ＩＮＦ）廃棄条約調印
91.	7.31	戦略兵器削減条約（ＳＴＡＲＴⅠ）調印（94.12.5発効）
93.	1. 3	米ロ大統領，ＳＴＡＲＴⅡ調印
96.	7. 8	国際司法裁判所，核兵器による威嚇又は使用は，一般的には武力紛争に適用される国際法，とくに人道法に反すると「意見」
	9.10	包括的核実験禁止条約（ＣＴＢＴ），国連総会で採択
97.	9.18	対人地雷全面禁止条約採択（12.3調印）
98.	5.11	インド地下核実験
2001.12.13		米，ＡＢＭ条約からの一方的脱退通告を発表

終章　21世紀の展望

1　国際関係論の課題

江口朴郎の所論

　国際関係論は，1951年東京大学に，教養学部を学部として成立させるため，教養課程の社会科学，人文科学，語学の教員を中心スタッフとして，3，4年のシニア課程教養学科の1分科として設置された。

　このとき，国際法，国際政治，国際経済，外交史等々従来の社会科学やマルクス主義の立場からの，アメリカ的プラグマティズムとしての批判もあったが，江口は，日本の学問がドイツの影響の下に，原則や権威の面から現実をみる傾向があるので，むしろ具体的現実から原則をみることに積極性を求め，西欧以外の地域を理解するためには，このような態度がとくに必要であるとした。現実は多面的であるので，研究は自ずから学際的にならざるをえない。それは狭くなりやすい専門の枠を超えて，広い視野，すなわち教養をもった主体を育てることになるであろう，と考えたのである。

　「矢内原先生（矢内原忠雄，1949年東京大学教養学部長，51～57年総長）が諸社会科学関係部門からの反発に抗してInternational Relationsに熱意をしめされたとき，先生は当然，日本における明治以来のアメリカ的伝統―つまりその開拓者的側面―に積極性を感じておられ，クラーク氏から新渡戸（稲造）氏にいたる人びとに見られるようなアメリカの学問の積極性を評価する側から，そうされたのであろう」（江口：159.）。

諸科学，諸地域研究の総合と協力

　国際関係論の発展のためには，地域研究を深めることが不可欠であり，その前提として，宗教的伝統や言語などの文化を理解しなければならない。そのさい，現実と基本的世界観との絶え間ないフィードバックがなければ，ある地域を正確に認識することはできない。これは，プラグマティズムが常に反省しなければならない点である。しかし，原則的な建前や道徳的見地が先に立ち過ぎないよう，つねに地域の大衆の意思と利益が出発点とならなければならない。

　ここで国や民族でなく地域研究としたのも意味があり，地域こそがこれからの世界の単位となるであろうという見通しが含まれていると考えるべきであろう。

　「国際関係論は，普通の意味での専門分野というよりは，むしろ，諸分野や諸研究が課題の相対的意味を全体のなかで位置づけていくひとつの場であると考えたい」(163.)。すなわち，地域，国際関係，文化交流，民族問題，戦争，環境問題など本書でも述べてきた対象や問題をさまざまな諸科学の方法を用いて分析し，そのなかで，歴史学，経済学，政治学，法学，社会学など諸科学が交流，総合する場として位置づけた。その後，国際関係論独自の分野も開拓されているが，基本的には現在もこのように考えられる。

　いま国際関係論は多くの大学におかれるようになり，また，いわゆる国際化，グローバリゼーション，日本の経済力の発展・国際的地位の向上や，大学の大衆化，成人教育の拡大，留学生の増加に伴う大学改革のなかで，国際政治経済学部，国際交流学部，国際学部，国際関係学部，国際文化学部など国際関係論と地域研究を学べる大学が増えている。

　50年前には予想もできなかったが，現在日本のGNPは世界第2位であり，世界に対する責任は，比べもののないほど重くなっており，国際関係論と地域研究の必要性ははるかに大きくなった。そのさい，

われわれとしては，まずアジアから出発するのが，順当であろう。

国際関係論の概念

現在の日本における国際関係論の概念をつかむため，いくつかのテキストについて，その構成を紹介しておきたい。

高田和夫編『国際関係論とは何か』1998.
　第1部　生活環境の世界化
　1. 食糧危機論からみた地球的問題群　2. 経済のグローバル化
　3. ポスト冷戦の安全保障　　　　　　4. インターネットと国際関係
　5. 人権と国境
　第2部　国際関係の主体の多様化
　6. 主権国家と国際社会　　　　　　　7. 国民国家と「民族の共生」
　8. 地域主義と国民国家　　　　　　　9. オーストリアの「外交空間」とＥＵ
　10. 国際機構の新しい役割　　　　　 11. 外交の多元化
　12. ＮＧＯと国際開発協力　　　　　 13. 地域に生きる

川田侃『現代国際関係論』1979.
　序．国際関係論の発達
　1. 国際関係の構造　　　　　　　　　2. 双極体系と多極化
　3. 戦後経済の動態　　　　　　　　　4. 南北問題の展開
　5. 社会主義世界の新動向　　　　　　終. 国際関係と日本

フランケル『国際関係論』1972.
　1. 国際関係の単位としての国家　　　2. 外交政策の形成
　3. 大国の外交政策　　　　　　　　　4. 国家間の相互作用と国力
　5. 国家間の相互作用の手段と技術　　6. 国際社会と今日の諸問題
　7. 国際社会を維持するための手段と機関　8. 将来への展望

進藤栄一『現代国際関係学』2001.
  第1編　生成　歴史と思想
    1部　国際社会の誕生
      中世の終焉　近代から20世紀へ
    2部　国際関係思想の潮流
      リアリズム思想の水脈　リベラリズムから帝国主義論へ
  第2編　発展　リアリズムと批判者たち
    3部　国際関係学の登場
      2つのアプローチ　科学主義の導入
    4部　代替理論の模索　リアリズム批判へ
      官僚たちの舞台　相互依存の世界　第三世界の反乱
  第3編　転回　グローバル化の海
    5部　冷戦後世界から
      ネオリアリズムの処方箋　ネオリベラル制度主義の隆盛
      構造主義からの脱却
    6部　脱構造主義の諸相
      批判理論の挑戦　ポストモダンの華麗な世界像
      文化への回帰　ジェンダーと周辺化
  第4編　射程　21世紀世界へ
    7部　国際関係学の政策
      紛争と平和　通商と投資　外交と安全保障
    8部　国際協力政策
      軍縮・援助・環境　経済援助の力学　環境と倫理

2 世界のなかのアジア

アジアとは何か

アジアは広く,地域的には,東アジア(北アジア,東南アジア),南アジア,内陸アジア(中央アジア),西アジアなどと区分されているが,その他,近東,中東,極東といった呼び方もおこなわれている。後者が,ヨーロッパからみた概念であることは,ただちに明らかであるが,50年前には,より広く,欧米に対抗する地域として,アジア・アフリカ・ラテンアメリカというくくりが提示され,バンドン5原則などアジアからの新しい国際関係像が打ち出された。その後,欧米への経済的従属を意識して,辺境,周辺,後進などという分け方も示されたが,そのさいのアジアは南北問題の「南」とされ,日本は除かれる。これらの地域は,1900年には,世界人口16.5億人中10.8億人で65%を占めたが,2000年には60億人のうち48億人,すなわち8割に増加しており,2050年にはその比率は9割近くに達するものとみられる。

日本はアジアか,ヨーロッパか,という点は,21世紀の国際関係像を考えるさいにつねに問題になるところである。

アジアの視点

欧米の視点からの国際関係論に対して,アジアの視点を提示するとすれば,人口が多く,いま発展しつつある中国が,その存在によって重要な問題提起をしていると考えるのが,当然であろう。

しかし,本書ではあえて,日本の視点をだしたつもりである。その基本は,日本国憲法の精神である。そのことは序章3に述べたが,ここでは,1887年に中江兆民『三酔人経綸問答』に述べられた次のような,「西欧人の視点」を引きたい。

「文明の進歩におくれた一小国が，昂然としてアジアの端っこから立ちあがり，一挙に自由，博愛の境地にとびこみ，要塞を破壊し，大砲を鋳つぶし，軍艦を商船にし，兵卒を人民にし，一心に道徳の学問をきわめ，工業の技術を研究し，純粋に哲学の子となったあかつきには，文明だとうぬぼれているヨーロッパ諸国の人々は，はたして心に恥じいらないでいられるでしようか。もし彼らが頑迷凶悪で，心に恥じいらないだけでなく，こちらが軍備を撤廃したのにつけこんで，たけだけしくも侵略して来たとして，こちらが身に寸鉄を帯びず，一発の弾丸をも持たずに，礼儀ただしく迎えたならば，彼らはいったいどうするでしようか。剣をふるって風を斬れば，剣がいかに鋭くても，ふうわりとした風はどうにもならない。私たちは風になろうではありませんか。・・・自由を軍隊とし，艦隊とし，平等を要塞にし，博愛を剣とし，大砲とするならば，敵するものが天下にありましようか」（中江：14, 15.）。

日本の対外援助

アジアといっても大部分の国は欧米指向で，日本についての関心は，こちらで考えているほどではない。アジア太平洋戦争の戦場となった地域では，つながりは賠償の形で始まり，それが輸出拡大に引き継がれたが，1970年代ころから，より高い理念が求められるようになり，92年6月に政府開発援助大綱が定められた。そこには基本理念として，環境と開発の両立，民主化の促進，市場経済化，軍事的利用の回避などがうたわれている。

途上国や国際機関に対しておこなう援助や出資のうち，途上国の経済発展と福祉の向上を主たる目的とし，かつグラント・エレメント（贈与及び贈与相当分）が少なくとも25％以上のものを，政府開発援助（ODA，Official Development Aid）とよび，1970年の国連総会でGNPの0.7％を目標値として設定した。日本は98年実績で0.28％

であるが,総額では106億4000万ドルで,それまで8年間連続して最大の供与国となっている。

ODAには,二国間贈与,二国間貸付,国際機関への出資・拠出があるが,二国間贈与の実施機関は,外務省,国際協力事業団(JICA),その他の関係省庁である。主に二国間資金援助をおこなう機関としては,1999年に発足した国際協力銀行がある。

文化無償協力援助

外務省が実施するODAとして,文化無償協力援助がある。これは1件5000万円を限度とする無償援助で,対象は,政府機関ないし公共の機関あるいは団体,援助する機材は,文化施設関連機材,教育施設関連機材,スポーツ器材,文化財・遺跡保存関連機材,楽器,日本語教育関連機材などである。

わたしは,2001年3月,評価調査団に参加するというかたちで,文化無償協力事業にはじめてかかわる機会を得,トルコのアンカラ,ウズベキスタンのタシケント,キルギスのビシケク,カザフスタンのアルマトゥの4カ国4都市を訪問し,10の案件について日本国際協力システム(JICS)の方とともに評価調査をおこなったので,その経験と感想を記し,日本の援助の一端を紹介したい。

供与した機材は,全体として予想よりずっとよく保持,活用,管理されており,受け入れ先はどこも調査にも協力的であった。ビシケクの劇場で全部が日本の無償援助の楽器によるという練習風景をみせてもらったときには感動した。アルマトゥでも,楽器は日本の援助によるものだけであった。放送局では機器とともに供与されたビデオテープを大切に何十回も使っているということであった。

訪問先では挨拶のあとまず,「今回私どもがこの(大学)に参りました目的は,日本から供与された機材が,整備,活用されていることを確かめることです。私どもはそのようすを日本国民に報告し,こ

れによって文化無償協力援助に対する支持を強め，この政策をいっそう広げていきたいと思っています」といった趣旨を述べた。今度の4カ国は，途上国とはいっても教育水準は高く，文化無償協力援助の目的，われわれ評価調査団の主旨をよく理解し，真剣に対応してくれた。

楽器やビデオ，照明器具，コンピューター等の機材の供与は，平和を国是とする日本にもっともふさわしい援助の形態である。利用される場所も，大学や美術館，劇場等で，研究者や教員，学生，芸術家等が集うところであり，心から援助を喜び，大切に使用していた。

日本に財政的な余裕はなく，このような機材の購入は本来自前でおこなうべきであるという意見もありうるが，中長期的にみれば，無償援助のかたちでの相手国との文化的交流の強化は，政治的・経済的関係を密接にしていく基礎となるものであり，「経済大国」の義務であると同時に，結局は日本のためにもなるであろう。

あるイスラムの国で働いていた建設コンサルタントは，そのことを次のように表現している。「ＯＤＡっていうのは日本が金持ちで貧しい国を援助するっていうだけじゃないんですよ。日本がお金持ちでいるためには，ＯＤＡが必要なんです。アジアやアフリカ，中南米全体に国力がつけば購買力がつくでしよう。日本製品が売れる。その循環です」（柳原：421.）。

たとえば，独裁的と思われるような政治的体制を強めたり，その分，財政的に軍備に回されることになるという危惧もありうるが，このような問題は，援助に絡めず，別のかたちで解決していくべきであろう。

援助は孤立させず，国や民間の他の活動や援助と組み合わせていくことが望ましい。そのさい，日本における先方の地域の研究の充実と，広範な日本人がこの地域に関心を深めるような国内の方策の必要性を強調したい。この地域で働く日本人，ここを訪問する日本人が，ここの社会や歴史，言語に通じていることが，援助が効果をあげるための出発点であろう。

3 アメリカの世界支配と日本の役割

日米関係の新段階

　第二次世界大戦終結時,アメリカは一国で世界の鉱工業生産の6割以上,他の連合国に対する巨額の債権という圧倒的な経済力を基礎に,IMF,世界銀行,GATTを柱とし,自由貿易による世界経済体制を形成し,突出した軍事力を背景として,世界をリードした。

　第Ⅰ部3章に述べたように,戦後アメリカは,朝鮮戦争,ヴェトナム戦争の当事国となった。日本は,空襲による工業生産設備や鉄道の被害は比較的少なかったとはいえ,老朽化と荒廃ははなはだしく,1946年の鋼材生産量は36万t,セメント93万t,電力は2700万kWhであった。しかし日本は,アメリカのかかわった戦争の特需をバネとして,半世紀の間に経済を大きく発展させ,99年のGNPは,アメリカ8兆1530億ドルに対し日本は4兆789億ドル,人口1人あたりにするとアメリカ3万600ドルに対し日本3万2230ドルで,日本の方が多くなっている。いわば経済大国となったのである。

　国際政治のなかでの日本の発言は,経済力に見合っていない。たしかにアメリカとの経済的つながりは強く,友好関係の維持,強化は必要である。日米安保条約によって,軍事的にも同盟を結んでいるが,これは日本に経済力がなかった50年前に締結されたものであり,今日もそのままでよいとはいえない。

　さらに冷戦の終結によって,国際的政治構造は大きく変化しており,世界のなかでの責任からすると,方針の根本的再検討は当然であろう。

　アメリカ側も当然,日本との同盟関係を検討しつつあると思われるが,2001年9月11日のテロ事件は,アメリカに孤立主義化を反省させた面もあるようである。しかし,この事件からくみ取るべき教訓は,アメリカと同じではないはずである。

ここで日米安全保障条約50年を振り返ってみよう。

1951. 9.	講和条約と日米安保条約に調印
60. 1.	新安保条約と地位協定に調印
70. 6.	安保条約，自動延長
74. 9.	ラロック元海軍少将，核武装寄港を証言
78.11.	思いやり予算。日米防衛協力のための指針（ガイドライン）決定
81. 5.	日米共同声明で同盟関係明記。鈴木善幸首相，シーレーン防衛表明。ライシャワー元駐日大使，核持ち込み寄港口頭了解発言
95. 2.	米国防省，ジョセフ・ナイ・イニシアチブと呼ばれる東アジア戦略構想を発表
96. 4.	橋本・クリントン会談，ナイ・イニシアチブを反映し，冷戦終結後の安保の役割を再定義した日米安保共同宣言発表
97. 9.	日米，新ガイドラインで合意，「極東」に代わり「周辺地域」登場
99. 5.	周辺事態安全確保法など新ガイドライン関連法成立
2001.10.	テロ対策関連法案成立

元駐インド大使の野田英二郎は，次のように日米安保条約の廃棄を論じている。すなわち，日本には現在米国との共通の敵は存在しない。米国にとって軍事基地の維持が重要であるが，とくに沖縄を中心とする住民との摩擦を引き起こしており，大多数の日本人は莫大な経費を負担してまで基地を維持することを納得していない。米中間の軍事衝突が起こったときには，日本と中国間の友好関係を害することになる（豊田『軍縮』No.251：3. より）。

＊在日米軍駐留経費負担は，2001年度予算では総額2573億円で，内訳は，

　　労務費の負担　　　　1486億円（57.7%）
　　提供施設の整備　　　 819億円（31.8%）
　　光熱水料等の負担　　 264億円（10.3%）
　　訓練移転費の負担　　 4億円　（0.2%）

『防衛白書』2001年版

ショウ・ザ・フラッグ

　これは，同時多発テロ発生直後の2001年9月15日に，アーミテージ国務副長官が柳井駐米大使に求めたといわれることばで，日本の最大限，全面的な関与の要求であった。9月21日以降の海上自衛隊艦艇による米艦艇の警備は，集団的自衛権の行使であり，これまでの政府の憲法解釈に照らしても違憲である。すなわち，1954年に下田条約局長が，他国防衛のために自国領域外に部隊を出動させるという意味での集団的自衛権の行使は，第9条2項の交戦権禁止条項のゆえに違憲と明言して以来，同権利の行使と海外派兵は憲法上認められないという政府の立場は一貫しているからである。

　10月29日には，米軍などの軍事行動を支援するためのテロ対策特別措置法など関連3法が参議院で可決成立した。1999年の周辺事態法では，自衛隊の活動範囲は日本周辺の公海やその上空に限定されていたが，それが外国の領域へと広がったのである。11月9日には，インド洋に向け，第一陣が佐世保を出港した。

　アフガニスタンに対する軍事行動が，今後簡単に収拾されるとは思われないが，憲法にのっとり，国際連合の決定を伴いつつ，軌道修正されることが望まれる。

　2001年9月11日のテロの背景には，第1に「南」の貧しさがあり，第2にそのような世界構造を軍事力で維持しようとしてきたアメリ

カの政策がある。軍事力での自衛に限界があることを，はっきりと示したものといえよう。しかし現状では，アメリカは逆の方向に進んでおり，世界の大勢から孤立しつつあるように思われる。

今こそ日本国民の声を世界に

かつて 1963 年に，イギリスの政治家かつ学究で，1959 年にノーベル平和賞を受けたノエルベーカーは，次のように述べた。

「私は日本政府がもっと多くのことを果たしてくれることを希望する。私は日本国民全体の声が恐るることなく，また力強く世界中に鳴りひびくことを希望する。・・・日本国民は，その偉大な知的天賦，その高い科学上の名声，その組織力をもってすれば，世界的問題に対して，かつて過ぎ去った時代にもっていたよりもはるかに偉大な，はるかに高貴な影響力を自国にもたせることができるだろう。・・・そしておそらく，他のどの国民にも劣らず，日本の国民には軍備と戦争とを終わらせるための努力を援助する義務があると思う」(前芝訳：はしがき 6-7.)。

引用文献

　ここには，引用した文献を中心に記した。本文には，著者名とページのみを注記した。

　雑誌，新聞の論文，記事については，その箇所に注記した。

　『軍縮問題資料』は，『軍縮』と略記した。

　下記の拙著に書いたことについては，とくに注記していない。

『スターリン民族政策の研究』，有信堂，1993

『20世紀の世界史』，山川出版社，1995

『増補版　ソ連の歴史』，山川出版社，1996

『ロシア現代史と中央アジア』，有信堂，1999

「イデオロギーとしての社会主義」樺山紘一他編『世界史へ』，山川出版社，1998

「ソ連史における独ソ戦期農業」『歴史評論』No. 515，1993

「日ソ関係のなかのモンゴル民族」藤木久志他編『攻勢と防衛の軌跡：人間にとって戦いとは　4』，東洋書林，2002

　以下，著者の50音順

明石紀雄他『エスニック・アメリカ』，有斐閣，1984

浅井基文『国家と国境』，ほるぷ出版，1992

朝日新聞調査研究室『中ソ論争』，朝日新聞社，1963

朝日新聞社編『沖縄報告，サミット前後』，2000

『あたらしい憲法のはなし』，文部省，1947

荒井信一『戦争責任論』，岩波書店，1995

新崎盛輝『沖縄現代史』，岩波新書，1996

飯塚浩二『日本の軍隊』，岩波書店，1991

飯沼二郎『日本農業の再発見』, 日本放送出版協会, 1975
家永三郎『戦争責任』, 岩波書店, 1985
石堂清倫『20世紀の意味』, 平凡社, 2001
石堂清倫『大連の日本人引揚の記録』, 青木書店, 1997
石堂清倫『中ソ論争論』, 青木書店, 1963
板垣雄三編『「対テロ戦争」とイスラム世界』, 岩波新書, 2002
板倉卓造『国際紛争史考』, 中央公論社, 1935
井上ひさし『コメの話』, 新潮文庫, 1992
岩田昌征『ユーゴスラヴィア多民族戦争の情報像』, 御茶の水書房, 1999
宇沢弘文『地球温暖化を考える』, 岩波新書, 1995
栄沢幸二『「大東亜共栄圏」の思想』, 講談社, 1995
ウォーラースティン, I. 他『世界システムを読む』情況出版, 2000
ウッド, E.M., 石堂清倫監訳『民主主義対資本主義』, 論創社, 1999
江口圭一『十五年戦争研究史論』, 校倉書房, 2001
江口朴郎『現代史の選択』, 青木書店, 1984
エンゲルス, F., 大内兵衛訳『空想より科学へ』, 岩波文庫, 1946
大石芳野『悲しみのソビエト』, 講談社, 1991
大岡昇平『証言, その時々』, 筑摩書房, 1987
大崎平八郎編『社会主義経済論』, 有斐閣, 1986
大島清『食糧と農業を考える』, 岩波新書, 1981
大田昌秀『新版　醜い日本人』, 岩波書店, 2000
大沼保昭『東京裁判から戦後責任の思想へ』増補版, 東信堂, 1993
大沼保昭・藤田久一『国際条約集2002』, 有斐閣, 2002
大森実編『現代の戦争』, 講談社, 1986
小倉金之助「数学者の回想」『日本人の自伝14』, 平凡社, 1982
カー, E.H., 塩川伸明訳『ロシア革命, レーニンからスターリンへ』,

岩波書店，2000
カー，E.H.，富永幸生訳『独ソ関係史』，サイマル出版社，1972
カー，E.H.，井上茂訳『危機の20年 1919-1939』，岩波文庫，1996
カストロ，F.，岡部広治訳『カストロの提言』，ほるぷ出版，1983．
鎌田慧『アジア絶望工場』，講談社文庫，1987
加茂雄三『地中海からカリブ海へ，これからの世界史6』，平凡社，1996
カリエール，F.，坂野正高訳，『外交談判法』，岩波文庫，1978
カント，I.，宇都宮芳明訳『永遠平和のために』，岩波文庫，1985
ガーンディー，M.K.，田中敏雄訳『真の独立への道』，岩波文庫，2001
木畑洋一『支配の代償』，東京大学出版会，1987
木村毅『ドゥホボール教徒の話』，恒文社，1979
ギラン，R.，根本長兵衛訳『日本人と戦争』，朝日新聞社，1979
陸井三郎編訳『ベトナム帰還兵の証言』，岩波新書，1973
久保田正明『クレムリンへの使節，北方領土交渉1955-1983』，文芸春秋，1983
クラパラニー，K.，古賀勝郎訳『抵抗するな，屈服するな』，朝日新聞社，1970
ゲイン，M.，井本威夫訳『ニッポン日記』上，筑摩書房，1952
国際連合広報局，国際連合広報センター監訳『国際連合の基礎知識』，世界の動き社，1999
斉藤孝『戦間期国際政治史』，岩波書店，1978
早乙女勝元『東京大空襲』，岩波新書，1971
参謀本部編『杉山メモ』上，原書房，1989
シェイファー，R.，深田民生訳『アメリカの日本空襲にモラルはあったか』，草思社，1996

重光晶『「北方領土」とソ連外交』，時事通信社，1983
幣原喜重郎『外交五十年』，原書房，1974
柴田三千雄他『世界現代史』，山川出版社，1985
市民の意見 30 の会編『「アメリカは正しい」か』，第三書館，1991
社会主義理論学会編『21 世紀社会主義の意味を問う』，御茶ノ水書房，1998
進藤栄一『国際関係学』，有斐閣，2001
ジョージ，S．，向寿一訳『債務危機の真実』，朝日新聞社，1981
杉原泰雄『民衆の国家構想』，日本評論社，1992
スターリン『ソ同盟の偉大な祖国防衛戦争』，国民文庫，1953
高木仁三郎『プルトニウムの恐怖』，岩波新書，1981
高杉一郎『極光のかげに』，岩波文庫，1991
高野雄一『国際法からみた北方領土』，岩波書店，1986
高橋正『21 世紀の国際政治』，学陽書房，1999
竹内好編『現代日本思想体系 9　アジア主義』，筑摩書房，1963
谷口佶『仔羊たちの戦場，ボクたち中学生は関東軍の囮兵だった』，読売新聞社，1988
田畑忍『非戦・永世中立論』，法律文化社，1981
ダワー，J．，三浦陽一他訳『敗北を抱きしめて』，下，岩波書店，2001
チャン，G．，栗原百代他訳『やがて中国の崩壊がはじまる』，草思社，2001
ツァゴロフ，N. A. 編，浅原正基訳『社会主義経済学』下，協同産業出版部，1975
筒井若水『戦争と法』，東京大学出版会，1971
常石敬一『消えた細菌戦部隊，関東軍第 731 部隊』，海鳴社，1981
鶴見俊輔編『戦後日本思想体系 4　平和の思想』，筑摩書房，1968
寺西千代子『国際ビジネスのためのプロトコール』，有斐閣，1985

デイヴィス，R.，内田健二他訳『現代ロシアの歴史論争』，岩波書店，1998
『東郷茂徳外交手記――時代の一面』，原書房，1967
戸坂潤『日本イデオロギー論』，岩波文庫，1977
戸坂潤『思想と風俗』，平凡社，2001
ドーリン，A.，亀山郁夫訳『約束の地の奴隷』，中央公論社，1991
中江兆民，桑原武夫・島田虔次訳『三酔人経綸問答』，岩波文庫，1965
中田正一『国際協力の新しい風』，岩波新書，1990
中西治『新国際関係論』，南窓社，1999
中村隆英『昭和史』1，東洋経済新報社，1993
中山弘正『学院の鐘はひびきて』，ヨルダン社，1996
七沢潔『原発事故を問う』，岩波新書，1996
ニコルソン，H.，斎藤真訳『外交』，東京大学出版会，1968
日本戦没学生記念会編『きけわだつみのこえ，日本戦没学生の手記』，岩波文庫，1995
ノエル゠ベーカー，P.J.，前芝確三他訳『軍備競争』，岩波書店，1963
『羽仁五郎歴史論著作集』4，青木書店，1967
羽仁五郎『自伝的昭和史』，講談社，1976
羽場久浼子『拡大するヨーロッパ』，岩波書店，1988
林克明『カフカスの小さな国』，小学館，1997
バラン，P.，他，小原敬士訳『独占資本』，岩波書店，1967
パイプス，R.，西山克典訳『ロシア革命史』，成文堂，2000
平岡敬『希望のヒロシマ，市長は訴える』，岩波新書，1996
平野謙他編『戦争文学全集』3，毎日新聞社，1971
広瀬隆『アメリカの巨大軍需産業』，集英社，2001
ファッセル，P.，宮崎尊訳『誰にも書けなかった戦争の現実』，草思

社，1997
フィリモフ，E. G. 編『ソ連のイスラム』，モスクワ，1983（露文）
深瀬忠一『戦争放棄と平和的生存権』，岩波書店，1987
藤井忠俊『兵たちの戦争』，朝日選書，2000
藤田俊彦『アメリカの世界新戦略』，新日本出版社，1992
藤原彰『餓死した英霊たち』，青木書店，2001
藤原彰『太平洋戦争史論』，青木書店，1982
古川純他『戦争と平和，人間の歴史を考える 13』，岩波書店，1993
古沢広祐『地球文明ビジョン』，日本放送出版協会，1995
星野昭吉『世界政治における行動主体と構造』，アジア書房，2001
ボッファ，J.，坂井信義訳『スターリン主義とはなにか』，大月書店，1983
マキアヴェリ，N. 黒田正利訳，『君主論』，岩波文庫，1935
マクナマラ，R. S.，仲晃訳，『マクナマラ回顧録』，共同通信社，1977
町田実監修『講座　国際経済 1. 国際経済の理論』，中央経済社，1982
松井康浩『戦争と国際法』，三省堂，1968
松浦総三『戦時下の言論統制』，白川書院，1975
丸尾俊介『語りかけるシベリア』，三一書房，1989
マンデラ，N.，東江一紀訳『自由への長い道』，NHK出版，1996
宮崎義一『現代の日本企業を考える』，岩波新書，1974
宮沢俊義『日本国憲法』，日本評論新社，1955
宮本倫好『アメリカ民族という試練』，筑摩書房，1993
民族自主軍隊争取闘争委員会編，アジ動向研究会訳『軍隊と青年』，かや書房，1992
メドヴェージェフ，R.，石井規衛他監訳『1917 年のロシア革命』，現代思潮社，1998

メドヴェージェフ，Z.，梅林宏道訳『ウラルの核惨事』，技術と人間，1982

モーガン，D.，NHK食糧問題取材班監訳，『巨大穀物商社』，日本放送出版協会，1980

森本忠夫『特攻』，文芸春秋，1992

柳原和子『「在外」日本人』，晶文社，1994

山極晃編『冷戦後の国際政治と地域協力』，中央経済社，1999

山中恒『暮らしの中の太平洋戦争』，岩波新書，1989

湯川秀樹他編著『平和時代を創造するために』，岩波新書，1963

吉田満『戦中派の死生観』，文春文庫，1984

吉見義明『草の根のファシズム』，東京大学出版会，1987

米本昌平『地球環境問題とは何か』岩波新書，1994

ラミス，D.『憲法と戦争』，晶文社，2000

リアダン，J.，天野恵訳『ペレストロイカの子供たち』，TBSブリタニカ，1990

『歴史学から歴史教育へ』，岩崎書店，1971

レンドヴァイ，P.，片岡啓治訳『操られる情報』，朝日新聞社，1984

ローザ・ルクセンブルク，加藤一夫他訳『民族問題と自治』，論創社，1984

ロワン＝ロビンソン，M.，高木堯訳『核の冬』，岩波新書，1985

和光大学モンゴル学術調査団『変容するモンゴル世界』，新幹社，1999

渡辺清『戦艦武蔵の最期』，朝日新聞社，1982

索　引

●あ－お

アイゼンハワー 210
ＩＴ革命 142, 165, 166, 167, 168, 169
アインシュタイン，アルバート 225
アカエフ 108
明石順三 15
アジアＮＩＣｓ 125, 126, 144
アジア太平洋経済協力会議（ＡＰＥＣ）44, 144
アジア太平洋戦争 25, 26, 42, 244
アジェンデ 130, 183
アショーカ王 15
『あたらしい憲法のはなし』14
「アパルトヘイト」133
アフガニスタン空爆 64, 68, 115
アフガニスタン攻撃 67, 70, 105, 219, 220, 224
アフガニスタン侵攻 3, 34, 35, 70
アフリカ統一機構（ＯＡＵ）118, 119
アフリカ民族会議（ＡＮＣ）133, 134, 135
アーミテージ 249
アミン 130
アムステルダム条約 89
アメリカ独立戦争 54
荒井信一 19
アラファト 120, 122, 123, 124
アラル海 171
アルカーイダ 69
「アルジェの戦い」118
アルベンス 69
安重根 40
安全保障理事会 187
アンドロポフ 183
イヴァン3世 74
イヴァン4世 74
家永裁判 229
石田雄 221
石堂清倫 94
イタイイタイ病 171, 172
一国社会主義 95, 98
イデオロギー闘争 32
伊藤一長 233
伊藤博文 40
稲嶺恵一 199, 201
井上清 220
イラク空爆 67
「慰霊の日」199
岩島久夫 69
インディアン 151
ウィルソン 67, 185
ヴィルヘルム2世 18
ウィーン会議 179
ウィーン条約法条約 184
ウィーン体制 55
ウェストファリア条約 53
ウェストファリア平和会議 179
ヴェトナム戦争 5, 19, 35, 44, 56, 57, 65, 144, 219, 247
ヴェトナム反戦運動 200
ヴェトナム北爆 70
ヴェルサイユ条約 184
ヴェルサイユ体制 99
ウォーラーステイン 130
内村鑑三 15
内モンゴル自治区 80
宇宙条約 137
ウッド 112
宇都宮徳馬 221
ウルグアイ・ラウンド農業交渉 159
『永遠平和のために』3
江口朴郎 239
エジョフ 183
エリツィン 83, 86, 87, 88, 104, 234
エンクルマ 118
エンゲルス 31, 73, 91

及川古志郎 8
オーウェン, ウィルフレッド 18
王室戦争 53
欧州中距離核（INF）廃棄条約 237
汪兆銘 25
大岡昇平 169
大田昌秀 201
大沼保昭 19
「沖縄民衆平和宣言」201
小倉金之助 228
尾崎秀実 182
オーストリア継承戦争 54
オーストリア・マルクス主義 75
オスロ合意 122
小野賢二 42
折口信夫 177

●か―こ

カー 93, 94, 96, 97, 224
「改革・開放」政策 110, 113
階級的国家観 138
外交（交渉）慣行 178
化学兵器禁止条約 232
ガガーリン 34, 207
学習指導要領 229
「核の冬」217, 218
核不拡散条約（NPT）234, 235, 236, 237
華国峰 113
カストロ 131, 132
河川転流計画 171
片山潜 16
神風特攻隊 8
ガムサフルディア 87
カーメネフ 99
カリエール 180
カリモフ 86, 108
カルザイ 68
ガルトゥング 130
カルドーゾ 130
カルマパ17世 82

川田侃 241
環境改変技術禁止条約 232
環境ホルモン 169, 172
韓国併合 40
ガンディー 17, 134
カント 3, 196, 225
関東軍731部隊 62
カーン, ハーマン 218
気化爆弾BLU82 68
「きけわだつみの声」6
北大西洋条約（NATO）66, 67, 69, 70, 198, 222, 236
北野政次 63
木畑洋一 115
金日成 40, 41
金載圭 41
金大中 40, 41
金泳三 41
「キューバ解放と民主連帯法」（ヘルムズ・バートン法）132
キューバ革命 131
キューバ危機 70, 100
「キューバ民主化法」（トリセリ法）132
教科書検定 228, 229
『共産主義とは何か』34
『共産党宣言』31
行政国家 138
京都議定書 90, 169
「居民住宅調整」37
キリチェンコ 49
義和団弾圧 115
義和団の蜂起 42
クエーカー教徒 15
クナエフ 155
久保山愛吉 217
クラーク 239
クラフチュク 86
グラムシ 94
クリントン 67, 166
「グルジア問題」78

クルスク戦 59
グレナダ侵攻 70
グロティウス 179
グローバリゼーション 98, 168, 240
軍産官学複合体 209, 210, 211, 227
経済相互援助会議（コメコン）145
警察予備隊 10, 12
ゲッベルス 63
ケネディ 132, 207, 219
ケマル 98
ゲリラ戦 55, 56
建艦競争 59
原水爆禁止世界大会 33
原水爆禁止第1回世界大会 236
小泉純一郎 45
光州事件 41
江沢民 45, 110, 114
高度情報通信ネットワーク社会形成基本法（IT基本法）167
拷問禁止条約 197
コーエン 222
国際刑事裁判所 197, 198
国際司法裁判所の勧告的意見 233, 234
国際人権規約 196
国際人道法 197
国際通貨基金（IMF）36, 109, 127, 128, 132, 133, 175, 190, 247
国際熱核融合実験炉（ITRE）163
国際標準化機構（ISO）168
国際連合憲章 186
黒人 151
国籍 137
国連海洋法条約 161
国連軍 191
国連軍縮特別総会 230
国連憲章 192
国連総会 196
国連地球環境サミット 169
国連の組織 187
国連ファミリー 189

国連平和維持活動（PKO）191
「個人崇拝」95
コスイギン 101
国家総動員法 28
国家の承認 140
国家保安委員会（KGB）182, 183
「国旗・国歌法」229
国共合作 23
小西事件 12
近衛文麿 182
小林直樹 11
コミンテルン 99, 182, 186
コメコン（セフ，経済相互援助会議）78, 147
ゴルバチョフ 35, 83, 84, 86, 87, 88, 92, 234

●さ－そ

再生可能エネルギー 163
債務累積 126
サッチャー 36
「サッティヤーグラハ」17
佐藤栄作 211
サラダ・ボウル論 149
沢地久枝 221
産業革命 142
サンクト・ペテルブルク宣言 231
30年戦争 53
3大陸人民連帯会議 236
暫定自治宣言（オスロ合意）124
サンフランシスコ（講和）条約 45, 48
自衛隊 11, 12
シェヴァルナゼ 169
ジェノサイド条約 197
ジェルジンスキー 182
ジェンダー 204
シオニズム 119, 120
重光晶 48
「自国の核軍備の全面的な廃棄を達成するとの明確な約束」をもりこんだ決議 235

自主管理社会主義 84
七年戦争 54
幣原喜重郎 10
ジノヴィエフ 99
シベリア抑留 49, 50
嶋名政雄 42
シャイミエフ 87
社会主義市場経済 114
社会主義的経済統合 146
社会主義的国際分業 145
社会ファシズム論 99
シャターリン 86
ジャディディズム 148
ジャパン・プラットフォーム（ＪＰＦ） 193, 194
シャロン 120, 124
ジャン・ジョレース 7
上海協力機構 109
周恩来 101, 216
十月革命 76, 93, 94, 96, 97
従軍慰安婦 39
「15 年戦争」 42
重商主義 54, 141
集団的自衛権 68, 249
周辺事態安全確保法 248
自由貿易体制 141
『収容所群島』 34
「14 カ条」 185
主権国家 136, 137
ジュネーヴ毒ガス議定書 232
シュミット 67
朱溶基 114
シュレーダー 90
循環型社会形成推進基本法 163
循環型の経済社会 175
少数民族強制移住 152
少数民族の強制移住 155
聖徳太子 15
植民地独立付与宣言 119
ジョスパン 90

諸民族統一主義 75
諸民族の接近（スブリジェーニエ）153
「諸民族の牢獄」 74
ジョレス 16
ショーロホフ 170
ジョンソン 219
新疆ウイグル自治区 80, 82, 109
新経済政策（ネップ）94
人工衛星 60
新興工業経済地域（ＮＩＥＳ）126, 144
「新国際秩序樹立にかんする宣言と行動計画」126
「新自由主義」 36
人種のるつぼ（メルティング・ポット）149
新植民地主義 117, 125, 129, 133
進藤栄一 204, 242
「人道に対する罪」 18
「新農業基本法」 159
新兵いじめ 4
鈴木善幸 248
スターリン 18, 27, 33, 72, 75, 95, 96, 97, 99, 184
スターリン主義 95, 96, 97
スターリン批判 33, 92, 93, 97, 101, 108
ストレイト・ジャケット 229
砂川事件 11
スプートニク打ち上げ 34
スペイン継承戦争 54
スペイン内戦 99
スリーマイル島原子力発電所事故 163, 175
西安事変 23
政治宣伝 63
正戦論 57
生体実験 62, 63
政府開発援助（ＯＤＡ）44, 244-246
生物・毒素兵器禁止条約 232, 233
生物兵器禁止条約 62
世界人権宣言 196

世界貿易機関（WTO）132, 190
「積極的中立主義」216
石油生産国同盟（OPEC）125
石油の採掘 142
絶対的貧困 129
セーフガード（緊急輸入制限措置）160
戦域ミサイル防衛（TMD）207
全欧安保協力会議（CSCE）147, 237
尖閣諸島 45
「戦艦ポチョムキン」63
「戦艦大和の最期」213
全国抑留者補償協議会 51
全体主義論 96
全面完全軍縮 17, 102, 231, 235
戦略防衛構想（SDI）209, 237
総力戦 55
祖国防衛主義 215
ゾルゲ 182
ゾルゲ事件 181
ソルジェニーツィン 34, 96
ソ連解体 83, 101, 205
ソ連共産党第20回大会 33
ソ連の形成 76
ソ連邦の発足 92

●たーと

第1次戦略兵器削減条約（START 1）
　234, 237
大航海時代 53
第五福竜丸 33, 217
大粛清 24, 78
対人地雷全面禁止条約 237
大西洋憲章 186
「対ソ戦争指導計画大綱」23
対弾道ミサイル制限（ABM）条約 209,
　236, 237
タイ通貨危機 126
大東亜会議 21, 25
大東亜政略指導要綱 25
第二インターナショナル 16, 215

第2次戦略兵器削減条約（STARTⅡ）
　234, 237
「大躍進運動」113
大陸間弾道弾（ICBM）60, 207, 208, 236
高杉一郎 50
高田和夫 241
高野雄一 46
伊達秋雄 11
田中角栄 45
玉木令仁 146
ダムダム弾禁止宣言 232
ダライ・ラマ14世 82
タリバーン 109
ダレス 49
ダワー 32
炭素税 172
チェコ侵入 34
チェチェン戦争 3, 5
チェルノブイリ原発事故 163, 171, 175
地球核汚染 174
地球環境問題 169, 170
千島・樺太交換条約 48
千島列島 184
チトー 84
チベット自治区 80, 82
チベット問題 140
チャウシェスク 64
チャーチル 184, 186
中央情報局（CIA）57, 182, 183
中華人民共和国憲法 79
中距離核戦力条約（INF条約）234
中国国旗侮辱事件 45
中ソ武力衝突 113
中ソ友好同盟条約 100
中ソ友好同盟相互援助条約 112
中ソ（の）論争 100, 101
張景恵 25
張鼓峰事件 24
趙紫陽 110
朝鮮人強制移住 24, 151

索　引　263

朝鮮戦争 10, 41, 57, 63, 65, 69, 112, 247
朝鮮民主主義人民共和国 136
徴兵制度 54
全斗煥 41
陳雲 112
陳水扁 114
筒井若水 57
鶴見俊輔 221
デイヴィス 92, 94
「帝国意識」115, 117
「帝国国防方針」23
テロ対策関連法案 248
テロ対策特別措置法 68, 249
天安門事件 110, 114, 140
ドイツ社会民主党 16
東京裁判（極東国際軍事裁判）19
東京大空襲 59
東郷茂徳 25
塘沽停戦協定 23
東条英機 19, 24
鄧小平 110, 114
東南アジア諸国連合（ＡＳＥＡＮ）143, 144
トゥハチェフスキー 99
トゥハチェフスキー事件 24
東方民族大会 76
ドゥホボール 14, 15
トゥーレ, セク 119
遠山茂樹 229
毒ガスの禁止に関するハーグ宣言 232
独ソ戦 26, 30, 155
独ソ不可侵条約 24, 83, 85, 98, 99
特定通常兵器条約 232
独立国家共同体（ＣＩＳ）83, 88, 147, 106, 108, 109, 112, 136, 153, 155
ドゴール 118
戸坂潤 21, 64
ドッガー・バンク事件 58
特攻 8
豊田利幸 67

トルストイ 14, 225
トルーマン・ドクトリン 69
トロツキー 95
トンキン湾事件 70

●な－の

ナイ 248
中江兆民 243
中曽根康弘 36
中田正一 194
中山弘正 221
ナゴルノ・カラバフ（自治州）83, 85
ナザルバエフ 86, 88, 154, 155
ナポレオン戦争 54
南京大虐殺 23, 42
「南進」24
南北戦争 142
南北問題 170, 175, 176, 243
難民の地位に関する条約 197
ニクソン 35, 45, 101, 113
ニコルソン 183
21カ条要求 42
2001年9月11日のテロ 57, 64, 67, 120, 224, 247, 249
日米安保条約 11, 12, 247, 248
「日米防衛協力のための指針」206
日露戦争 16, 37, 40, 42, 58, 116, 164, 225
日露和親条約 48
日華基本条約 23
日韓基本条約 39
日韓併合 38
日清戦争 36, 42
日ソ共同宣言 48, 49
日ソ国交回復 187
日中共同声明 184
日中国交正常化 45
日中新漁業協定 161
日中戦争 26, 42
日中平和友好条約 45, 113
日中民間貿易協定 45

『日本新聞』50
日本の穀物自給率 158, 159
新渡戸稲造 239
日本海海戦 58
日本国憲法第9条 9, 10, 199
日本国際協力システム（ＪＩＣＳ）245
日本人鉱山技師拉致事件 109
ニヤゾフ 87, 108
ニュルンベルク国際軍事裁判 19
ネオナチ 156
ネタニエフ 124
ネルー 216
ノエルベーカー 218, 250
野田英二郎 248
盧泰愚 41
ノーベル平和賞 14
ノメンクラトゥーラ 84
ノモンハン事件 24, 62
ノルマンディー上陸作戦 26

●は－ほ

バイカル湖汚染 170
パイプス 93, 94, 97
バウアー，オットー 75
パグウォッシュ会議 192, 226, 227, 236
朴正熙 39, 41
橋本龍太郎 199
鳩山一郎 49, 184
羽仁五郎 177
バラク 124
バルフォア宣言 123
パレスチナ解放機構（ＰＬＯ）123
パレスチナ解放人民戦線（ＰＦＬＰ）57, 124
パレスチナ問題 66, 119, 120
バンドン10原則 44
バンドン会議 33, 216
バンドン5原則 243
バンドン10原則 216
反ファッショ統一戦線 99

東ティモール 136
非核三原則 200
ビスマルク 182
非同盟諸国首脳会議 236
ヒトラー 19, 27, 99, 123
Ｂ29 59
ピャタコフ 99
「百花斉放，百家争鳴」113
ピューリタン革命 54
ピョートル大帝 74
平岡敬 233
広島の体験 61
広津和郎 28
ビンラディン 67, 69
武器輸出3原則 211
福沢諭吉 177
福祉国家 138
福島重雄 12
複数政党制導入 83
フサイン 65, 220, 221
藤井日達 15
藤原彰 42
不戦条約 230
プーチン 94, 104, 105, 183
『復活』14
ブッシュ（1989-93）65, 66, 221, 234
ブッシュ（2001-）67, 209
普天間飛行場 199
ブハーリン 99
部分的核実験禁止条約（ＰＴＢＴ）100, 102, 234, 236
ブラボー実験 174
フランク 130
フランケル 241
フランス革命 55
フリードリヒ大帝 182
プリマコフ 94
ブリヤーチア 79, 87
ブリヤート 55
ブリュヘル 24

新版 世界各国史　全28巻

*は既刊

1 日本史　宮地正人

*2 朝鮮史　武田幸男

*3 中国史　尾形勇／岸本美緒

*4 中央ユーラシア史
モンゴル・チベット・
　　　　　　　小松久男

*5 東南アジア史Ⅰ—大陸部
ヴェトナム・ラオス・カンボジア・タイ・ミャンマー
　　　　　石井米雄／桜井由躬雄

*6 東南アジア史Ⅱ—島嶼部
インドネシア・フィリピン・マレーシア・シンガポール・ブルネイ
　　　　　　　　池端雪浦

7 南アジア史　辛島昇
インド・パキスタン・バングラデシュ・ネパール・ブータン・スリランカ

*8 西アジア史Ⅰ—アラブ
　　　　　　　佐藤次高

9 西アジア史Ⅱ—イラン・トルコ
　　　　　　　永田雄三

10 アフリカ史　川田順造
サハラ以南のアフリカ諸国

*11 イギリス史　川北稔
連合王国・アイルランド

*12 フランス史　福井憲彦

*13 ドイツ史　木村靖二

*14 スイス・ベネルクス史
スイス・オランダ・ベルギー・ルクセンブルク
　　　　　　　森田安一

15 イタリア史　北原敦

*16 スペイン・ポルトガル史
　　　　　　　立石博高

17 ギリシア史　桜井万里子

*18 バルカン史　柴宜弘
ルーマニア・モルドヴァ・ブルガリア・マケドニア・ユーゴスラヴィア・クロアチア・ボスニア-ヘルツェゴヴィナ・アルバニア

*19 ドナウ・ヨーロッパ史
オーストリア・ハンガリー・チェコ・スロヴァキア
　　　　　　　南塚信吾

*20 ポーランド・ウクライナ・バルト史
ポーランド・ウクライナ・エストニア・ラトヴィア・リトアニア・ベラルーシ
　　　伊東孝之／井内敏夫／中井和夫

*21 北欧史
デンマーク・ノルウェー・スウェーデン・フィンランド・アイスランド
　　　百瀬宏／熊野聰／村井誠人

22 ロシア史　和田春樹

*23 カナダ史　木村和男

24 アメリカ史　紀平英作

*25 ラテン・アメリカ史Ⅰ—メキシコ・中央アメリカ・カリブ海
　　　　　増田義郎／山田睦男

*26 ラテン・アメリカ史Ⅱ—南アメリカ
　　　　　　　増田義郎

*27 オセアニア史
オーストラリア・ニュージーランド・太平洋諸国
　　　　　　　山本真鳥

28 世界各国便覧

二〇世紀の世界史　木村英亮 著

ソ連史学者の著者が、民族解放運動と社会主義の視点から、激動の20世紀をふりかえる。20世紀への窓口としての19世紀から現代までを、世界史的視野にたって論ずる。大学の近現代史テキストとしても最適。

　　　四六判　352頁　本体2429円（税別）

ソ連の歴史　増補版　木村英亮 著
ロシア革命からポスト・ソ連まで

1991年末、ソ連邦解体。めまぐるしく変わるソ連の現実、新たな路を模索するロシアおよび旧ソ連諸民族の現状と課題。レーニンやスターリンの思想と行動、1917年の十月革命以降を多面的に見直した「ソ連の歴史」の決定版。

　　　四六判　272頁　本体1848円（税別）

古沢広祐 176
フルシチョフ 100, 101, 102, 216
プルトニウム 239 174
ブレア 115
ブレジネフ 97, 101, 170
プレハーノフ 16
「プレビッシュ報告」129
プロレタリアート独裁 138
文化大革命 34, 80, 101, 102, 220
文化無償協力援助 245, 246
ブント 76
米州会議 132
米州機構（ＯＡＳ）69
平和五原則 33, 139, 140, 216
「平和に対する罪」18
「平和について」185
ヘルシンキ宣言 237
ペレストロイカ 4, 35, 49, 84, 92, 150, 191
ヘンリー 8 世 97
包括的核実験禁止条約（ＣＴＢＴ）209, 234, 235, 237
「北進」24
北米自由貿易協定（ＮＡＦＴＡ）144
ポグロム（集団的略奪・暴行）119, 150
ボーゼン 67
細川護煕 36
ボーダン 53
ポツダム宣言 46, 48
ボッファ 95
「北方領土」49
ホメイニ 35
本多勝一 42

●ま－も

マキアヴェリ 179
マーク・ゲイン 229
マクナマラ 219
マースリヒト条約 89
マッカーサー 10, 12, 33, 38, 39, 158
松本俊一 48

マリク 48
丸尾俊介 50
マルクス 16, 31, 73
マルクス主義 102, 108, 138, 239
マルクス・レーニン主義 102, 113
満州国 22, 23
満州事変 42
マンデラ 133, 134
満蒙開拓青少年義勇軍 9
三木武夫 212
ミサイル防衛計画（ＮＭＤ）209
宮沢俊義 10
「ミリュコーフ覚書」215
ミロシェヴィチ 222
民主運動 50
「民族化政策」78
「民族区域自治法」79
民族自決権の承認 16, 74, 76
民族自決権の承認 78, 92
民族植民地問題 76
民族の国家の境界区分 105
民族の文化の自治 75
メイリア 97
メドヴェージェフ 34, 93, 94, 96, 97
毛沢東 100, 101, 110, 113
モスクワ声明 34, 102
モスクワ宣言 34, 101
モンゴル人民革命 55
もんじゅ 175
モンロー宣言 55

●や－よ

ヤクーチア 86
夜警国家 138
安岡正篤 21
矢内原忠雄 239
山下明治 13
「大和」59
屋良朝苗 200, 202
ヤルタ協定 48, 184

融合(スリヤーニエ) 153
友好関係宣言 230
雪印食品事件 165
ユーゴ共産主義者同盟 84
ユーゴ空爆 64, 66, 90, 140, 170, 219, 222, 224
ユーゴの解体 83
ユーロ 88
「ユーロコミュニズム」 34
吉岡斉 227
吉川勇一 221
吉田茂 10
吉田満 213
四日市訴訟 172
ヨーロッパ共同体(EC) 89
ヨーロッパ経済共同体(EEC) 89
ヨーロッパ原子力共同体(EURATOM) 89
ヨーロッパ自由貿易連合(EFTA) 89
ヨーロッパ石炭鉄鋼共同体(ECSC) 89
ヨーロッパ連合(EU, European Union) 89, 90, 132, 144, 147
4大公害訴訟 172

●ら―ろ

ライシャワー 248
ラウレル 25
「拉致問題」 40
ラッセル,バートランド 20, 225
ラッセル・アインシュタイン宣言 217, 236
ラッセル法廷 19
ラパッロ条約 99
ラビン 124
ラロック 248
李承晩 39
李登輝 45, 136
琉球処分 199, 201
良心的戦争拒否 15
臨界事故 175
ルイコフ 99

ルイシコフ 83
ルソー 225
ルーデンドルフ 27
ルーブリ 88
ルメイ,カーチス 60
レーガン 35, 36, 93
レッドパージ 33
レーニン 16, 27, 35, 74, 91, 93, 94, 95, 102, 215
レーニン主義 96, 102
「連帯」 35
レンナー,カール 75
ロカルノ条約 99
ローザ・ルクセンブルク 16, 76
ロシア革命 32, 55, 92, 93, 94, 98, 106
ロシア正教(会) 14, 72
ローズヴェルト 184, 186
ロストウ 129
ローラン,ロマン 225
ロワン゠ロビンソン 218
ロンドン条約 231

●わ

ワシントン条約 17, 18, 231
渡辺一夫 6
渡辺清 195, 214
ワルシャワ条約機構 78, 147
湾岸戦争 64, 65, 70, 170, 219, 220, 221, 222, 224

●A―Z

GATT 175, 247
ICTFY 197
SALTⅡ 237

木村 英亮　きむら　ひですけ

1935年生まれ。1959年，東京大学教養学部卒業。同大学大学院社会学研究科国際関係論専門課程修士課程，博士課程，同大学助手，横浜国立大学教育学部助教授，教育人間科学部教授を経て，現在横浜国立大学名誉教授，二松学舎大学国際政治経済学部教授。

[専攻] 国際関係論，ソ連・ロシア現代史

[著書]『ソ連現代史Ⅱ』（共著，山川出版社，1990増補），『スターリン民族政策の研究』（有信堂高文社，1993），『二〇世紀の世界史』（山川出版社，1995），『増補版　ソ連の歴史』（山川出版社，1996），『ロシア現代史と中央アジア』（有信堂高文社，1999）など

[訳書]『図説大百科世界の地理14　ロシア・北ユーラシア』（朝倉書店，1998）など

21世紀の日本と世界 ── 国際関係論入門

2002年5月10日　1版1刷印刷
2002年5月20日　1版1刷発行

著　者　木　村　英　亮
発行者　野　澤　伸　平
発行所　株式会社山川出版社
〒101-0047　東京都千代田区内神田1-13-13
電話 03-3293-8131（営業）8134（編集）
振替 00120-9-43993
http://www.yamakawa.co.jp
印刷所　株式会社シナノ
製本所　株式会社手塚製本所

装幀─菊地信義　　　© 2002 Printed in Japan　　　ISBN4-634-64770-2

● 造本には十分注意しておりますが，万一，落丁・乱丁などがございましたら，小社営業部宛にお送りください。送料小社負担にてお取り替えいたします。
● 定価はカバーに表示してあります。

世界現代史 　全37巻

＊は既刊

＊1	日本現代史	藤村道生	
2	朝鮮現代史	斉藤 孝／姜 徳相	
＊3	中国現代史	今井 駿／田中正俊／久保田文次／野沢 豊	
＊4	モンゴル現代史	小貫雅男	
＊5	東南アジア現代史Ｉ　総説・インドネシア	和田久徳／森 弘之／鈴木恒之	
＊6	東南アジア現代史Ⅱ　フィリピン・マレーシア・シンガポール	池端雪浦／生田 滋	
＊7	東南アジア現代史Ⅲ　ヴェトナム・カンボジア・ラオス	桜井由躬雄／石澤良昭	
＊8	東南アジア現代史Ⅳ　ビルマ・タイ	荻原弘明／和田久徳／生田 滋	
＊9	南アジア現代史Ｉ　インド	中村平治	
＊10	南アジア現代史Ⅱ　パキスタン・バングラデシュ	加賀谷寛／浜口恒夫	
＊11	中東現代史Ｉ　トルコ・イラン・アフガニスタン	永田雄三／加賀谷寛／勝藤 猛	
12	中東現代史Ⅱ　東アラブ・イスラエル	板垣雄三	
＊13	アフリカ現代史Ｉ　総説・南部アフリカ	星 昭／林 晃史	
＊14	アフリカ現代史Ⅱ　東アフリカ	吉田昌夫	
＊15	アフリカ現代史Ⅲ　中部アフリカ	小田英郎	
＊16	アフリカ現代史Ⅳ　西アフリカ	中村弘光	
＊17	アフリカ現代史Ⅴ　北アフリカ	宮治一雄	
＊18	イギリス現代史	松浦高嶺	
＊19	フランス現代史	河野健二	
＊20	ドイツ現代史	成瀬 治／黒川 康／伊東孝之	
＊21	ベネルクス現代史	栗原福也	
＊22	イタリア現代史	森田鉄郎／重岡保郎	
＊23	スペイン・ポルトガル現代史	斉藤 孝	
＊24	バルカン現代史	木戸 蓊	
＊25	オーストリア・スイス現代史	矢田俊隆／田口 晃	
＊26	ハンガリー・チェコスロヴァキア現代史	矢田俊隆	
＊27	ポーランド現代史	伊東孝之	
＊28	北欧現代史	百瀬 宏	
＊29	ソ連現代史Ｉ　ヨーロッパ地域	倉持俊一	
＊30	ソ連現代史Ⅱ　中央アジア・シベリア	木村英亮／山本 敏	
＊31	カナダ現代史	大原祐子	
＊32	アメリカ現代史	斎藤 真	
＊33	ラテンアメリカ現代史Ｉ　総説・ブラジル	斉藤広志／中川文雄	
＊34	ラテンアメリカ現代史Ⅱ　アンデス・ラプラタ地域	中川文雄／松下 洋／遅野井茂雄	
35	ラテンアメリカ現代史Ⅲ　メキシコ・中米・カリブ海地域	加茂雄三／野田 隆	
＊36	オセアニア現代史　オーストラリア・太平洋諸島	北大路弘信／北大路百合子	
＊37	世界現代史	柴田三千雄／木谷 勤	

新版 世界各国史 全28巻

＊は既刊

 1 日本史　　　　　　　宮地正人

＊2 朝鮮史　　　　　　　武田幸男

＊3 中国史　　　　尾形 勇／岸本美緒

＊4 中央ユーラシア史
　　モンゴル・チベット・
　　　　　　　　　　　　小松久男

＊5 東南アジア史Ⅰ―大陸部
　　ヴェトナム・ラオス・カンボジア・タイ・ミャンマー
　　　　　　　　石井米雄／桜井由躬雄

＊6 東南アジア史Ⅱ―島嶼部
　　インドネシア・フィリピン・マレーシア・シンガポール・ブルネイ
　　　　　　　　　　　　池端雪浦

 7 南アジア史　　　　　　辛島 昇
　　インド・パキスタン・バングラデシュ・ネパール・ブータン・スリランカ

＊8 西アジア史Ⅰ―アラブ
　　　　　　　　　　　　佐藤次高

 9 西アジア史Ⅱ―イラン・トルコ
　　　　　　　　　　　　永田雄三

10 アフリカ史　　　　　川田順造
　　サハラ以南のアフリカ諸国

＊11 イギリス史　　　　　川北 稔
　　連合王国・アイルランド

＊12 フランス史　　　　　福井憲彦

＊13 ドイツ史　　　　　　木村靖二

＊14 スイス・ベネルクス史
　　スイス・オランダ・ベルギー・ルクセンブルク
　　　　　　　　　　　　森田安一

15 イタリア史　　　　　北原 敦

＊16 スペイン・ポルトガル史
　　　　　　　　　　　　立石博高

17 ギリシア史　　　　　桜井万里子

＊18 バルカン史　　　　　柴 宜弘
　　ルーマニア・モルドヴァ・ブルガリア・マケドニア・ユーゴスラヴィア・クロアチア・ボスニア-ヘルツェゴヴィナ・アルバニア

＊19 ドナウ・ヨーロッパ史
　　オーストリア・ハンガリー・チェコ・スロヴァキア
　　　　　　　　　　　　南塚信吾

＊20 ポーランド・ウクライナ・バルト史
　　ポーランド・ウクライナ・エストニア・ラトヴィア・リトアニア・ベラルーシ
　　　　　　伊東孝之／井内敏夫／中井和夫

＊21 北欧史
　　デンマーク・ノルウェー・スウェーデン・フィンランド・アイスランド
　　　　　　百瀬 宏／熊野 聰／村井誠人

22 ロシア史　　　　　　和田春樹

＊23 カナダ史　　　　　　木村和男

＊24 アメリカ史　　　　　紀平英作

25 ラテン・アメリカ史Ⅰ―メキシコ・中央アメリカ・カリブ海
　　　　　　　　増田義郎／山田睦男

＊26 ラテン・アメリカ史Ⅱ―南アメリカ
　　　　　　　　　　　　増田義郎

＊27 オセアニア史
　　オーストラリア・ニュージーランド・太平洋諸国
　　　　　　　　　　　　山本真鳥

28 世界各国便覧

二〇世紀の世界史　木村英亮 著

ソ連史学者の著者が、民族解放運動と社会主義の視点から、激動の20世紀をふりかえる。20世紀への窓口としての19世紀から現代までを、世界史的視野にたって論ずる。大学の近現代史テキストとしても最適。

　　四六判　352頁　本体2429円(税別)

ソ連の歴史　増補版　木村英亮 著
ロシア革命からポスト・ソ連まで

1991年末、ソ連邦解体。めまぐるしく変わるソ連の現実、新たな路を模索するロシアおよび旧ソ連諸民族の現状と課題。レーニンやスターリンの思想と行動、1917年の十月革命以降を多面的に見直した「ソ連の歴史」の決定版。

　　四六判　272頁　本体1848円(税別)